现代经济学研究丛书

现代经济学研究丛书

国家自然科学基金项目“基于国内外粮食市场联动效应的海外耕地资源利用方式及其对我国粮食安全的影响研究”（项目批准号：41371522）成果
国家社会科学基金重点项目“基于粮食安全的中国海外耕地投资战略与对策研究”（项目编号：11AGL005）成果

中国投资海外耕地的国别选择研究
——以粮食安全治理为分析视角

王　蕾◎著

華中科技大學出版社
http://www.hustp.com
中国·武汉

作者简介

About the Author

王　蕾　义乌工商职业技术学院经济管理学院专任教师，日本文部科学省日本学术振兴会（JSPS）海外博士后，管理学博士。主持并完成JSPS基金项目，主持湖北省教育厅人文社会科学研究项目1项，参与国家社会科学基金重点项目研究并结题（主要参加人排名第4）。参加ICPP国际学术会议并作专题报告，发表学术论文数篇。

内容提要

本书以国际耕地资源可持续利用前提下的中国粮食安全保障为目标，通过全面阐述世界耕地资源分布现状，在分析跨国耕地交易国别选择特征与现实问题基础上，系统研究了美国、日本和韩国这3个国家在利用海外耕地资源时国别选择上的异质模式。进而借鉴这些国家目标国抉择上的经验，结合地缘环境，提出中国投资海外耕地的国别选择战略构想，构建并测算38个拥有可耕且待耕资源的目标国耕地投资环境评价框架和投资指数。最后，在确保目标国自身粮食安全背景下，测算这些国家的耕地资源的未来供给潜力，提出中国投资海外耕地国别选择的具体实施路径。

本书考察了“耕地”这种新的海外资源利用在目标国分布和抉择上的经验证据，这既能丰富FDI(外国直接投资)区位理论内容，又能补充有关不同类型国际资源投资的学术文献，研究结果还能为中国在国内国际双循环格局背景下充分利用“两个市场，两种资源”，精确实施农业走出去战略，促进世界粮食生产，确保本国粮食安全，提供策略性、可行性和前瞻性参考。

总序 一

华中科技大学出版社与经济学院酝酿已久，拟出版一套现代经济学研究学术著作，现在终于正式启动了。华中科技大学经济学院在张培刚、林少宫等老一辈经济学家的带领下，自改革开放以来一直坚持国际化的办学方向，以西方经济学和数量经济学两个学科点为基本，积极跟踪现代经济学基础理论和方法的前沿进展，并贯穿在教学和科研的全过程之中，在经济学研究和人才培养上取得了丰硕的成果。华中科技大学出版社的领导和编辑同志们希望利用我校经济学科在国内外的影响，以我校经济学院的教师和博士生为基本作者队伍，同时积极联络国内外的同行加入，比较集中地出版一批现代经济学的研究专著，这对于促进我校经济学科的学术研究、提升学术水平，并加强与国内外同行的学术交流合作，将是一个有力的推动。所以，非常感谢华中科技大学出版社的领导和编辑同志们！

希望这套现代经济学研究丛书的出版，能够在微观经济学、宏观经济学、国际经济学、计量经济学、金融学、政治经济学、制度经济学等现代经济学的主要领域，在基础理论和方法、前沿进展和对现实重大问题的应用研究方面，推出一批学术精品，为繁荣我国经济学的学术研究做出一点贡献。

华中科技大学经济学院学术委员会将本着“质量第一、对外开放、不拘一格”的原则来推荐和评审进入该丛书的作品，经济学院将给予必要的出版资助，欢迎校内外的同行们积极投稿加盟！

华中科技大学经济学院院长，教授、博士生导师

徐长生

2012 年 10 月于武昌喻家山

前言

在丰衣足食的日子，人们很难关注“粮食”，更难关注生产粮食的“耕地”，然而自古以来对粮食及耕地的重视，是历朝历代都尊重的主要法则。早在西汉时期的《氾胜之书》——中国最早的一部讲授农业生产经验和操作技术的农书，专门强调“和土”的重要性，即为作物生长创造一个结构良好、水分、温度等各种条件相互协调的土壤环境，以充分发挥“地利”。2020 年 6 月 25 日，第 30 个全国土地日，中国国家主席习近平提出加快推动“藏粮于地、藏粮于技”战略落实落地。让每一寸耕地都成为丰收的沃土，国人的饭碗将端得更稳、更好、更久。据统计，2010 年以来，我国人均粮食占有量持续高于世界平均水平，2019 年超过 470 千克，远远高于人均 400 千克的国际粮食安全标准线。三大口粮——大米、小麦、玉米的国内自给率平均在 97%以上。年年丰收、自给自足的背后，是我国粮食消费量的增长仍快于产量的提高，粮食生产和消费长期处于“紧平衡”状态。快速的城市化仅仅发生在过去不到 20 年的时间里。与此同时，城市化极大地改变了粮食消费模式，这反过来又决定了需要更多耕地来匹配增长的人口的粮食消费。如果再纳入土地“过劳”、土壤污染和粮食能源化等因素，上述的“紧平衡”将更加令人担忧。将视野投向其他空间，利用他国土地确保本国粮食安全的投资模式成为诸多政府、企业的逻辑必然。特别是在 2007—2008 年全球性粮食危机后，这种跨国的耕地交易和获取经久不息，当然也饱受诘难。海外耕地可以理解为耕地的外国直接投资(FDI)，东道国投资者从国外引进资金，租用农田，在目标国雇佣工人从事农业生产，生产出来的作物可以在目标国市场上销售，可以运回东道国，也可以出口到世界市场。这场“土地争夺”中表现突出的不仅有美国、英国等传统的农业资本输出大国，韩国、日本、印度及一些海湾国家等也加紧投资海外耕地。中国的耕地利用有着结构性矛盾，耕地资源有着生态性不足。另外，从国家战略的角度来看，粮食不仅是用来吃的，更是用来平衡势力范围、进行国家博弈的武器。与其被动等待，不如自己主动“走出去”，以资本投入、技术合作、提供援助等形式获取国际粮食供应体系中的话语权。

本书在这样的背景下展开研究。目前国内外尚无系统研究海外耕地投资国别选择问题的著述，因此本书的研究内容在海外耕地投资研究领域内具有开拓性和系统性。为了获得科学的结果，研究并未采取完全规范式方法，而是对GRAIN 发布的海外耕地投资四百余个案例进行整理，将归纳出的数据资料和他国海外耕地投资历史结合起来，提炼这些国家国别选择的不同模式，并分析不同模式产生的地缘原因，目的是论证一个国家采取某种国别选择模式是由其地缘环境特征和地缘战略的实施所决定的，这在以战略资源为投资标的跨国经营中尤为明显和重要。不仅如此，秉持可持续发展原则和农业生态适宜性原理，本书构建了中国投资海外耕地国别选择的战略和海外耕地投资环境评价框架；首次将“潜在耕地”定义为没有被森林覆盖，没有被设为保护区，且人口密度每平方千米少于 25 人的适合 5 种基本农作物种植的区域土地，据此筛选出 37 个具有“潜在耕地”的投资目标国；结合数据分析结果提出中国要建立安全、稳定、持续的双层全球耕地资源供应体系的国别选择目标，以及“双圈一多点”耕地利用实施路径。

在整个研究和写作的过程中，作者很想让人们直观感受 400 余个耕地投资案例实施细节，当然这在现实中是不可能的，所以本书难免存在错漏与不足，恳请有兴趣耕耘此领域的学者和广大读者批评指正。

本书的出版得到义乌工商职业技术学院资助。

作　者

2021 年 6 月

目录

第一章

绪论

第一节　研究背景和研究意义

一、全球粮食供给紧平衡下的海外耕地投资热 ▶▶▶

当今世界正经历百年未有之大变局，国际经贸、安全形势的不稳定性、不确定性显著增加。这一宏观格局使得21世纪初在国际政治、经济、军事战略学界即有了“权力大竞逐”这样的概念，在时事背景的映射下更显突出。将这个概念及各国的表现加以综合归纳，可以说，这10年来世界上的主要国家不仅进行科技角逐，事实上也正在进行一场“资源战”。强国之间的政治、经济、军事策略都是围绕着“资源”[①]这个核心而展开的。获取资源的“战争”不再直接表现为地理空间的军事占领，而是实力大国充分发挥资本力量在全球和地区范围内谋求地缘优势地位。本文就是在这样的时代背景下展开选题研究的。

1. 历史上两次粮食危机的应对之举

近半个世纪，人类经历过两次全球范围的粮食危机。一次是20世纪70年代初，由粮食生产和出口国连续几年的自然灾害以及苏联突进国际粮食市场的行为造成国际粮食市场供应紧张，继而引发的1974年粮食危机。另一次则是发

① “资源”是指一国或一定地区内拥有的物力、财力、人力等各种物质要素的总称。资源可分为自然资源和社会资源两大类。前者如阳光、空气、水、土地、森林、草原、动物、矿藏等；后者包括人力资源、信息资源以及经过劳动创造的各种物质财富。本文中有关“资源”一词如无特别说明，均指自然资源。

生于2007年下半年并于2008年初全面爆发，至今仍给世界经济和社会带来剧烈、深远影响的2008年粮食危机。相同的是，这两次全球粮食危机都给广大发展中国家，尤其是给撒哈拉沙漠以南非洲地区国家带来严重危害，陷于危机中的人们面临着大幅度的粮价上涨，锐减的库存，以及饥饿和贫困。不同的是，面对两次粮食危机，各国采取了不同的应对举措。

1974年粮食危机发生后，各国都注重农业生产领域的发展，以“绿色革命”为契机，加大农业投入，改善基础设施，同时加快本国粮食市场体系的建设，维护正常的流通秩序。换言之，1974年世界粮食大会主题报告认为，粮食供应问题是粮食不安全的主要原因，但是，这种关注供应的局限性在20世纪80年代中期困扰非洲的粮食危机中暴露出来，范式转变为探索个人和家庭的粮食安全，而不是从国家的角度来探讨粮食安全。2008年粮食危机不再仅仅停留在饥饿和贫困层面。急速攀升的粮价已在世界各地引起人们的心理恐慌，以非洲地区为主的30余个国家因粮食短缺、粮价攀升而陷入通货膨胀、社会动荡的泥沼。粮食危机带来的影响已从经济层面向社会、政治层面衍生。部分国家为确保本国粮食安全采取了两套方案：一方面通过限制粮食出口，取消大农作物进口关税、提高出口关税、增加种植面积等方式夯实本国粮食稳定供给基础；另一方面将视野拓展至全球，通过资本输出的方式，加快利用他国耕地资源的步伐。自此，“海外耕地投资”在众多资源类型的产业外向发展中异军突起，引发了一轮全球土地交易热潮。

2. 海外耕地投资的兴起与发展

到国外寻求土地的先例早已有之。帝国通过夺取领土，扩张地理版图。他们在殖民地建立种植园以及农业综合企业，以扩大其统治范围和对该地区的控制(布朗，2012)。在外国土地上以市场为导向的投资可追溯至19世纪中叶，过去一百多年中，来自工业国的大规模农业投资主要集中在热带产品上，如甘蔗、茶叶、橡胶和香蕉(Thomson，2011)。而当前对国外土地新的投资热潮，则是为了生产与获得更多的满足人类需求的基本食物和饲料作物，包括水稻、小麦、玉米、大豆，以及生物燃料。这种土地购置，有时也被称为“土地获取”(land acquisition)或“土地争夺”(land grab)，代表以确保本国粮食安全为目的的食物短缺的地缘政治进入了一个新阶段，其规模和发展步伐前所未有。

这场“土地争夺”中表现突出的不仅有美国、英国等传统的农业资本输出大国，韩国、日本、印度及海湾国家等也加紧投资海外耕地。谷物进口超过70%的韩国表现突出。韩国政府帮助国内公司在柬埔寨、印度尼西亚和乌克兰等国租赁农田或购买当地农业企业的股份，韩国计划到2018年时在国外购置38万公顷农田，用于生产玉米、小麦和大豆(Kwon，2014)。拥有庞大且不断增长的人口要养活的印度，也是海外耕地投资的活跃者。预计到21世纪中叶印度人口将再增加4.5亿，随着灌溉水井开始干涸，加上气候日益不稳定的前景，印度政府十分担心未来的粮食安全。在印度国家贸易公司的统筹下，15家企业于2008年伊始便展开了与南美巴西、巴拉圭等国及东南亚印度尼西亚、缅甸、马来西亚等国的耕地转让和租赁谈判(Cotula,2009)。过去一直严重依赖粮食进口的巴林、科威特、卡塔尔、阿曼、约旦和阿联酋等国在2007年至2008年的粮食危机中痛定思痛，组成了海湾国家合作委员会，携手在海外寻找屯田机会。中国社会科学网2014年的新闻报道称，其"标的"国家是老挝、印尼、菲律宾、越南、柬埔寨、巴基斯坦、泰国、缅甸等东南亚国家，中亚和欧洲的乌克兰、哈萨克斯坦、格鲁吉亚、俄罗斯及土耳其都达成或正在磋商租地、购地协议。

本轮全球土地交易热潮的官方信息很难获取，主要原因在于土地和粮食的政治敏感性和交易过程的保密性。不过不断增加的新闻报道似乎表明这类事情越来越多，这其中GRAIN作为致力于支持小农和社会运动争取社区控制和基于生物多样性的粮食系统的国际非营利组织，为海外耕地投资研究提供了丰富的素材。2010年一份备受关注的世界银行报告，也使用了该网站在线收集的信息。世界银行在其报告中证实，全球范围内共有数百个处在不同发展阶段的土地购置项目，其中20%的项目已经开始进入生产阶段，其他由于基础设施技术和机构的欠缺还在缓慢进行中(World Bank,2010)。这些土地交易项目的近一半在撒哈拉以南非洲地区，部分原因是那里的土地比亚洲便宜得多；位居第二的土地购置地区在东南亚，包括柬埔寨、老挝、菲律宾等；也有不少国家在拉丁美洲寻找土地(World Bank,2009)。当然，这种土地跨国交易也备受国际学界和媒体的抨击：这种类型的投资交易过程不透明，主要利益相关者——当地农民，不仅不能参与交易过程，而且往往直到协议文件被签署、自己要被迫背井离乡才知道协议的事情(Lipton,2009)。另外，高度机械化的农场只需雇佣几个人，那些既失去土地又失去生计的村民会加入世界饥饿人口行列(Lian & Wilcove,2010)。同时，现代化农业的大规模同一种植无疑会破坏当地的生态多样性，造成生态危机(Hertel et al.,2010)。

由粮食危机这根导火线引发的海外耕地投资热，背后深层次的原因是人类在不同时代面临的资源环境和资源诉求不一样，世界正从粮食丰盛年代向荒歉年代转变。半世纪前，世界人口只有25亿，农业的主要问题是生产过剩，世界粮食储备平均达96天。世界作物收成良好时，作为耕地储量大国的美国会休耕更多的土地。然而在21世纪的过去10年间，世界粮食储备平均只能满足74天消费，已减少了近三分之一，人口却已增加至70亿，未来还将进一步增加。日益提高的生活水平和生物质能的发展亦促使粮食刚性需求不断增长。国际权威机构普遍预测，虽然今后由于国际粮价的上涨会刺激粮食生产的增长，但国际粮食价格将继续维持在高位运行(FAO,2011)。相关数据显示，在新冠疫情的冲击下，2020年全年联合国粮农组织谷物价格指数平均为102.7点，较2019年上升6.4点(6.6%)，创2014年以来的年均指数新高。紧缩的供应和强劲的需求推高了小麦和玉米价格，与2019年相比分别上涨5.6%和76.0%。大米2020年的全球进口需求疲软，但出口价格仍然比低迷的2019年增高8.6%，创6年内的新高。

国际关系永远是"物竞天择，适者生存"。在世界政治、经济交往中，权力的本质永远是"丛林法则"。各国为了扩大国际影响力，占据更多的市场份额和经济利益，在本国粮食安全的权衡下，海外耕地投资即便饱受抨击，仍会继续下去。

二、关于中国是否已参与海外耕地投资的讨论 ▸▸▸

国际学界和媒体在讨论海外耕地投资时，有一个现象十分引人注目：几乎所有的西方学者、媒体都不约而同地将中国归入当前海外耕地投资主要的东道国。认为当前跨国土地交易中，最大的"玩家"是中国和海湾国家，其他如印度、韩国、日本、马来西亚等也都在国际空间范围内搜寻肥沃的农地。另外，全球化的发展和空间的异化是促成当前海外耕地投资热潮发生的直接动因，也使耕地转变成一种战略性资源，这种转变在中国实施这类投资的举国战略中尤为明显(Filer,2011)。Cotula(2012)认为，基于粮食安全和资源需要，中国的视野已经拓展到了他国土地之上。目前，中国已有30多家企业参与跨国土地投资，这基于本国政府新的地缘策略和"农业走出去"投资战略的制定与实施(Borras,2013)。国际学界不少学者认为撒哈拉以南非洲地区是中国海外耕地投资战略的核心地带，因为这里有世界上数量最多的耕地资源储备，来自中国的投资者已经在那里进行了数年大规模的土地交易。

与国际学界的认知相左，中国政府明确表示没有制定或实施任何海外耕地投资战略。国家发展与改革委员会和农业部国际合作司曾于2008年申明：中国政府支持有实力的投资主体与他国开展多种形式的粮食和经济作物种植方面的国际农业合作与援助，但中国并没有任何"海外屯田"的计划，中国的粮食安全一直以来并且将继续植根于国内粮食生产来保障。事实上中国不仅没有将海外耕地投资当成举国战略来实施，反而在这类投资中，自身也成为被觊觎的对象。2011年5月，日本3家世界500强企业(朝日啤酒、住友化学、伊藤忠商事)共同出资，与山东莱阳市签订了一份涉及上千亩耕地的农地租赁合同，瞄准高端市场，进行有机作物的种植。此项投资表明日本正式进入跨国农业生产环节，打破了以往外商投资产业集中在加工及销售环节的模式(邱林,2011)。如果将大豆也算作粮食产品,那么,一些海外的农业巨头早就在中国的黑龙江等黑土资源丰富的地区进行布局,且掌握了上游的话语权。

造成国际学界鼓噪中国的"海外耕地投资"以及国际与国内认知相左的原因在于:一方面,国际学界狭隘地将中国农业"走出去"战略等同于中国正在进行"海外屯田";另一方面,出于对中国强大经济的心理压力,西方刻意产生了排挤和歪曲的心理和行为。不可否认,基于利益追求,中国有少数企业和个人已经开始"试水"海外耕地投资。北大荒集团在2011年就向阿根廷里约内格罗州政府提交了农业合作意向,承诺将在未来20年内投资15亿美元,开发30万公顷的耕地,种植大豆、玉米;2012年,联想农业投资事业部改组成立佳沃集团,在南美洲寻找农业合作项目。另外,网络信息显示,不少个体商人也北上俄罗斯、南下非洲进行海外农业的开发。在海外耕地投资中,中国商人走在政府的前面,但这只是个别企业的个别行为,无法与部分国家的举国战略相比。因此,本研究的背景之一是中国还没有以国家战略形式参与当前的海外耕地投资热潮。

三、中国投资海外耕地的必要性 ▶▶▶

1. 粮食缺口逐渐显现

与全球粮食危机的暴风骤雨和国际粮食市场吃紧相比,拥有14亿人口的中国多年来似乎一直位于粮食"安全区",拥有超过5亿吨的粮食综合生产能力,人均粮食占有量超过世界平均水平,粮食储备远远高于粮食安全警戒线。这种安全形势的持续,原因之一在于多项政策举措的调控和落实。早在1990年,我国就决定建立国家粮食库存,目前已建立了中央储备与地方储备相协调、政府库存与企业库存相补充的体系。2015年,我国引入了问责机制和详细的评估标准,要求所有省(区、市)领导对当地粮食安全负全责;为了保护有限的土地资源,设定了全国耕地总量的最低标准为1.2亿公顷;还制定了到2020年建设5300万公顷"高标准农田"、到2022年再建设6670万公顷的目标,这些农田都将用于大规模机械化耕作,以提高作物产量。2019年发布的《中国粮食安全白皮书》数据显示,我国粮食总产量2010年突破5.5亿吨,2012年超过6亿吨,2015年达到6.6亿吨,连续4年稳定在6.5亿吨以上水平;2018年产量近6.6亿吨,比1996年的5.0亿吨增产32%,比1978年的3.0亿吨增产120%,是1949年的1.1亿吨的6倍。

这些傲人的成绩并不意味着中国的粮食安全可以高枕无忧。1984年以来,中国人均占有粮食相对稳定,但由于动物性食品增加较多,人民的营养水平明显改善,平均每人每天供给的热量达到2727大卡,蛋白质和脂肪分别达到70克和52克,高于同等人均国民生产总值的国家,基本达到世界平均水平。由于食物构成的变化,直接食用的口粮将继续减少,饲料粮逐渐增加。官方数据显示,2012年,国家三大主粮净进口总数为1900万吨左右,接近国家统计局公布的2013年黑龙江产粮大省2121万吨的粮食总产量,其中小麦的进口总量达650万吨,是除埃及外,全球最大小麦进口国。2015年以来,我国粮食进口量维持在1亿吨以上。2019年我国累计进口谷物和谷物粉1785.1万吨,进口大豆8851.1万吨,同比增长0.5%;进口食用植物油953.3万吨,同比增长51.5%。2021年,海关总署公布的2020年全年进口数据显示,2020年1—12月我国粮食累计进口14262.1万吨,同比增加3117.5万吨,增幅达27.97%。近年来,中央高度重视粮食安全,立足于自力更生,粮食连年丰收、库存充裕,但粮食安全的基础仍不稳固,结构性矛盾仍然存在,“十四五”(2021—2025年)期末,有可能出现1.3亿吨左右的粮食缺口,其中谷物(三大主粮)缺口约为2500万吨(中国社会科学院,2020)。

2. 耕地资源紧缺,优质土地不足

很明显,以玉米、大豆为代表的饲料生产面临着土地资源有限的障碍。耕地面积日益减少,后备资源短缺,加上没有粮食规模化生产,国内粮食生产成本居高不下。国内三大主粮净进口的局面在短期甚至长期内可能均会处于“不可逆”状态。主粮进口常态化局面背后是中国面临着食物方程式左右两边结构性矛盾——耕地资源供给已越来越无法满足食物需求的增加。官方数据并未显示中国面临粮食短缺的直接危险,但结构性失衡才是风险所在。

联合国粮食及农业组织(FAO)相关数据显示,截至2019年,我国耕地面积为1.19亿公顷。从绝对数量上看,我国耕地数量还是不少的,仅次于美国、印度和俄罗斯,居世界第4位;但从耕地面积占国土面积比例看,我国是一个耕地资源相对匮乏的国家(仅占11.63%),该比例略高于世界平均水平(10.20%),远低于印度(49.43%)、英国(24.87%)和美国(18.69%)。如果按照人均耕地面积计算,则不到世界平均水平的一半,更显耕地匮乏。所以“人多地少”是我国的基本国情。不仅如此,耕地面积更呈总体下滑趋势。1991年至2018年,尽管某年份耕地面积实现“逆势增长”,但总体耕地面积已减少5975000公顷(见图1.1)。

除了耕地数量之外,13亿人的粮食问题与耕地质量密切相关。从国土资源部发布的2016年《全国耕地质量等别更新评价》来看,一直不太受人注意的耕地“隐形减量”即质量亏空问题逐步突显,主要表现为耕地质量总体等别低下。中国耕地质量被划分为优等地、高等地、中等地、低等级4个等别。调查结果显示,全国范围内优等地只占2.90%,高等地占26.59%,中等地占52.72%,低等地占 17.79%。其中，54.9%的耕地无灌溉设备，粮食生产科技含量低，"靠天吃饭"。另外，从生态、产能角度而言，坡度超过 25 度的耕地不适宜进行作物种植，应退耕还林。全国范围内，这样的耕地还有 500 多万公顷。耕地质量不高直接制约其生产能力，导致全国范围内能够达到粮食产能每亩 1000 千克以上的耕地不足 7%（国土资源部，2016）。大量坡耕地的存在以及无灌溉设施的自然耕地会造成我国耕地水土不稳定，发生跑水、跑土、跑肥现象，导致土壤耕层浅薄，地力贫瘠，产量低下，极大地影响了我国耕地资源生产潜力的正常发挥。此外，我国土壤养分严重缺乏，污染严重，长期重化肥、轻有机肥，使我国土壤中的有机质含量严重下降，全国耕地有机质含量平均已降到 1%，明显低于欧美国家 2.5%～4%的水平；国土面积超三成遭受侵蚀，现已达到 2.95 亿公顷，遭受重度污染耕地已占 1.1%，特别是一些经济发达地区，土地遭受镉污染的情况更加严峻；全国水土流失面积 273.69 万平方千米，其中水力侵蚀面积 115.09 万平方千米，风力侵蚀面积 158.60 万平方千米。与第一次全国水利普查（2011 年）相比，全国水土流失面积减少 21.23 万平方千米（环境部，2019）。《每日经济新闻》记者根据农业部、环保部公开数据粗略估算发现，按照受损耕地进入"休养生息"的政策，将有超过 700 万公顷耕地进行改种退耕。这其实是个很大的数字了，再计算其他陡坡耕地、湿地耕地等需要退耕土地，这对国家农产品生产和粮食安全的保障无疑是个很大的压力。

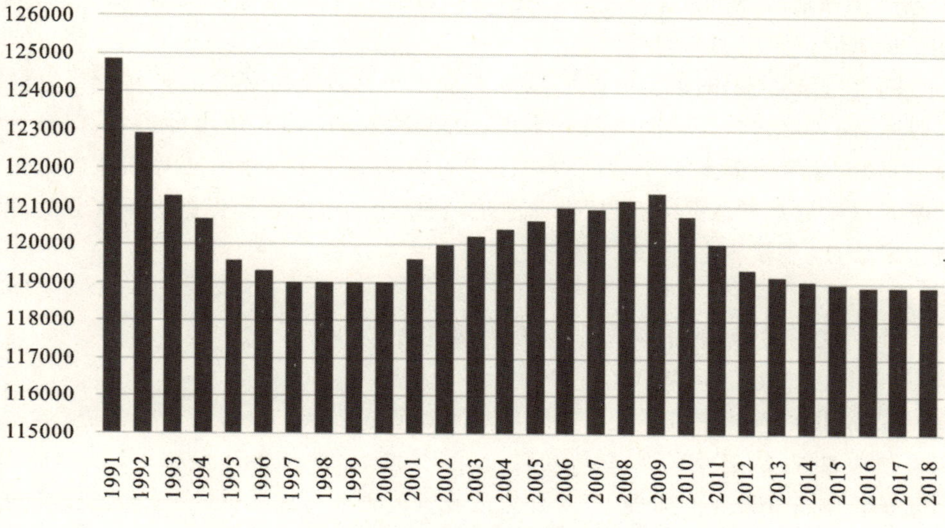

图 1.1 1991—2018 年我国耕地面积（单位：千公顷）

数据来源：FAO 数据库

当一国的农业资源特别是耕地资源的生产能力满足不了农产品需求时，解决的途径主要如下。需求方面，一是减少和控制人口增长；二是减少食物浪费，提高粮食利用率。供给方面，一是提高耕地单产；二是增加耕地资源国内外供给。通过第一条途径解决供求矛盾基本没有可能，中国人口老龄化使得国家在人口政策上采取根本性转变，推动未来人口的增长。对于第二条途径，国家已经开始关注，但提高食物利用率、减少浪费是一个长期过程，其中涉及引导、改变居民的食品消费习惯，农产品生产、加工、物流效率提高，以及资金投入、设备设施改善等。至于第三条途径，则是中国政府历年来持续努力的方向，并取得了丰硕成果，2019 年全国粮食产量达到每公顷 5720 千克，有的省(区、市)单产甚至达到每公顷 7000 多千克。不过，耕地单产不可能随意提高，除了与农业生产技术息息相关外，还与当地土壤、气候等水文地理条件紧密结合。我国现阶段的粮食成绩无不是基于高投入、高化肥、高农药的使用。未来受资源约束，中国的粮食单产只能提高 15 至 20 千克，单产潜力有限。至于增加耕地资源国内供给，国家已经十分重视。近年来投入大量资金改造中低产农田，死守 1.2 亿公顷耕地红线。但历史欠账太多，后备资源稀少，不足 500 万公顷，城镇化发展又决定了建设用地会对粮食生产产生一定的“挤出效应”，直接造成耕地面积减少、粮食供给能力减弱。因此，仅着眼于国内耕地资源是无法解决食物方程式结构性矛盾的。中国未来粮食安全的保障还需要将眼光投向国际。另外，从国家战略的角度来看，粮食不仅是用来吃的，更是用来平衡势力范围、进行国家博弈的武器，与其被动等待，不如自己主动“走出去”，以资本投入、技术合作、提供援助等形式获取国际粮食供应体系中的话语权。

综上所述，中国的粮食生产已经走了数十年的以生态环境的破坏为代价的高投入、高产出的快速发展道路。未来，中国必将面临由人口规模扩大、食物链高端攀升、生物能源发展“三驾马车”拉动的粮食刚性需求增大态势。在确保粮食基本自给自足的前提下，投资海外耕地，利用国外自然资源促进中国农业的可持续发展，既是权宜之计，更是战略之举。

四、海外耕地投资中国别选择的重要性 ▶▶▶

区位/国别选择一直是国际投资中的重点研究领域。投资能否顺利进行，并取得预期效益，从宏观来讲，直接与区位/国别选择的有效性息息相关。

在其他条件给定的前提下，对外直接投资能否取得成功，取决于区位选择的正确与否。投资主体对外输出资本的根本目的并不是单纯凭借所有权优势进行市场占领和扩张，而是实现投资效益，即获取利润，资本增值。这种目的的达成必须基于特定的区位条件。实践表明，相同的投资项目、相同的运营人员、相同的运作手法，其投资结果会因为不同的区位特征各显差异，甚至截然相反。地域各异的市场有着独特的投资环境。在资本获利过程中，如果投资者不对投资环境进行分类、细化，不将投资环境的各项因子融合、契合于自身实力，则很难将区位优势发挥出来。因此，投资者在对外投资决策中必须在衡量自身规模实力的基础上，重点考察包括产业特征在内的投资目的地经济、政治、法律等区位条件，评估投资环境。

海外耕地投资涉及作物生产种植，具有强烈的地域适宜性和地域差异性，海外耕地投资又具有前期投入成本大，生产和效益回收周期长，各国政策和环境风险不一等特点，因此区位选择的好坏直接关系着海外耕地投资效益的高低。

五、研究意义 ▶▶▶

1. 理论意义

国别选择是以国家为单位的投资区位选择。自海默于 20 世纪 60 年代在《国内企业的国际化经营——关于对外直接投资的研究》一文中提出著名的“垄断优势理论”，从理论上开创了以 FDI（外国直接投资）为对象的研究领域以来，FDI 的区位决策一直是学界研究的热点问题之一。但迄今为止，学者们一致认为尚未出现公认的可以比较全面解释和指导 FDI 区位决策的理论模型。对 FDI 区位研究，虽有不少实证分析，但还没有完善的理论体系，研究结果常不能满足实践的需求，甚至不能印证现实结果。首先，国际直接投资理论研究起始于且一直依靠于发达国家的制造业投资主体的对外投资实践，而发展中国家有着与发达国家不同的经济发展模式和经济发展阶段，使得其跨国经营与发达国家不尽相同。其次，在具体的区位决策中，FDI 区位理论和相关定量、定性评估方法更多地被用来计量不带有任何产业特征的综合型对外直接投资，研究的方式也主要通过问卷调查和某个企业案例分析得出结论。然而，个别案例的典型性可能会影响最终结论的普遍适用性。问卷调查虽可客观反映实际情况，但如果是站在国家层面，分析全球多个国家时，事实上很难找到游历多国的多个调查者。所以，大部分文献只能以布局原则、区位启示或区位战略的形式提供一个概念性的框架，泛泛地给出一个区域层面的方向，而没有具体的将资本投入到哪个国家的分析。资源禀赋、经济环境、制度条件等具有国别性质，这使得概念性区位框架的研究结果的参考价值十分有限。总之，现有的 FDI 理论无法解释具有特定产业特征且以多个国家为研究对象的对外直接投资，FDI 区位选择实践研究需要找寻新的理论支撑。

海外耕地投资与一般类型的投资相比，具有相当的产业特性和地域特性。

农业生产的适宜性和土地空间位置的固定性决定了海外耕地投资能否顺利进行并取得预期效益，首要问题在于正确的区位选择，只有对海外耕地投资中的区位选择进行深层次分析，才能构建完整的海外耕地投资战略体系。目前，业界人士的实地运营和媒体让中国到海外“种地”的呼声越来越高，引起了国内学界对该问题的关注。不过如今很多的研究机构和学者，鉴于土地和粮食问题敏感性及参与方的保密性，不约而同地对海外耕地投资感到知之甚少，在所能得到的资料中，时事分析类占绝大部分，其中蕴含的动态因素太多太泛。本文认为，这种情势恰恰印证出对包括区位选择等具体问题展开深层次学术研究的巨大价值。在笔者看来，不论是以资源寻求为目标，从国家战略层面选择不同国家进行海外耕地投资，还是个别投资者以利润获取、市场占有为目的“自发式”进入国际土地市场，其背后必然存在着投资行为赖以支撑的丰富理由，只不过当下暂时缺少的可能是审视问题所必备的视野、阅历、角度、观念、方法和洞察力。

因此，基于本国立场，结合投资项目的产业特性，从全球层面分析、研究中国投资海外耕地的国别选择战略和具体的目标国选择，既能丰富、扩展 FDI 区位理论，又能创新投资主体国际化发展的区位路径选择方法，更能为政府战略、策略的制定，提供较高的参考价值。

2. 现实意义

从国家需求看，21 世纪我国社会经济快速发展，对自然资源的需求越来越大，资源对我国可持续发展的制约作用也愈来愈突出。资源安全已经成为非传统安全中的重要组成部分。如何保障资源的可持续利用，成为具有基本国策意义上的重要发展战略。更为突出的是，经过数十年的改革开放和社会实践，我国已完全融入世界，世界不能没有中国，中国也同样离不开世界。在这样一个加速互动的世界里，资源正加速地在我国与世界之间流动，正是这种流动过程，才支撑或带来了中国经济的高速发展和社会繁荣。所以介于众所周知的国内资源约束环境，未来中国要想保持当前的经济发展势头，就必须重点研究资源的国际战略布局。

中国的农业“走出去”战略的制定还不到 15 年，海外耕地投资更是处于“试水”阶段，而西方国家和跨国公司已在国际土地市场上生存、发展了一个多世纪。海外耕地投资是一项周期长、风险大、经营管理操作复杂的事业，渗透着浓厚的地缘、成本一收益核算、国际及当地政治经济形势等需要充分考虑的参数。所以本文站在宏观角度，以中国的海外耕地投资国别选择为主题的研究，将为中国投资者走向全球资源市场进行国际竞争提供决策参考，同时对中国政府更好地实施“走出去”战略，在更广阔的范围内，充分利用“两个市场，两种资源”，起到一定的实践借鉴作用。

第二节 国内外研究述评

一、FDI 区位选择研究现状 ▶▶▶

现有文献资料显示，FDI 区位选择研究主要基于对外投资理论和传统的区位理论展开，其研究方式基本遵循两条路径：一是根据对外直接投资理论、区位理论，提出假设，设定数个区位影响因子，进而求证何种因子具有"关键性"；二是结合管理学、资源学等不同学科理论，设置不同类型的区位因素和区位因子，采用各种经济计量方法，对国外的投资环境予以综合评价。

1. FDI 区位理论

西方传统区位理论主要是运用新古典经济学的抽象方法，分析影响微观区位或地址选择的各种因素，其经历了从古典到近代两个阶段（贾式科，2008）。

古典区位理论，又称成本学派，代表人物主要有杜能、龙哈特、韦伯、胡佛和艾萨德等。该学派认为，企业或工厂经营活动和地址布局的目标是追求生产成本最小化。农业区位方面，杜能提出了著名的"杜能环"，认为成本和价格是孤立国确定生产布局的决定因素，全国范围内农业产业的布局必须以城市为中心，基于产品的保质期长短和运费大小安排场地的地址（杜能，1986）。在工业区位方面，龙哈特提出了最小费用的重量三角形和"价格漏斗"模型。而韦伯在其《工业区位论》等相关著述中第一个完整地提出了工业区位理论，第一次运用区位因素这一概念，并对它进行了分类研究。他对影响工业的各种因素进行分析以找出与区位选择有关的因素。韦伯认为，运输成本、劳动力成本和集聚经济在企业的区位选择中发挥着决定性的作用，其中前两者是决定单一企业初始区位选择的因素，而集聚则来源于不同企业的相互作用和区位的相应调整。

19 世纪末 20 世纪初，资本主义经济从"自由"逐步过渡到"垄断"，区位理论也基本在同一时期从"古典"发展为"近代"，从立足于单个公司的"成本"转向了具有一定空间范围的城市的"市场"。其中 20 世纪 30 年代的中心地理论和 40 年代的市场区位理论最具代表性。在克里斯塔勒的中心地理论里，中心地即商品供应点，主要提供贸易、金融、手工业、行政、文化和精神服务；中心地的形成主要由市场原则、交通原则和行政原则决定；一个合理的市场区域的图形是以中心地为圆点的圆形；多个中心地并存时，市场区域最适宜的图形是六边形（克里斯塔勒,2010)。实际上,廖什的市场区位理论与克里斯塔勒的中心地理论相似,都主张市场区域六边形的合理性,只不过廖什不仅论证了六边形市场布局的合理性,还进一步分析了形成合理市场区域的区位因素,并扩大了区位因子的范围,将自然、经济、人文、政治等影响因子纳入研究中。

二战后的和平及经济的国际化发展,使传统的区位研究突破地理界线,从微观走向宏观,进入对外直接投资领域。自20世纪60年代起,西方研究者相继探讨一个企业对外投资的动因和优势,如弗农于1966年提出企业外向发展的垄断优势原因,尼克博克于1976年提出"战略跟随"的寡占反应原因,小岛清于1982年提出边际产业扩张理论。对于FDI区位选择的研究,最早且系统提出相应成果的学者是Dunning。Dunning(1998)认为,不同企业进行对外直接投资时,具有不同动机,有的是扩大市场占有规模,有的是获取自然资源,还有的追寻成本的降低和效率的提高,以及寻求战略资产。Buckley等(2010)认为,企业对外投资必须同时具备三个条件,即所有权优势、内部化优势和区位优势,其中区位优势主要分为市场环境、生产成本、贸易壁垒和投资环境;对外直接投资的资本流向,资本规模,投资方式等均会受到区位优势的影响。后续西方其他学者有关FDI区位选择的研究,基本上都是在Dunning提出的理论框架下进行不同区位因子的检验。

2. FDI区位实证

在FDI区位选择的实证上,不同学者选择不同的因子进行了检验。Brenton(1999)认为,市场规模在区位选择中具有重要影响作用。市场规模越大,越能吸引外国投资者,因为这些投资者本身在国内就在迅速发展,寻找能够增加他们利润的经营空间(Jonathan Jones & Colin Wren,2006)。Gross等(2008)认为,企业能否跨国经营取决于其自身的所有权优势,优势越强,对外直接投资的可能性越大,不同的东道国具有不同的区位影响因素。生产成本和要素禀赋对FDI的资本流向能够产生重要影响(Jeffrey,2004)。生产成本中包括劳动力成本,很多学者,如Braunerhjelm(1994)、Kravis(1982)、Wheeler(1992)、Barrell(1999)、Wei等(1999)认为,劳动力成本越大,投资者投资意愿越小。不过也有学者认为劳动力成本和目标市场的选址并无关系,如Hatzius(1998)。贸易成本也是生产成本之一,Chalfin等(2004)、McKenzie等(2006)以及Yeaple(2003)等人在定量分析美国制造业外向发展的基础上,经研究认为运输成本高低会影响投资者对某个地区投资额度的大小,劳动技能与区位选择成正相关,东道国熟练劳动力越多,吸引的对外直接投资就越多。

人们通常认为,一国的制度环境"越好"就越能吸引外国直接投资。例如,Wheeler等(1992)发现,腐败妨碍外国直接投资的流入。Hines(1996)在对美国的《反海外腐败法》实施对 FDI 流量大小的影响进行分析后，却得出相反结论。另外，恶劣的企业运营条件(Sender，1995)和无法把利润转移出境(Sender & Johnston，2004)也是不利于吸引外国直接投资的重要原因。对多家跨国投资公司的主要负责人调查发现，国家良好的经济运营形式、稳定的政局和管理环境才是投资主体区位决策的关键因素(Jorgenson, Dick & Mahutga，2007)。Colen (2009)认为，东道国的制度的健全、规范是该国具有区位优势的重要表现。与上述研究结果不同，Hanson 等(2001)对这种观点进行反驳，他们提供的证据表明，制度建设较差的国家往往得到更多外国直接投资。可见，制度在 FDI 区位选择中还是一个不确定性因素。

风险，是企业跨国经营时的重要考量因素。Borras(2007)考察了流入东道国的 FDI 存量和 FDI 流量，并将基础设施、政府政策和国家风险等因素设为自变量，结果显示国家风险的高低和基础设施的好坏在 FDI 区位决策中的作用举足轻重。与此有着相似结论的研究来自 Binswanger 和 Deininger(2008)，他们认为投资者应该尽量规避风险，选择一些宏观经济、政治稳定且政府政策连续的国家进行投资。除了"风险"以外，还有研究者发现，母国和东道国之间的经济、历史和文化越相似，东道国得到的来自相似性母国的投资就越多(Jones & Wren，2006)。Rajan(2014)调查了属于不同国家的 103 个企业，结果显示，企业投资动机不同，选择的东道国类型就不同：战略资产寻求型的 FDI 倾向于发达国家；对发展中国家和落后国家的投资，企业更关注历史、文化的相似性。

中国早期的 FDI 区位选择研究的理论运用和方法选择基本延续了西方学者的范式，研究的主要目的是提升自身的投资环境，吸引更多外资。随着中国经济发展水平的提高和国际地位的提升，中国产业发展导向也从"引进来"向"走出去"转变。不少学者将视角从国内转向国外，其中典型研究有：发展型经济对国际投资区位的影响研究(宋刚，2002)，经济发展区域一体化对市场选址的影响研究(姜国杰，2002)，基于价值链视角的区位布局方式研究(王雪芳，高亚峰，2011)，从宏观角度对区位影响因素进行的理论分析(杜军等，2011)，以及水平型 FDI 区位影响因素研究(罗伟、葛顺奇，2013)。

3. FDI 投资环境

投资环境在国外文献中一般称为"investment climate"(投资气候)或"business environment"(商业环境)。目前，国际上对投资环境的研究，主要分为两个阶段，采用定性和定量两种方式。第一阶段是 20 世纪六七十年代，只集中于少数发达国家，研究方法简单，且侧重于投资气候。第二阶段是 20 世纪 80 年代至今，几乎所有的投资国和东道国都开始进行投资环境研究，研究方法也开始大量运用定量分析方法，并借助计算机技术。

国外学者对投资环境评价的研究主要形成了以下几种有代表性的评价方法(金虹,2003):1968年美国学者利特范克和班汀的“冷热国比较法”;1969年美国学者罗伯特·斯托鲍夫的“等级尺度法”;1970年美国学者萨阿迪提出的“层次分析法”;1985年美国道氏化学公司提出的“道氏评估法”;2002年联合国贸发会议提出的FDI潜力指数法;2002—2003年世界银行提出的基于微观企业绩效的投资环境评价方法,等等。从20世纪80年代起,投资环境研究和咨询机构纷纷成立,成果不胜枚举。例如:美国的Business International Corporation从政治、法律及社会、商业及货币和财务三方面分30个要素,采用多因素评估法对各国投资环境的研究;美国的*Fortune*商业杂志从政治、劳工、生活环境、风险、开放程度等方面,采用多因素评价法对亚洲投资环境的研究等。在众多评估成果中,工程最大、影响最广的当属日内瓦的国际经济研究机构对西方27个国家的投资环境评价,该项目选取了10个因素240项指标,其中180项为硬数据,60项为专家评分判断,内容涉及社会、经济、文化、政治生活的各个领域,并对各国的投资环境进行了排序。

国内学术界对投资环境评价方法的探讨始于20世纪90年代。闽建蜀(1993)提出了“多因素评估法”。陈晓玲(2003)提出了投资者满意度指数法。邓田生、刘慷豪(2006)基于哲学中的熵原理,以国内中部城市的投资环境为分析对象进行了比较研究。杨忻、王鸿冰、刑云、罗伟中(2006)在对中国国际石油投资提供决策支持的研究中运用了投资环境模糊数学综合评价方法。刘莎等(2010)提出了投资环境境内评价体系。高雅、常小莉(2007)从外商投资额与某些经济指标的关联度入手,确定出一个地区吸引外资的若干关键性指标,进而构建出以目标层次分析法(AHP)为基础的投资环境评价系统,并以河南省为例进行了实证分析。李林梅(2006)对中小城市投资环境与投资政策进行了分析。范德成、王晓辉(2009)认为,产业投资环境又是投资环境的核心内容和实质所在,其构建了我国各地区产业投资环境评价指标体系,并对评价方法进行了研究。楚天骄、杜德斌(2005)认为,跨国公司R&D(研究与开发)直接投资与制造业直接投资不同,通过对世界48个国家(地区)的R&D投资环境评价,得出北美、西欧和日本的投资环境最好,中国在吸引跨国公司知识利用型R&D投资上具备较为优越的条件,但基础设施条件差是吸引跨国公司知识生产型R&D投资的瓶颈。张新杰(2009)对模糊数学如何应用于国际直接投资环境评价进行了详细阐述。唐大千、靳茂勤(2009)对当前澳大利亚的矿业投资环境作了简要分析和介绍,包括地质条件,政治、经济与社会条件,投资与融资条件,税收条件,以及矿业权设置、投资管理、矿业管理机构等,以为潜在的中国投资者提供基础性信息。喻婷(2010)以中部地区30个主要城市为研究对象,在构建投资环境评价指标体系的基础上，运用因子分析法和聚类分析法对中部地区城市的投资环境进行了定量分析。

二、海外耕地投资研究现状 ▶▶▶

1. 海外耕地投资一般性分析

自2009开始，国内外学界开始关注海外耕地投资。就现有的文献内容而言，可以看出，在研究最初阶段，国际学者几乎都带有“偏见”地去看待这种类型的投资(Saturnino & Franco,2012)，认为这类投资是对全球耕地使用权的争夺(Oliveira & Gustavo,2013)。Oliveira等认为，海外耕地投资行为引发了国际社会的广泛争论，矛盾集中于此类投资对投资环境、权属、主权、生计、发展和地区冲突的影响等方面。Zoomer(2010)从宏观角度研究海外耕地投资，认为发展非食品农业与生物燃料基地、兴建基础设施、建设自然保护区、发展生态旅游与生物栖息地等因素，促使该项投资得到东道国的认可，但随之而来的是投资贸易谈判的透明度差、收益分配方案模糊与经济发展不可持续等。此外，从净收益来看，外国投资对本土农业发展的影响较小，而其真正目的是收购本土企业(Wisborg,2013)。所以此类投资行为可视为经济殖民，发达国家依据自身的需求，将产品生产地投放全球(Regunaga,2010)，而且海外耕地投资不仅针对发展中国家的土地，还包括对其水资源的掠夺(Gardner,2012)。

近两年来，部分国际组织机构和研究机构开始“中立”地看待海外耕地投资。国际货币基金组织和世界银行的专家在文献中不再将海外耕地投资表示为“land grab”，反而用了一个中性的术语“large-scale land transactions”，并认为土地产权越弱、土地管理越弱的国家越能获得海外耕地投资者的青睐 (Arezki等，2011)。Chen(2017)通过对前期研究的整理发现，前期有关海外耕地投资的研究明显呈现出两个偏好：第一个偏好是媒体或研究者更愿意关注或报道非洲地区的跨国耕地交易而非其他地区的交易，这是因为大规模土地交易在非洲还是个新现象，容易吸引“眼球”；第二个偏好是国际学界都将关注点放在与中国有关的土地交易方面，这是因为“China in Africa”一直以来都是文献搜寻的热点词汇。这两个偏好直接产生了一个误区：中国已经对非洲进行了大规模的海外耕地投资，但实际表明中国在非洲涉及农业方面的投资是非常少的，几乎等于“一个手的手指头”；从中国对非洲地区FDI的存量看，农林牧渔投资只占3.3%，而制造业的投资占22%(Brautigam,2012)。

国内学者基于研究视角，以及所处环境不同，与国际学者有着截然相反的态度。从确保本国粮食安全出发，国内学者大多结合农业“走出去”战略对海外农业开发进行一般性分析。季明川、宋瑜等(2003)分析了农业国际化对可持续发展的影响,并从农产品出口贸易、进口贸易、引进外资、海外投资(或走出去)等可持续发展战略、农业国际化与可持续发展协调政策体系、建立绿色壁垒研究与咨询、决策评议机制等方面勾勒了我国农业国际化与可持续发展的框架,提出了实现农业国际化与可持续发展的战略对策与建议。张云华(2009)认为,弥补我国人均农业资源不足,缓解农产品供求紧张压力,保障战略性农产品供应,增强对国际农产品市场的影响力,必须重视并实施海外农业开发且以建立海外农业基地为重要内容,并以控制国际农产品物流渠道为关键环节。李睿璞、卢新海(2009)通过SWOT模型,分析了中国投资海外耕地的优势、劣势、机遇和威胁后,得出中国政府应该加大对此类投资的政策扶持力度,帮助企业走向海外市场;同时企业也要把握机遇,以多元化的投资方式,更多地开发利用国际农业自然资源。黄善林、卢新海(2010)分析了全球范围内海外耕地投资的整体概况,对其特征进行总结,认为海外耕地投资的主要目的是确保本国粮食安全或追求市场利润;投资主体以政府为主,也有各类私营企业的参与;投资主体常以购买或租赁的方式获得土地所有权或使用权;本轮海外耕地投资存在着项目缺乏透明度、损害当地人利益及合同执行起来较为困难等问题。对海外耕地投资行为的系统性研究反映在以李睿璞和喻燕为代表的学术论文中。李睿璞(2010)从国际贸易和国际直接投资等视角列举了海外耕地投资利益分配应遵循的原则,从策略式博弈理论出发,推导演绎了海外耕地投资各参与方的利益分配。喻燕(2010)以海外耕地投资战略风险管理为研究对象,通过理论和实证分析了海外耕地投资战略风险形成的机理,得出中国投资者投资海外耕地时,该如何对战略风险进行识别、预警和克服。另外,邹文涛(2012)应用开放二元经济理论,论证了中国利用境外农业资源的必然性。陈丽芳(2013)基于历史视角,通过梳理与海外耕地投资相关的部分国家的典型事件,提出了当前的海外耕地投资与早期“种植园”经济的联系和区别,指出了当前海外耕地投资的非殖民性。郭艳艳(2013)基于国家农业产业发展的形势和国家资源紧缺现状,分析了中国粮食生产外向型资源配置的机理。

2. 海外耕地投资区位选择分析

国内有关海外耕地投资区位选择的研究也主要是以农业“走出去”方位选择为表现形式。安春英(1999)和俞毅(2009)分析了非洲土地资源的丰沛性,指出中非之间有着良好的农业合作基础和资源优势的互补性,以及在非洲跨国经营农业的各种政治、经济、环境风险,最后提出中国利用非洲土地资源的具体政策建议。除了非洲外,不少学者也对其他地域的农业“走出去”的适宜性进行了分析。王永春、王秀东(2006)经研究发现东盟的农业自然资源条件非常优越,且基于中国与东盟各国的地理相近原因，认为中国投资东盟农业相对于其他地域而言更有资源、历史和文化上的比较优势。檀学文(2007)认为，阿根廷有着丰富的农业资源，与中国的需求有很大的互补性，其国内的制度和政策也有利于国外农业投资，因此中国对阿根廷的农业投资大有潜力，当然投资阿根廷也面临着宏观经济和政策的稳定性等问题。白石、梁书民(2007)将视野扩展至全球，通过分析中国农产品与他国农产品的竞争优势，得出中国农业的国际竞争力不在于自然资源，而在于农业生产技术水平的领先，如中国对粮食生产技术的开发使得中国粮食单产处于世界领先位置。因此，中国可以凭借这种技术优势与世界范围内的众多国家开展合作。张会(2009)指出，近年来，中国加大了与俄罗斯进行农业合作的步伐，俄罗斯的土地资源非常丰富，但俄罗斯的经营和贸易制度环境不佳，种植成本较高，我国投资者对俄农业“走出去”的步伐比较艰难；未来需要加强双方高层的交流、沟通和平台搭建，为实现中俄两国资源互补和共赢扫清障碍。曹小娉(2013)从国内、国际粮食安全角度出发，通过建立基于国内粮食安全的耕地需求模型，主要运用回归分析方法对 19 个耕地资源丰沛国进行了耕地可供给量的测算，确定这些国家在满足自身粮食安全的前提下，未来耕地资源的供给能力。

三、文献研究述评 ▸▸▸

通过对上述海外耕地投资、FDI 区位选择和农业投资等的文献资料分析，可以得出以下几点。

首先，关于 FDI 区位选择的国内外文献，为研究中国投资海外耕地的国别选择提供了丰富的经验和广阔的思路。国内外学者从不同企业、不同国家和地区的样本资料，以及不同的研究角度，发现了 FDI 区位选择的众多决定因素。但是比较这些文献，大多数只是从某个侧面分析 FDI 的区位选择问题，缺乏系统性，通过计量模型选择的解释变量往往只有几个，存在遗漏重要变量的可能性。甚至在对区位因素的实证研究中，同一个因素对对外直接投资区位选择的影响出现矛盾结论，不具有普遍指导意义。之所以出现这样的结果，一方面与 FDI 区位选择的复杂性有关：不同的企业、不同的项目各有特点，在受到来自外部环境不同因素的影响时会做出不同的战略选择，导致吸引它们的区位关键因素各不相同。另一方面，与 FDI 区位选择的理论建设有关：尽管 FDI 的区位选择一直是国内外的热点问题，但目前为止还没有形成具有普遍指导意义的 FDI 区位理论。从对外直接投资的区位选择文献内容可以看出，FDI 的区位选择研究是在区位理论和对外直接投资理论的夹缝中发展。近年来，FDI 区位选择研究基本是从现有的对外直接投资理论出发，定量地分析影响对外直接投资的区位因素，很少有理论创新，而且这些研究基本上都是以发达国家为视角对对外直接投资进行一般性分析。这些理论并不一定适合如中国这样的发展中国家，更何况这些理论还无法将产业特性包容进来。因此，要想使本书的研究主题能够得到顺利解决，就必须寻找新的理论支持。

其次，中国的投资者越来越多地在国际市场上游弋，他们的行为经验是学者研究的关注点。但是至目前为止，学者研究的重点都是制造业或化石能源业，农业作为第一产业却较少得到关注。就现有的文献看，国内学者对海外农业开发目标市场选择的研究大多集中在对个别国家的判定上，缺乏全球层面的整体性认识；即使在研究农业“走出去”战略体系或战略模式涉及区位选择的内容时，这些“区位”也都是战略选区，还未见到专以“国别”为主题的系统研究农业“走出去”的文章，因此现有文献所提出的观点虽体现了很强的时代特征，但权威性与全面性不足。至于属于农业“走出去”领域的海外耕地投资专题，国内学者除卢新海教授及其研究生对其进行了系统分析外，其他学者对该领域的研究很少涉及。

最后，相较于区位计量实证中 FDI 区位因素的不确定性，本书认为海外耕地投资的具体国别选择问题更适于用投资环境综合评价方法，确定适宜的投资目的地。不过当前，以多个国家的区位选择为研究内容的文献并不多见，在国际上属于薄弱环节。另外，对投资环境的研究主要以区域整体为研究对象，相应的指标体系则着眼于对区域的整体性认识。这种研究能够为政府或学者了解一个国家或区域投资环境的整体概况提供较好的基础，但其涉及面宽，涵盖因素多，更重要的是缺乏根据具体产业要求进行的指标遴选，因而对在微观尺度上优化具体产业或企业的投资环境意义不大。从定量分析来看，除了个别文献外，大部分学者都倾向于将“专家打分”的层次分析法引入投资环境的具体评估，使得研究结果渗入主观因素。东道国的投资环境尽管会因为社会发展条件的不同而不断变化，但在一定时期内，这个投资环境是固定的、静态的。渗入了主观因素的投资环境的定量分析会使变量指标的重要性人为地产生差别，进而影响模型选择和构建。这样，得出的研究结果可能与现实不符，研究者也无法深入分析投资环境分值低或产生差异的原因，结果影响到投资环境结论的可靠性。更何况，如果是对多个国家的投资环境进行研究的话，游历数国的专家是很难找到的。这些专家如果只凭“印象”打分的话，则更加影响结果的准确性。鉴于上述研究方法、研究内容上的缺陷，针对海外耕地投资产业特征进行目标国投资环境指标体系的构建，是本研究的一项重要工作。

第三节 研究框架

一、研究目的和研究思路 ▶▶▶

1. 研究目的

国际投资领域有三大战略决策问题：对外投资的原因，对外投资的模式，对外投资的目标市场选择。相对而言，现有文献多集中于前两个方面，而对于目标市场选择这一区位决策问题，相关研究多以不分项目类型的综合型分析为主，既没有结合产业特征，也很少从投资国的角度分析区位选择的路径。对于尚处于初级阶段的中国海外耕地投资而言，“选择到哪里去”这一问题尤为重要，与投资有效性息息相关。因此，本书以国别选择作为研究对象，以粮食安全治理为分析视角，目的在于制定符合中国国情的海外耕地投资的国别选择战略，并在此基础上构建一种适用于中国的目标国耕地投资环境评价模型，根据模型结果，结合战略指导，确定国别选择的实施路径。从而为中国投资者提供一个可供国家间综合比较的工具，减少投资风险，为服务于“走出去”战略提供相应的参考。

2. 研究思路

本书研究的切入点是文献综述部分对国内外研究现状，特别是 FDI 区位选择研究现状的梳理，以及研究的理论基础部分对不同时期地缘理论内容的提炼和归纳。这部分内容旨在论证地缘理论对这种以国家为单位的资源寻求型对外直接投资区位选择的适用性。事实上无论是地缘政治还是地缘经济，都是人类社会生活中一种最久远、最普遍的社会现象。因为在人类最初的生产活动中，对权力与利益的竞争首先表现为争夺和控制适宜农耕、水源富足的土地，这样政治、经济活动就与地理环境紧密地结合在一起。这是地缘理论能够支撑当下以土地为竞争对象的海外耕地投资国别选择研究的天然原因。现实原因是，现有的地缘理论是以国家利益为核心导向，以资金、资源分布的影响和国家实力能够延伸的空间为重点课题（赵春明，2006），以地理环境为内涵，以区域为研究框架，通过对地理空间的一种表象认识，即“世界是怎样的”，谋求空间权益、获取空间利用的一种战略思考，即“我们应该怎样做”。自然地理对一个国家来说是不易改变，也是无法选择的。当自然地理进入政治经济活动层面，在国际关系的相互作用中来考察它的各项要素时，地理要素即转化为地缘要素。这些地缘要素所具有的政治经济含义也相对稳定，形成特有的地缘环境特征。这种特征通常是影响一个国家认识世界的重要因素，也是一个国家制定对外战略的重要依据。任何民族和国家在面对自己独有的地缘环境时，都会结合本民族的历史、文化传统，衍生不同的地缘战略思维，做出不同的地缘战略选择，进而形成不同的空间分布格局。

据此，本书的研究思路是，通过阐明世界耕地的地缘分布和海外耕地投资国别选择的概况，为中国投资海外耕地国别选择的战略制定提供一个"世界是怎样"的表象认识；通过分析典型国家不同地缘环境特征和由地缘环境特征决定的粮食地缘战略安排，以及进而形成的这些国家海外耕地投资目标国空间分布格局，旨在以顺叙的方式论证当下典型国家不同国别选择模式形成的地缘原因，为中国的国别选择战略制定提供理论和经验支持。最后，通过分析中国自身的地缘环境特征，结合地缘优势、劣势，打造符合中国国情的海外耕地投资国别选择战略，并构建目标国投资环境评价模型和地缘实施路径，将国别选择的战略进一步具体化。

二、研究内容和研究方法 ▶▶▶

1. 研究内容

结合研究思路，本书的研究内容分为四个部分。

第一部分为绪论和理论基础部分，即本书的第一、二章。该部分通过对选题背景的介绍，明确本书写作时所处的国际和国内环境，说明了本选题研究既具有补充完善 FDI 区位理论的意义，也具有指导中国投资的实践意义。该部分的文献梳理和理论归纳，旨在重点阐明 FDI 区位理论无法支撑海外耕地投资的国别选择研究，以及地缘理论、可持续发展理论等对本选题研究的适用性。该部分还通过对海外耕地投资的历史溯源和现实比较，从广义和狭义角度界定现有国内外文献中都比较模糊的核心概念——海外耕地投资，为研究划定范围。

第二部分为国际上海外耕地投资国别选择现状部分，即本书的第三、四章。该部分首先介绍了世界耕地的地缘分布及这种分布的地缘特征和影响；接着对国际非政府组织 GRAIN 发布的四百余个海外耕地投资案例进行整理、归纳，旨在得出当前国际上海外耕地投资国别选择的格局，以期全面、客观地反映全球范围内海外耕地投资的强劲态势和国别选择的特征与问题。该部分的另一重点是选取了几个典型国家，分析这些国家的地缘环境特征、对外粮食地缘战略，结合它们海外耕地投资的历史和现状，对它们的国别选择模式进行比较分析，探寻不同国别选择模式形成的地缘原因，同时总结出这些国家在国别选择时的主要地缘经验。

第三部分为中国投资海外耕地国别选择战略的构建部分，即本书的第五章。通过对中国地缘环境特征及投资海外耕地的地缘优势、地缘劣势的分析，旨在研究当前国际格局中，中国投资海外耕地的国别选择目标、原则和拟投资的重点区域。这里结合海外耕地投资粮食生产的特点，以及农业生态区分析法和农业可持续发展原则，引用了世界银行首席经济学家 Klaus Deininger 的研究结果，在全球范围内初筛出 37 个国家作为中国投资海外耕地的目标国。

第四部分为目标国综合评价部分，即本书的第六、七、八章。该部分既考虑到一般性对外直接投资区位影响因素，也紧密联系海外耕地投资的特征——农业产业特性以及耕地作物需贩运回国或在第三国销售的贸易特性，选取了 24 个指标建立投资评价模型，运用因子分析中的主成分分析法对 37 个目标国的投资环境进行测算排序。同时，该部分还对目标国未来耕地资源的国际供给潜力进行测评，以便从静态、动态两个层面反映目标国的综合投资环境和投资潜力。综合考量投资环境和耕地禀赋因素，本书对 37 个目标国进行了战略支点国、战略备选国、战略合作国和战略通道国的地缘属性分类。根据 37 个目标国地缘属性分类和空间分布格局以及所提出的国别选择目标，构造中国投资海外耕地国别选择的"双圈—多点"地缘空间和路径实施建议。

2. 研究方法

尽管本书是基于地缘关系等理论，规范性地分析海外耕地投资国别选择，但为了使定性论述部分不至于苍白无力，本书立足于对有关数据和资料的采集、统计，从各国际机构（如世界银行（WB）、联合国粮食及农业组织（FAO）、联合国贸易和发展会议（UNCTAD）等）的数据库中收集了大量的统计资料，并通过图表、文字相结合的方式，以求研究内容、研究结论的严谨性、客观性和全面性。

全书内容的论证采用定性与定量相结合，在整体结构安排上，首先运用归纳法归纳他国海外耕地投资国别选择的特点和经验，继而用演绎法论证中国投资海外耕地国别选择的战略。在此基础上，定量构建了中国海外耕地投资环境的模型，并运用灰色模型、时间序列法等对目标国未来耕地资源的国际供给潜力进行分析。

第二章 概念界定与理论基础

第一节 海外耕地投资的界定

一、海外耕地投资概念的提起

海外耕地投资，是一种去政治化术语，在国际上常用 foreign (direct) investment in (farm) land、international/transnational farmland deals/acquisitions 等词来表示，通常由主流的国际发展机构和政府使用。另外，还有一个与海外耕地投资在相同领域和范畴内，主要由国际非政府组织等使用的口语化、政治化措辞——“抢地”(land grab)。从文献追溯上看，此类词语集中出现在 2008 年以后，其中以国际非政府组织 GRAIN 于当年发布的一篇调查报告《Seized: The 2008 Land Grab for Food and Financial Security》为开端，首次将此类“抢地”行为与生物能源生产和粮食出口联系起来，并确认了该行为的全球趋势。随后，总部位于华盛顿哥伦比亚特区的国际粮食政策研究所，在 2009 年 4 月的一篇报告中称，自 2006 年以来，发展中国家有 1500 万至 2000 万公顷的土地或被出售，或被租赁，或正处于与外国机构的转让谈判中，这些土地交易大多发生在非洲。总部设在伦敦的国际环境与发展研究所也在自己的研究报告中着重研究了发生在非洲的跨国土地交易，并认为约有 240 万公顷的土地交易完毕，但这些交易完毕的土地并未全部得到充分有效的开发和利用。2009 年 7 月，英国《卫报》报道称，援引自联合国和其他专家的数据分析，当前约有 3000 万公顷土地正以粮食安全为由被收购。与此同时，联合国食物权特别研究员奥利维尔·德舒特则强调：“所有的国家都在看其他国家怎么做，当看到有国家开始购买土地的时候，其他国家也会照做。这种全球抢地行为给最贫穷地区正持续和深化粮食危机所带来的潜在的破坏性影响。”自此，有关海外耕地投资问题得到了国际官方组织、非官方组织、研究机构、媒体的高度关注，并“在意识形态不同的观点的影响下，引发了热烈的政治争论，形成了以 GRAIN、Via Campesina 为代表的投资否定说，以及以 FAO、World Bank 为代表的投资肯定说：虽然‘对土地的抢夺’被认为是一件‘坏事’，但对农业的国际投资又被认为是件必要的好事”(Borras，2010)。

正如“抢地”是一种概括性措辞，学者们对海外耕地投资采取了宽泛式定义。Borras 等将其解释为“跨国商业性土地交易，着重强调土地交易的商业性质，而不论交易的规模和产品市场”。还有学者将其解释为“与某个地区平均土地持有量相比的不成比例的大规模土地占有和控制”，该定义并不关注在土地收购中的不公平行为，而是强调土地收购对当地居民和国家在当前和未来获得资源权利方面的影响(Dessy 等，2012)。Dessy 认为这是一种离岸外包，跨越国界在土地相对丰富国家进行农业生产和出口，以减轻粮食不安全的不利影响。FAO 认为，这是外国投资者在他国进行的大规模土地收购——通过购买、租赁或特许协议等方式对土地的所有权、使用权进行长期或短期的转让，目的在于建立种植园等大型生产项目。

上述学者对海外耕地投资概念的解释其实大同小异，都认为是以土地为标的的跨国交易行为，只不过有的学者强调行为的不公平性，有的学者强调行为的商业性，有的学者强调行为的方式、目的。尽管不同背景、不同领域的研究者对海外耕地投资的研究焦点——到底该不该进行此类投资，这类投资又能否在区域或国际层面得到有效规制——的意见可谓针锋相对，但在历史视域内他们的观点却达成一致：海外耕地投资并非新生事物，这种行为可以追溯至殖民时期，西方列强对亚非拉和太平洋地区的扩张中充斥着类似的土地收购和需求。“全球原始积累”中对土地积累的渴求，直接导致世界体系内土地利用转型的出现(波兰尼，2007)。整个 19 世纪(到 20 世纪初)，西方国家在政治上以其强大的帝国，在经济上以股份公司控制了全球，直接投资频繁地出现在殖民地(GRAIN，2009)。在此期间，作为帝国殖民经济活动开展的重要形式和载体——以单一经济作物种植为主的种植园，得以在全球范围内建立和发展。事实上，学者们对海外耕地投资并非新生事物的认知就已经引起了矛盾：为何在承认了海外耕地投资的历史性和延续性的同时，此类投资却又以一副“新事物”的面貌出现在 2008—2009 年世界三大危机(粮食危机、金融危机、能源危机)之后，而不是数年前或更早？这些新面貌是否决定着当前的海外耕地投资与资本主义扩张时期种植园在全球范围的建立有着不同？如果有不同，又该如何界定当前海外耕地投资？

二、当前海外耕地投资的特征 ▶▶▶

结合国际非政府组织 GRAIN 发布的 400 余个案例和媒体报道，总结当前海外耕地投资特征如下。

(1)新型的土地利用主体。当前的海外耕地投资中，土地利用的主体(或称投资者)不再仅仅是上述“传统”的在农业领域运营已久的欧美发达国家的农业跨国公司，新型的土地利用主体也积极参与世界耕地资源的角逐。新的土地利用主体主要来自深受粮食危机影响的资金“富裕或相对较富裕”但资源较为匮乏国家，如印度、海湾国家等。农业不再是投资者所属的唯一的行业，金融业、能源业、制造业和公共组织等投资者，也在跨国土地交易中纷纷寻求自我价值的实现。例如：2011 年 3 月，日本制造业巨头三井集团收购了总部位于瑞士的 Multigrain AG，生产主要用于出口的大豆、棉花和玉米；韩国大型汽车企业现代，也在巴西从事类似的土地收购活动。从主体性质分析，“私营”仍旧是投资者的主要属性，但两国政府之间的直接合作以及有着政府背景和支持的“国有”企业、主权财富基金对此轮土地交易的推动作用不可小觑。例如：加纳和卡塔尔政府已经达成协议，在加纳成立一家合资企业，在 5 万公顷农田上进行粮食作物的生产并将其运回卡塔尔；设在巴林的一家国有基金则专项进行海外耕地投资，以支持该国政府的粮食安全政策。

(2)土地投资模式多样化。当前海外耕地投资土地的主要方式有直接和间接两种。直接方式即直接购买或租赁他国土地。间接方式包括股权参与和订单农业，以实现实质上控制投资目的地的农业生产。事实上，间接方式被很多公司应用，因为这种方式对投资者而言付出成本低，承担风险小，周期短，更容易获得当地政府的认同。上述日本三井集团在巴西收购土地就是采用间接方式。

(3)土地利用方式多样化。很多非政府组织、媒体习惯用“土地争夺”描述新一轮的全球土地投资热，不仅是因为土地交易的规模和速度不仅比以往任何一个时期更大、更迅速(仅 2008—2009 年，世界范围内就有 5660 万公顷土地被收购)，还因为土地利用方式发生了明显的变化：土地从供给发展中国家的人转变为供给发达国家的机动车——出口型生物燃料生产。就连世界银行等国际组织也认为，当前的土地交易中土地的主要用途不是为了粮食生产，而是为了生物燃料和工业产品的生产(Meekhof，2010)。生物燃料产量的提升必然导致能源作物种植面积的增加。能源作物种植面积的增加将直接带来其他农作物播种面积的减少，同时也威胁到森林、草地等土地利用类型的改变。

(4)土地利用动机多样化。以前的海外耕地投资追逐单纯的商业利润或市场占有，当前的跨国土地交易中不同的投资者有着不同的利益诉求，包括商业利润、资源安全和资产保值增值等方面。很多时候，对同一个投资者而言，利益诉求是多重的。一方面，农产品价格的上涨自然会使农业成为一个有利可图的投资领域。另一方面，粮食安全起着稳定器的作用，对于那些因为资源限制无法生产足够农作物来满足自身需求的国家而言，在国际粮食市场可依赖性不大的情形下，为避免陷入危险境地，跨界寻求资源进行离岸生产，无疑是必需的战略选择。而土地资产的保值增值性，在农产品价格高行的趋势下，也必然会进一步提高。维际海外投资于 2012 年 4 月发布的研究报告称，近十年所有投资项目中，农地投资资产增值最多，短短 12 年增加了 12 倍。特别是在金融危机后，农地更加成为养老基金、房地产集团和金融资本等所青睐的扩大投资组合的一种新资产。

三、海外耕地投资概念的界定 ▶▶▶

"投资"一词有两层含义：一是指一种活动、一种创建或一种获得财产的行为；二是指这笔财产本身，它完全是上述活动产生的结果。从法学理论来讲，对某一行为下一个定义，除对行为事实进行概括，抽象出其共同特征而形成权威性范畴外，还应该概括这一行为的相关标准，这些标准包括行为性质、行为来源、行为目的和动机，以使人们只需通过法律概念就能快速准确地认识、理解该事物。上述学者对海外耕地投资概念的界定大多集中于对投资行为事实、特征的概括，较少关注海外耕地投资的性质、来源、目的、动机。这其中 FAO 的定义相对较为完整，但也缺乏对此类投资性质、动机的表述。从实践层面看，海外耕地投资属于国际投资中的直接投资。国际直接投资又可分为资源寻求型、市场寻求型、效率寻求型和战略资产寻求型等四种(Schutter，2011)。

结合上述海外耕地投资的特征，本书认为海外耕地投资有广义和狭义之分。广义上是指具有独立投资决策权，并对投资结果负责的多类型投资主体(包括跨国公司、国际金融机构、官方与半官方机构等)，为了满足自身的战略发展要求或投资主体所代表的国家、地区的经济社会持续发展对农业自然资源及以粮食为主的农产品需求，获取经济效益、社会效益(粮食、能源安全)，通过购买、租赁或特许协议等方式，对他国土地的所有权、使用权进行直接或间接占有，目的在于建立、控制、经营以种植大宗农产品为主的大型农业生产项目，并将作物产品返销回国或在全球市场上分配的一种资源获取型农业对外直接投资。狭义上是指，具有独立投资决策权，并对投资结果负责的投资主体，为了满足本国粮食安全的需要，通过购买、租赁或特许协议等方式，对他国土地的所有权、使用权进行直接或间接占有，目的在于建立、控制、经营以种植粮食作物为主的大型农业生产项目，并将作物产品返销回国的一种资源获取型农业对外直接投资。本研究采广义的海外耕地投资概念。

四、其他相关概念的说明 ▶▶▶

1. 粮食

粮食是指植物可供人类食用的以糖类(淀粉为主)和蛋白质为主要营养物质的部分。由于历史传统和饮食结构的不同，国内外粮食统计口径有所不同。比如，中国等以稻米为主食的亚洲国家，粮食作物的品种为谷物、豆类、薯类(包括甘薯和马铃薯，不包括芋头和木薯)。联合国粮农组织认为，谷物类是其所列八大类 106 种食物中供给人类消耗的主要食物来源，谷物类作物播种、生产、收获态势在整个世界的食物供应中扮演关键角色。因此 FAO 将粮食的范畴界定为谷物类产品，包括稻谷(未碾磨)、小麦、玉米和粗粮(大麦、黑麦、燕麦、小米、高粱和混合粮食等)①，稻谷按 65%的出米率折算成大米，生产数据统计年份按公历计算。本书站在全球范围的角度，以国家为单位进行主题研究。为了数据收集的规范性、一致性，本书采纳国际上通行的 FAO 对粮食范畴的界定，即粮食是指谷物类作物，含稻谷、小麦、玉米和粗粮。

2. 粮食安全

粮食安全自 20 世纪 70 年代首次提出后，其内涵与外延一直得到不断的丰富与发展。现代意义上的粮食安全不仅包括数量安全，还将质量、经济和生态要素包含进去，构建四维粮食安全。本书粮食安全的含义指的是所有人在任何时候都能在物质、社会和经济上获得充足、安全和富有营养的粮食，以满足其积极和健康生活的膳食需求和食物偏好。家庭粮食安全是这一概念在家庭层面的应用，侧重点是家庭的个体成员。粮食安全的衡量也分为以粮食总供求平衡和粮食自给率(或粮食外贸依存度)等指标为主的宏观层面的分析，以及关注家庭和个人的以膳食热能供应量(DES)指标为主的微观层面的分析。

3. 耕地

耕地是指经过人类开垦用于种植农作物并经常耕耘的土地。作为土地利用类型中最重要组成部分的能够种植农作物的土地，在国际上，经常被表示成"agricultural land""farmland""arable land""cultivated land"等，且不同作者在

① 这等同于美国农业部和世界银行界定的范畴。美国农业部定义的粮食包括大米(稻谷已碾磨)、小麦、玉米、大麦、高粱、燕麦、小米、黑麦和混合的粮食。

不同语境、语义背景下使用时，耕地英文术语的范畴并不一致，较为模糊。根据FAO的官方解释，“agricultural land”类似“farmland”，指农业用地，包括可耕地(arable land)、多年生作物用地(permanent land)和多年生牧场用地(permanent meadows and pastures)。其中，“arable land”是指种植短期作物的土地，供割草和放牧的短期性草场，供应菜市的菜园和自用菜的土地，以及休耕或闲置不超过5年的土地；“permanent land”是指种植长期生存作物而无须在每次收割后再进行种植的土地，此类作物包括可可、咖啡树、橡胶树，此类土地包括生长开花灌木、果树、坚果树和葡萄树的土地，但不包括木材林用地；“permanent meadows and pastures”是指5年以上生长饲草(野生或人工)的土地。世界银行数据库相关内容显示，世界银行将耕地界定为“arable land”。同粮食概念的界定一样，基于研究的角度和数据收集的规范性、一致性要求，本书对耕地的界定采用FAO和世界银行关于“arable land”的内涵和范畴，有关耕地面积数据直接来源于FAO和世界银行。

4. 耕地资源

资源是指在一定的技术、经济条件下，能为人类开发和利用的一切物质、能量、信息、知识和智力的总称，通常分为自然资源和社会资源两类。耕地资源是指能够被人类利用进行作物栽培的，具有一定深度和氮、磷、钾等土壤养分的已开垦或还未利用的土地。耕地资源与耕地是包含与被包含的关系(蒲瑶，2008)。

第二节 地缘理论

一、地缘政治理论 ▸▸▸

作为一门专门研究地理环境与国际权势竞争间相关关系的科学，地缘理论诞生于19世纪后期，并首先表现为地缘政治理论。该理论致力于地理环境和政治现象间的互动联系及因果关系，阐述国家在地理空间的权力分布(马丁，2008)。实际上古希腊、古罗马的诸多作品中就有论述自然环境对人类历史文化、经济生活和政治文明的发展具有强烈影响的内容。历史学家希罗多德曾提出“所有的历史必须用地理的眼光去看待，同时所有的地理必须用历史的角度去分析”(王恩涌，2006)。现代意义上的地缘理论最早由德国地理学家弗里德里希·拉采尔提出。拉采尔在1897年发表的《政治地理学》中提出“国家有机体说”，之后提出“生存空间”概念。拉采尔将国家比作具有生命的有机体，如同生物一样，需要一定的生存空间，一个健全的国家通过扩张领土来增加生存空间是必然的现象(陆俊元，2005)。其后，瑞典政治学家鲁道夫·契伦继承发展了拉采尔的国家有机体说和生存空间论，并于1899年在一篇有关瑞典边界问题的文章中最早用瑞典语创造出“地缘政治”(geopolitics)这一经典术语，这个词后来与契伦的著作一起被引至德国。第一次世界大战结束后，这个词在德国有关国际事务的话语中越来越成为一个通俗性词汇，而第二次世界大战的爆发推动了“geopolitics”的出现。20世纪二三十年代，德国地缘政治学者豪斯霍弗继承了拉采尔的国家有机体说和生存空间论，并将其作为德国寻求摆脱各种外在的枷锁以及适合其最终成长为世界强国的发展道路的指导思想(马汉，2012)。

与拉采尔、契伦不同，英美地缘政治学者提出了海权论、陆权论、边缘地带论等经典地缘政治理论。此类理论明确将世界看作一个整体，主要探讨的是在这个封闭体系中反复出现的国家间关系模式，这种模式的表现形式主要是历史上海权和陆权的永恒对抗。不仅如此，此类理论在强调地理因素作用的同时，始终认为应将其同其他因素结合起来进行考察，即任何特定时间的政治力量的对比不仅是地理条件的产物，也是由各方在人力、组织、技术等方面比较中得出的结果。

(1)海权论。海权论被认为是“影响世界历史进程的十大著作之一”的由阿尔弗雷德·赛耶·马汉发表于1890年的《海权对历史的影响(1660—1783)》论述了海权对国际格局的影响。马汉认为一国的政策是由这个国家的自然结构决定的，该自然结构包括位置、国土面积、地形、地势、地质及国民性。另外，马汉的海权论还提出“争霸世界的关键在于夺取制海权”，控制世界的标准不取决于占有领土空间的多少，而取决于对关键区域的控制；控制全球重要航海通道和海峡就能够获得海洋控制权，而获得海洋控制权者必将成为世界强国。

(2)陆权论。作为“向我们提供这个世界的全球概念的第一人”，英国学者哈尔福德·约翰·麦金德在1904年出版的《历史的地理枢纽》一书中首次提出陆权论，将世界陆地范围划分为数个区域，把地理因素与国际政治和战略结合起来思考，强调陆地地理环境对国家战略制定的重要性。他认为，任何地方的政治问题，都将视对自然特征考察的结果而定；而当前陆路交通工具的发展强化了地域间的联系，使欧亚大陆的“枢纽地带”(即海权触及不到的地带，另外，围绕在枢纽地带外的环形地区为内、外两个新月形地带)成为全球重要的地缘战略区。另外，麦金德认识到，战争的基本原因在于世界资源及其战略潜力的分布不均。

(3)边缘地带论。美国地缘战略学家斯皮克曼于20世纪40年代提出边缘地带论。其将世界分为海上世界、陆上世界和介于二者之间的边缘地带，即欧亚大陆的沿岸地带，并认为边缘地带是左右全球政治格局的重要区域。该理论更具现实意义的是斯皮克曼提出“地理是决定政策的主要因素之一”，一个国家区别于其他国家的特征就在于其领土基础；一个国家在地球的一个特定部分内行使其最高权力，其活动也直接依赖于自己领土基础的物理特性；研究对外战略中的安全问题最理想的方式是“运用地图或地球仪来探索世界地理关系”，考虑国家的领土在世界上的位置、大小、地形、气候、资源特征，以及其他国家的领土和实力分布情况，“根据地理要素来筹划一个国家的安全政策”。

除上述经典地缘政治理论外，英国地理学家詹姆斯·菲尔格雷夫的观点也非常具有典型性。其在1915年发表的《地理和世界权力》一书中将历史与地理结合起来，又将资源因素赋予地缘战略意义。詹姆斯·菲尔格雷夫认为，人类的历史就是一场能源的生产和控制史，能源产生于自然环境，因此，人类历史的兴衰取决于对环境的探索和对环境内各种资源要素的成功利用，主导资源是攸关人类前途与命运的问题（布热津斯基，2007）。

遗憾的是，此类经典地缘政治理论被德国深深卷入到国家政策的制定之中，成为当时军国主义要求重新瓜分世界的理论工具。由于第二次世界大战给人类带来了一场浩劫，地缘政治学也随之衰落，甚至地缘政治学被曲解为“一门法西斯侵略扩张行径的学说”，一度成为学术研究领域的禁地①。直到1964年S. B. 科恩提出两极体系瓦解，人类必将生存在一个“分裂但更加永久的世界”的多极世界体系论，以及1976年法国的拉考斯特重新使用地缘政治这个概念之后，学界才重启地缘政治与国家战略的研究热潮。冷战后的地缘政治理论被称为新地缘政治理论，代表理论除S. B. 科恩的多极世界体系论外，还有I. 沃伦斯坦的世界体系论，乔治·莫德尔斯基的领导长周期论，罗伯特·吉尔平的霸权稳定论，H. A. 基辛格的五头政治论，Z. K. 布热津斯基的“三边论”，亨廷顿的文明冲突论（李正，陈才，熊理然，2014）。

总之，新地缘政治理论与旧地缘政治理论相比，尽管其研究目的并未改变——在空间范围内，以地理因素为核心变量，进行国家利益的战略部署——但其研究内容不再局限于高政治领域，而将低政治领域的内容包括进来，从经济、环境、科技因素，综合考量国家利益的范围和获取方式（孔小惠，2010）。

① 涉及该领域，则需要借助地理政治学或政治地理学的理论表达，甚至在术语上都不用“geopolitics”，而是用“political geography”。参见：李正，陈才，熊理然. 欧美地缘经济理论发展脉络及其内涵特征探析. 世界地理研究，2014(2)：12-20.

二、地缘经济理论 ▶▶▶

亚里士多德认为，人和环境不可分割。地缘理论的出现是对这一思想的认同。冷战前，地缘政治理论一直以独特的视角审视和引导国家行为，“它从地理决定论的角度出发，规定外交政策的可能性和优先性”(Luttwak，1990)。直至今天，世界上许多地区仍然致力于通过争夺势力范围、缔结军事政治同盟来保证权力。但不可否认，随着两极体系的瓦解及经济全球化、区域化如火如荼地开展，传统的地缘政治方式的重要性在下降，地缘政治理论也越来越缺乏解释力，地缘经济理论应运而生。

首先对地缘经济开展专门研究的是美国华盛顿战略和国际问题研究中心的爱德华·卢特沃克，其于1990年在《从地缘政治到地缘经济：冲突的逻辑、贸易法则》中首创“地缘经济”这一术语，并认为和平时期地缘经济的发展会替代传统的地缘政治冲突。此后，“地缘经济”一词频繁地被不同学者按照自己的理解加以使用，形成了以爱德华·卢特沃克为代表的美国学派，以保罗·莎翁纳、卡罗尔·让等为代表的意大利学派，以及以涅克列萨、科切托夫为代表的俄罗斯学派。这三个学派都强调资本投资和经济发展是当今时代的主题。经济领域内的因素已经逐步替代传统地缘领域内的政治、外交、军事因素，在国家间的权势互动关系中起着更为重要的作用；在国家间的地缘交往中，尽管跨国公司有着举足轻重的作用，但国家仍旧是主体。这三个学派的不同之处主要在于：美国学派注重地缘经济时代如何以军事为后盾，在全球范围内运用资本力量重建自身霸权地位(刘锋，2013)；意大利学派不同于美国学派的“进攻型”地缘观念，其更为“柔性”，强调国际合作与交流，把地缘经济学理解为研究国际竞争与合作规律的科学，其最终目的是将国家所能利用的一切资源统一起来，以应对全球局势的变化；俄罗斯学派明确提出从地缘经济角度构建国家战略。涅克列萨将世界上的国家划分为不同等级，并描述了世界地缘经济秩序的关键布局，包括四个地域明确的局部空间和两个地域不够明确的地缘经济空间①。科切托夫认为，在全球化背景下，国家竞争力的提高取决于民族经济体系的发展与完善，但发展的路径

① 四个地域明确的局部空间为：生产高科技产品和服务的北大西洋西部地区，位于环太平洋圈的工业新东方，位于印度洋弧形区的南方部分原料区，位于欧亚大陆北部“陆地洋”的小部分地域空间。两个地域不够明确的地缘经济空间为：基本来源于北大西洋地区的跨国的“伪北方地区”，这个地区涉及全球经济的金融法律调节；南方深洋列岛地区，该地区“经济支离破碎，主要以对文明资源的强盗式掠夺为基础”。参见：李敦瑞，李新. 地缘经济学研究综述. 国外社会科学，2009(1):43-49.

不仅仅限于国内，必须参与全球市场的竞争，并实现各方战略利益的均衡。

可以说，由于地缘因素和经济发展之间的关系本身具有很大的研究价值，地缘经济理论一经诞生，就备受关注和推崇。作为一门年轻的科学，地缘经济理论形成的时间较晚，理论体系、概念、性质和内容中还有很多模糊、不确定和不完善的地方。很多研究论述中无法明显区分地缘经济、地缘政治或区域经济的关系；甚至，有些文献使地缘因素沦为研究中几乎不被考虑的背景因素。而 1994 年美国地理学和国际关系学教授乔治·德姆克和国务院官员威廉·伍德也只是概念性地提出"地缘政治经济学"术语，尚未发展出一套可以独立支撑其理论基础的学科脉络。

三、地缘学的研究范式 ▶▶▶

近代以来包含地缘政治、地缘经济在内的地缘学发展的源与流表明，"地缘"是一个历史范畴，不同时代社会交往内容不一，地理环境不一，构建该理论的地缘环境和地缘要素不一，各时期的学者对地缘的理解也有所不同，形成不同的地缘理论体系。从早期伴随着 19 世纪末全球地理发现完毕，资本主义市场由"自由"向"垄断"过度，国家作为空间的有机体说的形成；再到冷战前夕，在资本扩张时期的世界地理环境更趋向于全球系统性，地缘政治以"新地缘政治"的形式回归——更多地表现为新的"全球"意识，更注重世界的多样化和政治空间的系统性和多元性；乃至冷战后，主张"以影响促变化，即发达资本主义国家凭借主要是经济方面的优势控制世界上不同地区的变化取向，谁掌握了国际经济命脉和生态的优势，谁就在国际事务中拥有较大发言权"的地缘经济的出现和"地缘政治经济"概念的提出。尽管地缘学经过一百多年的发展，形成了各种"时代差异"理论，但不难看出，在这些理论背后，自身学科的研究范式贯穿始终，主要表现在以下几个方面。

(1)总体来说地缘学是一门交叉学科(许勤华，2006)，它以一定范围内的空间为研究框架，以空间内的地理要素为内涵。地缘理论的构建需要进行两个阶段的分析：第一个阶段是对分析对象所处的空间进行由大到小、由宏观到微观的地理分析，进而得出分析对象所处空间是一个怎样的世界；第二个阶段是基于前一阶段的结果，加入政治、经济、外交、文化等因素，利用地缘优势，规避地缘劣势，从战略、战术上综合考量怎样在多方冲突格局下谋取自身地缘利益和权力(陈才，2001)。学科发展脉络显示，无论是地缘经济还是地缘政治，都脱胎于人文地理学，是其重要组成部分。因此，在进行地缘学研究中，必须遵循地理学科的研究路径和规律，将地址、地形、地质等"地理"要素当作研究空间范围和空间权势布局的核心变量和初始点（周晓男、陈才，2007），在此基础上再展开其他经济、政治、文化因素的介入。因此，在地缘学中，地理环境不再只是简单的自然环境，一个静态的常量，而是以一个能动的要素出现；小到人类适应环境，开发、利用土地，大到国与国之间鉴于彼此的相邻、相隔、相望关系处理国际事务，地缘学是将一定空间内的地理环境既当作人类生存、生产、生活的平台，又将地理环境当作人类适应自然能动改造的结果，还把地理环境放在全球化体系中进行理解，认为其是影响国家主体权势分布格局的重要变量。

（2）地缘学以国家利益为核心指向，以"大战略"为理论之于实践、思想之于现实的表现形态。自然地理和人文社会科学的研究者倾向于将人类看作利益共同体，关注如何实现人地关系的和谐发展。这实际上是一种理想的状态。人类即便作为同一物种，但人与人之间的关系并不总是协调的，其各有利益诉求。人类可划分为不同的阶层和利益集团，组织体系最严密和最大的利益集团是国家。所以国家间的冲突和冲突环境中位于不同地理空间、处于不同发展阶段的国家的利益平衡是地缘学的应有之义（米勒，1992）。另外，地缘理论从其诞生之日起，就与国家大战略存在密切联系，而造成这种联系的关键在于，任何大战略都必须在相当程度上真实反映客观的地理现实，否则将危及国家的成功乃至生存。只有那些推行了某种反映了客观地理现实的大战略的国家，才能够成功地获取或保持自己的相对优势。

（3）以合作与控制作为地缘战略的实现手段。无论是地缘政治还是地缘经济，它们的终极目标都是实现国家利益，只不过两者实现国家利益的方式有很大不同。在地缘政治领域内，实现国家利益的方式主要是通过外交手段和军事地理扩张和占领来"硬"控制他国区域；在地缘经济领域内，实现国家利益的方式主要是通过国与国之间经济、文化、科技的交流与合作，"软"控制他国区域。地缘政治推崇的是国家物理空间的扩张，那么额外扩张区域内的所有资源都归属于这个国家支配。地缘经济推崇的是多极格局下由经济、历史、社会文化因素为主的，军事、政治、外交因素为辅的各因素构成的虚拟空间或称地缘优势空间的扩张，而对某个空间内资源控制的程度和种类是衡量一国地缘优势空间范围大小的主要标准。

（4）经济全球化和区域经济一体化的不断深入推动地缘理论的丰富和发展，使得地缘理论的核心思想从战略空间的争夺转向战略资源的争夺。过去衡量一个国家实力的标准主要基于一国的国土面积和意识形态，而现在更多是看一国的资源对国际市场的影响。资源作为国家健康、稳定发展的关键因素，已经成为地缘学研究的重要领域。而资源对一个国家经济发展的重要性及资源的寡占型市场特点，决定了各国政府和企业必须不断增加资源行业的投资力度（马传栋，

2002)。

结合本书研究主题,耕地资源如同能源一样,其禀赋在很大程度上影响甚至决定着一国的经济潜能和对外行为能力;耕地资源亦像能源那样,分布是既定的,地理位置不可移动。这就决定了实力较强的国家是否参与海外耕地投资,以及在海外耕地投资中与哪些国家进行合作,必须从耕地资源分布的角度进行地缘战略的布局。相应地,国家的地缘因素也就决定了当前海外耕地投资国别选择的格局。因此,在地缘经济时代,人们常根据经济利益来选择地理范围,而不是根据地理范围来确定国家利益的法则在海外耕地投资领域并不适用,地理因素仍具有决定作用。用地缘理论和地缘学的研究范式来研究海外耕地投资国别选择,无疑要比单纯从区位条件角度探讨国别分布的 FDI 区位理论更具适用性,更何况,对国家而言,耕地的主要作物粮食和作为耕地的土地从来都不只单纯地具有经济意义或政治意义。

第三节 可持续发展理论

一、可持续发展理论的提出 ▸▸▸

人类生活在两个世界。一个是自然世界,它由土地、空气、水和动植物组成。这个世界在人类出现的几十亿年前就已存在,人类出现后也成为它的一个组成部分。另一个是人类为着自己而用双手不断改造自然建立起来的社会结构和物质文明世界。在这个世界里,人类用自己制造的工具和机器、自己的科学发明以及自己的设想,来创造一个符合人类理想和意愿的环境。追求一个生活得较好的人类社会,这是自有人类以来就有的愿望。但在追求美好生活的过程中,资本主义的经济体系带来科学技术、经济总量、人口数量等以史无前例的速度和规模发展时,也让人类开始对大自然进行掠夺性的改造。这使得美好愿望的实现离人类越来越远。地球只有一个,可持续发展思想就是在这样的时代背景下应运而生。

可持续发展思想最初由德国学者于 18—19 世纪面对工业化的发展对木材的大量需求和森林的过度砍伐,在保护森林的运动中提出。20 世纪 70 年代,粗放型的经济发展模式受到批判,人们逐渐意识到地球是一个物质能量平衡系统,破坏自然必然会遭到自然的报复。1972 年瑞典世界环境大会上,首次使用“可持续发展”这一说法。1980 年，联合国大会上明确了“可持续发展”这一术语，呼吁人类“必须研究自然的、社会的、生态的、经济的以及利用资源过程中的基本关系，确保全球的可持续发展”。同年，国际自然保护联盟的《世界自然资源保护大纲》中首次赋予“可持续发展”术语科学性，即“为了使发展得以可持续，必须考虑社会和生态因素及经济因素，考虑生物及非生物资源基础”。1987 年，世界环境与发展委员会在《我们共同的未来》报告中，明确界定该概念，将“可持续发展”定位为“既满足当代人的需要，又不对后代人满足其需要的能力构成危害的发展”。2002 年，23 名世界著名可持续发展研究者在《科学》上撰文，提出将可持续发展思想升级为可持续发展科学，其研究主题是人与自然或自然与社会的良性互动；研究内容是如何在气候变暖、人口增长、土地用途改变、城市化、污染化的背景下改变当前社会发展的不可持续状态，减少生态损失，扭转贫富不均局面。2012 年，国际科学联盟更是发起了“未来地球”计划，提出整合现有的组织、技术资源，将政府、NGO（非政府组织）、科学界、私营公司和个人等各界组织、人士联合起来，建立更具综合性和国际性，并能解决实际问题的可持续发展之路和科学联盟。

可持续发展思想从概念到理论再到学科的发展路径说明，其越来越深入人心，受到国际组织、各国政府、学术研究者的重视。可持续发展思想不再仅仅是意识流，更是人们付诸实践的行动。可持续发展理论认为，人类社会的发展是自然环境及经济、政治和文化共同协调的发展，任何一个方面缺一不可。自然环境是可持续发展的材料储备库，经济发展是可持续发展的基础和动力，物质文明和精神文明的进步是可持续发展的结果，生态环境的有效利用和改善是可持续发展的保障，人类的自我实现是可持续发展的终极目标（崔宏楷，2013）。

二、可持续发展理论在农业领域的运用 ▶▶▶

20 世纪 90 年代，可持续发展思想被引入农业生产领域。1991 年 4 月，在荷兰召开的农业与环境会议上，FAO 提出了“可持续农业与农村发展”，确定了实现可持续农业发展的三个战略目标：加大资金投入、播种面积和设备改善，增加粮食产量；促进农民收入提升，增强购买力，消除农村贫困；合理利用和有效保护自然资源，构建生态平衡。联合国环境规划署（UNEP）等国际组织认为，可持续农业是整个社会与经济发展的指导原则。

当前农业可持续发展的含义是：为了保障人类当代和今后世代发展的需求，保护生物的遗传性和多样性，通过技术革新、机构改革等方式，一方面科学地发展农业生产，另一方面努力保护自然资源和维持生态平衡，寻求农业生产与其环境的互动和谐状态，提高农业综合生产能力与持续发展能力。农业可持续发展主要体现在生产持续性、经济持续性和生态可持续性三个方面，即进一步提高土地作物的生产能力，增加粮食等大宗农产品的供给；加快农业工业化、规模化发展，改善人们的生活质量，为人们提供购买能力；增强人类适应自然及改造、保护自然资源和环境的能力。

海外耕地投资之所以饱受国际学界的诟病，很大原因在于其生产方式对当地生态环境的破坏性。因此，中国的海外耕地投资要想顺利进行，就必须在与他国的合作中注重可持续发展原则。

第四节　投资环境评价方法

一、投资环境的定义

投资环境是指在投资活动过程中，投资主体所处的各种周边境况和条件的总和，通常情况下投资环境与国际经营中投资主体所在国家的各类环境紧密联系在一起。其中包括与投资经营相关的资源、经济、政治等一系列因素。投资环境具有划定性、指示性、动态性、系统性、不确定性和可改造性（付晓东、胡铁成，2004）。

投资环境按照不同属性可分为以下几类：按研究层次不同，可分为宏观、中观和微观投资环境；按物质形态属性不同，可分为具有物质形态的硬环境和没有具体物质形态的软环境；按投资进程不同，可分为投资的资本进入环境、资本运营环境和资本效益环境；按投资地域不同，可分为国内投资环境、国际投资环境；按组成要素不同，分为资源环境、政治环境、经济环境、法律法规环境和基础设施环境等。

二、投资环境评价指标体系构建要求

投资环境受大量因素的影响，包括三个主要的方面：宏观经济、法律制度、基础设施。因此，运用何种理论构建一套较完整的投资环境评价指标体系是系统进行投资环境评价的基础。以经济学理论体系而言，投资环境的研究并未像国际直接投资或国际贸易那样形成专门的理论，它往往是包含在国际贸易理论、区

域经济理论等研究范畴之内，是一门涉及区域经济学、生产布局学、投资学等多个研究领域的边缘科学。因此，对具有产业类型的多个国家投资环境的研究，需将如亚当·斯密的绝对优势理论等国际贸易理论，以及包含距离、集聚、生产成本等区位因素在内的区域经济理论结合起来综合考虑，用超越国别的统一的评价标准，为计划及决策者的决策提供强有力的支撑。在指标分类上，应尽可能将东道国的自然地理、资源禀赋、政治经济、法律法规、社会条件等多个方面的内容包括进来。在指标选择上，应遵循适度的原则：指标选择太少，虽然在建模和数据处理中变得简单，但容易漏掉重要数据，难以反映东道国投资环境特性；而指标选择太多，容易造成运算困难，模糊投资环境差异。优良的投资环境指标体系的建立应该满足以下条件：一是指标选择要反映投资主体内部制定的发展战略和发展倾向，体现投资主体的所有权优势；二是结合产业特性选择投资环境指标，体现投资的特殊性以及与其他投资类型的差异性；三是各项投资风险的测度需保持规范性和一致性，以确保所有因素都能被研究者定量分析和定性评估，并得到符合客观实际的可比性结果、结论；四是投资环境指标体系的评价结果应使投资者能够清晰地比较和判断综合环境和分项环境的优劣。

第三章 世界耕地资源分布及海外耕地投资国别选择现状

第一节 耕地资源的全球战略地位

一种资源能否具有全球战略性地位取决于两个因素:一是该种资源的稀缺性、不可替代性;二是该种资源对世界政治经济稳定发展的支配性。在从游牧采集过渡到定居农业的时期内,耕地只是人们劳动的对象,甚至谈不上"资源"的意义;即便是半个世纪前,也很难想象耕地资源会具有战略属性。然而随着全球人口的大幅增长,食物链的高端攀升,油价上涨,粮食需求日益多样化,耕地资源的战略价值无疑在21世纪占据重要地位。

一、耕地资源的不可替代性和稀缺性 ▸▸▸

耕地作为粮食生产的载体,是不可替代的和稀缺的。首先,耕地是由自然土壤发育而成的,并非任何土地都可以发育成为耕地。能够形成耕地的土地需要具备可供农作物生长、发育、成熟的自然环境和条件:①必须有平坦的地形,或者在坡度较大的条件下,能够修筑梯田,而又不至于引起水土流失,一般坡度超过25°以上的陡地不宜发展成耕地;②必须有相当深厚的土壤,以满足储藏水分、养分,供作物根系生长发育之需;③必须有适宜的温度和水分,以保证农作物生长发育对热量和水量的要求;④必须有一定的抵抗自然灾害的能力;⑤必须达到在选择种植最佳农作物后,所获得的劳动产品收益能够大于劳动投入,取得一定的经济效益。凡具备上述条件的土地才能经过人们的劳动发展成为耕地。根据古人类学家的研究，人类历史大约可以追溯到300万年以前，而农耕历史大约只有1万年。在出现农耕以前的漫长岁月里，人类的祖先以采集和渔猎为生。自然环境变化引起了人类开辟新食物来源的需要，原始种植业和畜牧业应运而生。可以说耕地是人类独创的产品，是人们在历史发展过程中遵循经济规律和自然规律而确定的土地利用类型。耕地大多地势平坦、土壤深厚、肥力较好、水源相对充分，适宜农作物生产。这种土壤特性和地形特点决定了耕地不仅适合生产粮食，而且适合其他多种用途。与园地、林地、草地等土地类型相比，耕地肥力较高，也适宜种植花草树木；耕地通达性较好，提供了建筑工程施工的便利性。这些特性使得耕地是粮食生产的主要载体和粮食安全的重要物质基础，同时，耕地也一直面临着多种土地用途的竞争。

事实上，大多数土地受土壤质量、温度和可获水量影响，是不适合农业的，即使经过长期拓垦，农业也只是将130亿公顷的陆地面积中的13亿公顷用作耕地。当然通过适当的(大量的)投资和(或)牺牲一定的生态环境，耕地面积可以扩大。然而根据较乐观的估计，全部陆地中有50%～60%仍然不适合用于农业，除非出现某些令人难以置信的并且无法预期的技术突破(刘宗超，2011)。而未来，全球人口将在2050年达到96亿，约30亿人口的增量绝大多数来自发展中国家。伴随着人口增长和膳食结构改善，可以预见世界粮食产量需要增加七成以上才能满足未来人口增长需求。这还未考虑生物质能源开发等对粮食需求量的增加。由于世界粮食生产与供给压力逐年增大，粮食生产对耕地需求也呈逐年增加态势。特别是未来粮食增产总量中，有将近20%的增量需要通过增加耕地和播种面积来实现。因此，在当前粮食生产必须植根于土壤栽培的经济技术条件下，未来世界粮食供求格局和粮食安全直接取决于世界耕地供给。相关数据显示，虽然世界耕地面积总体呈上升趋势，但从20世纪90年代起的约20年间，世界耕地面积逐渐下滑，世界耕地面积年均增长率逐渐减缓。2001年，世界耕地面积约为138262.4万公顷，2011年时为139627.9万公顷；10年间，世界耕地面积总量只增加了1365.5万公顷，年均增加量约137万公顷，是40年来世界耕地年均增加面积(285万公顷)的48%，大大低于40年来世界耕地面积年均增长水平。这一下滑趋势在2011年粮食危机爆发引起各国政府重视后有所改善。

世界耕地数量增加的减缓，预示着未来世界耕地资源的供给能力不足。人类农耕文明经过数千年的发展，特别是18—19世纪工业革命后，地球上的土地资源已经得到大规模开发。从现有的耕地资源储备情势看，除澳大利亚、美国、加拿大等少数国家外，发达国家的耕地资源基本消耗殆尽。现有耕地资源主要集中在发展中国家，约有30亿公顷，其中34%已被使用，剩余尚未耕作的土地近九成在撒哈拉以南非洲地区和南美洲地带。并且这些还未被开垦为耕地的土地上“覆盖着45%的森林，12%的天然保护区，3%属于人类居住区以及易受疾病侵蚀地区”，因此还不能全部视为土地储备（赵丽红，2010）。从现有的耕地资源利用情势看，当前世界粮食播种面积约为7000万公顷，限于技术革新，气候、土壤等自然环境，人口增长和城镇化发展影响，粮食播种面积提高的空间十分有限，粮食生产所需耕地供给日益呈偏紧态势。“正如国际粮食政策研究所预测的，到2020年，世界粮食播种面积只能增加7%左右，其中撒哈拉以南非洲地区预计将增加2000万公顷，拉丁美洲将增加800万公顷，而其他发展中国家总共只能增加1300公顷”（刘宗超，2004）。

在世界耕地数量提升潜力十分有限的情形下，世界耕地质量也在不断下降。在数量一定的前提下，如需满足人口增长对粮食的需求，就必须依靠单位耕地面积内粮食单产的增加。耕地质量是粮食单产提高的前提。目前世界耕地质量已出现不同程度的下降，造成相当面积耕地粮食综合生产能力下降。“美国农业部经济研究局2002年根据土地植被、土壤和气候相关数据，对世界各地的耕地质量差异进行分析发现，土地退化虽然对世界农业生产和粮食安全尚未造成严重威胁，但确已给部分地区造成负面影响，特别是对那些贫穷、管理落后、资源脆弱、市场机制不完善地区影响更大；与拥有较差土地和气候的国家相比，拥有优良土地和气候的国家的农业生产率普遍高出20%～30%”（王帅，2012）。美国世界资源研究数据显示，“目前世界40%的耕地已出现中等程度退化迹象，世界每年由于盐碱化而损失耕地近162万公顷，导致农业产值减少约110亿美元”（傅泽强等，2012）。土地退化的表征和结果是土壤养分、水分的丧失，土地产能和粮食供给能力的降低，以及土地所处地域生物多样性和生态平衡被破坏，土地荒漠化、沙漠化。食物生产在20世纪和21世纪的巨大扩张，使得许多国家把农业推向了非常脆弱的土地。覆盖地球陆地表面的薄层表土，是在漫长的地质年代，由于新土壤的形成超过自然的流失而累积起来的。但现在，土壤流失开始超过了新土壤的形成。现在，全世界近三分之一的耕地，表土流失都快于新土壤的形成，土壤的固有肥力在下降。土壤的形成是以地质年代计量的，它如今的消失却以人文纪年来度量。

人类的衣食住行离不开土地，人、土地、环境间的关系是社会发展中的辩证关系。耕地是土地的精华，加强耕地的开发、利用、控制、保护，是维护人类自身安全、促进经济社会持续健康发展的根本保证。

二、耕地资源对世界稳定发展的支配性 ▶▶▶

耕地之所以能够对世界政治经济的稳定发展起支配性作用，原因在于耕地的主要作物——粮食的产量，关系到世界各国政治、经济和社会的稳定。

耕地是人类最直接的劳动对象，是农业最主要的生产资料。耕地生产出的作物，不仅为人类提供了85%以上的食物和75%以上的蛋白质，95%以上的肉、蛋、奶也是由耕地资源的主副产品转化而来。这是耕地对农业的贡献。在轻工业方面，耕地承担了轻工业原料主要生产基地的职责。耕地上生产的作物提供的棉、麻、纸、酿酒、制糖以及食品等原料，在国家的整个工业体系中占有非常重要的分量。除此之外，耕地还可以税收等方式为国民经济积累大量资金，促进国民经济的发展。考察各国工业化的进程，不难发现，无论是发达国家还是发展中国家，其国家财富原始积累均是以耕地资源的开发、利用为起点：人们将荒地变为耕地，通过劳作生产粮食等农产品以满足自身基本需要；与此同时拿出一部分农产品与他国进行交换，出口创汇后的资本收益再用于发展国民经济的其他领域。正如西方学者所言："工业世界的'孢子'——'乡村工业'业已存在于农耕世界，它的孕育、产生和发展依赖于这个农耕世界的发展水平即农业生产力的发展水平。"因此，耕地资源是国民经济基础的基础，保证耕地资源安全是国民经济健康发展的前提和保障。

耕地生产稳定支撑世界政治经济。耕地的主要作物——粮食，在今天已具有多重属性。粮食具有公共物品属性，通过援助等方式，能够减少世界上的饥饿和营养不良。粮食具有商品属性，粮食价格的上涨或下跌不仅受到自然气候的影响，还受到市场规律的左右。粮食具有金融属性，现货、期货的发展，是农业综合型企业和各类投资机构资本运营的一种方式。粮食不仅是食物，现在还是能源。在世界上还有10%的人处于饥饿状态时，以欧美为代表的发达国家利用玉米、大豆等发展生物质能源，无疑将引发粮食价格的进一步上涨，同时改变全球范围内农业生产国、出口国的产业布局和地缘格局。粮食具有地缘政治属性，粮食是国家博弈的武器，是国与国外交谈判的筹码，"以换取别国在政治和贸易上的让步，获取本国所需要的政治、经济和外交等各种资源”[①]。

粮食的多重属性决定着21世纪粮食需求将不再以人口数量为基准进行上限设置，土地的生产能力、粮食(农产品)供给、石油价格、美元、汇率、农产品现货和期货市场等都高度关联起来，“粮食武器化”的威力倍增，围绕“食物安全”的“战争”将成为国家之间的常规“战争”，几乎无时不在进行中。作为生产“武器”的机器的耕地，在21世纪的战略资源类别中地位凸显，成为各国争夺的对象。

不仅如此，粮食的多重属性折射出一国耕地足量、稳定生产的重要性。而失去了耕地足量、稳定生产，将会引发地区安全问题。2008年，印度东部城市举行了大规模抗议食物价格上涨的罢工，谴责政府在应对通货膨胀方面措施不力，并呼吁国大党领导的印度联邦政府辞职。索马里国内粮价受到国际粮价上涨的影响，也快速攀升，使许多百姓家庭生活受到影响，引发了首都摩加迪沙市民大规模的游行示威。越南胡志明市，当地超市告知每人每次只卖10公斤大米后，人们开始感到恐慌，纷纷涌向超市和街头摊贩处排队抢购大米。甚至在意大利，因所需小麦的一半左右需要进口，引起意大利面、面包和牛奶涨价，人们也走上街头向政府示威。在2019年新冠肺炎疫情发生之前，饥饿已经在增加:粮农组织估计，营养不良人数(包括慢性和急性饥饿者)从2014年的6.24亿人增加到2019年的6.88亿人。这一趋势背后的驱动因素包括极端气候事件、冲突以及对经济机会的其他冲击。蝗灾的爆发进一步加剧了23个国家的这一危机，其他人畜共患疾病仍然是一种反复出现的威胁。2019年发生的新冠肺炎疫情将大大增加2020—2021年面临严重粮食不安全的人数。截至2021年4月，世界粮食计划署估计，在其工作的35个国家中，有2.96亿人没有足够的食物，比2020年4月增加了1.11亿人。饥荒预警系统网络最近发布的关于粮食安全状况的数据，提供了对当前粮食安全危机状况的规模和水平的深入了解。对18个国家的估计表明，粮食安全危机状况正处于2010年以来的最高水平，当时非洲之角受到广泛干旱和饥荒的影响。所以，今天的耕地粮食生产好坏已能够左右世界地缘危机的发生与否。探讨世界经济安全问题，首先要关注粮食安全问题。到目前为止，世界经济之所以还未探底，是因为全球粮食趋于稳定的生产提供了支撑世界经济、政治体系稳定运行的调整器和缓冲器，还没出现大规模人群面临饥饿和粮价上涨，买不起粮食的局面，否则世界形势将比现在更加糟糕(韩长赋，2012)。

① 美国前农业部长厄尔·布茨在1974年11月19日的《时代》杂志上曾这样表述过。

第二节 世界耕地的地缘分布

一、世界耕地的地缘分布 ▶▶▶

据FAO和世界银行统计，如果不考虑生态环境因素，全球可被用来耕种的土地有57亿公顷，主要分布在北美洲大陆、南美洲草原和热带雨林区、俄罗斯远东地区以及非洲的热带稀疏大草原（倪国华、张璟、郑风田，2014）。当然，这里的57亿公顷指的是全球范围内的耕地资源（包括已开发的耕地和未利用地）。就已开发利用耕地而言，至2018年，全球耕地总面积约为14亿公顷。

1. 现有耕地洲际分布

FAO相关数据显示，亚洲耕地面积为46692.423万公顷，约占世界耕地总面积的33.45%；欧洲耕地面积为27474.949万公顷，约占世界耕地总面积19.68%；非洲耕地面积为23713.491万公顷，约占世界耕地总面积的16.99%；北美洲耕地面积为20102.614万公顷，约占世界耕地总面积的14.40%；南美洲耕地面积为13376.798万公顷，约占世界耕地总面积的9.58%；大洋洲耕地面积为4824.46万公顷，约占世界耕地总面积的3.46%；中美洲和加勒比海地区耕地面积为3403.715万公顷，约占世界耕地总面积的2.44%。

2. 现有耕地国别分布

FAO相关数据（见表3.1）显示，全球200多个国家和地区中，耕地面积达到1000万公顷以上的国家共有27个，依次为：美国16016万公顷，印度15735万公顷，俄罗斯12150万公顷，中国11160万公顷，巴西7193万公顷，澳大利亚4768万公顷，加拿大4297万公顷，阿根廷3805万公顷，尼日利亚3600万公顷，乌克兰3250万公顷，墨西哥2549万公顷，哈萨克斯坦2404万公顷，印度尼西亚2350万公顷，巴基斯坦2071万公顷，土耳其2054万公顷，法国1837万公顷，伊朗1754万公顷，苏丹1706万公顷，泰国1576万公顷，尼日尔1494万公顷，埃塞俄比亚1457万公顷，西班牙1251万公顷，南非1203万公顷，德国1188万公顷，坦桑尼亚1160万公顷，波兰1110万公顷，缅甸1079万公顷。

表 3.1　前 27 位耕地富集国耕地数量表

国家	耕地面积（万公顷）	占世界耕地面积比例	人口数量（千人）	人均耕地面积（公顷）	人均耕地面积排名
美国	16016	11.47%	314912	0.51	8
印度	15735	11.27%	1221156	0.13	24
俄罗斯	12150	8.70%	143438	0.85	6
中国	11160	7.99%	1399293	0.08	27
巴西	7193	5.15%	196935	0.37	10
澳大利亚	4768	3.41%	22741	2.10	1
加拿大	4297	3.08%	34487	1.25	3
阿根廷	3805	2.72%	40729	0.93	4
尼日利亚	3600	2.58%	164193	0.22	19
乌克兰	3250	2.33%	45803	0.71	7
墨西哥	2549	1.83%	119361	0.21	20
哈萨克斯坦	2404	1.72%	16098	1.49	2
印度尼西亚	2350	1.68%	243802	0.10	26
巴基斯坦	2071	1.48%	176166	0.12	25
土耳其	2054	1.47%	73059	0.28	13
法国	1837	1.32%	63582	0.29	12
伊朗	1754	1.26%	75424	0.23	17
苏丹	1706	1.22%	36431	0.47	9
泰国	1576	1.13%	66576	0.24	16
尼日尔	1494	1.07%	16511	0.90	5
埃塞俄比亚	1457	1.04%	89393	0.16	22
西班牙	1251	0.90%	46514	0.27	14
南非	1203	0.86%	51949	0.23	18
德国	1188	0.85%	82893	0.14	23
坦桑尼亚	1160	0.83%	46355	0.25	15
波兰	1110	0.79%	38205	0.29	11
缅甸	1079	0.77%	52351	0.21	21

数据来源：FAO 数据库

但如果考察相对数量的排名，即按人均计算，世界耕地占有量的国别位次就会发生明显的变化。从27个拥有千万公顷以上耕地的国家排序看，耕地总量排名第6的澳大利亚，在人均耕地排名中位列首位；其次是原排名第12的哈萨克斯坦位列第2；原排名第7的加拿大位列第3；原排名第8的阿根廷位列第4；尼日尔跨度最大，由原排名第20跃至第5；而印度则由原排名第2退至第24，原排名第13、14的印度尼西亚、巴基斯坦退至第26、25，中国则由原排名第4退至末位，人均耕地面积仅0.08公顷，不足世界平均水平(0.20公顷)的一半。

二、世界耕地分布的地缘特征 ▶▶▶

1. 世界耕地分布的不均衡性

总体而言，无论是洲际分布还是国别分布，世界耕地分布的最显著特征是不均衡。这种不均衡直接体现在耕地面积存量、增量和耕地质量三个方面(见表3.2)。

表3.2 耕地洲际分布

洲际区域	世界人口占比	耕地面积(万公顷)	世界耕地面积占比	人均耕地面积(公顷)	耕地面积20年增长幅度	人均耕地面积20年增长幅度
非洲	15.30%	23713.5	16.99%	0.22	25.21%	−21.27%
北美洲	4.98%	20102.6	14.40%	0.57	−11.95%	−27.28%
中美洲	2.33%	2874.9	2.06%	0.17	1.76%	−24.36%
加勒比海地区	0.60%	529.8	0.38%	0.13	−6.33%	−20.97%
南美洲	5.68%	13376.8	9.58%	0.33	35.84%	5.16%
亚洲	60.09%	46692.4	33.45%	0.11	−6.88%	−26.02%
欧洲	10.48%	27475	19.68%	0.37	−7.90%	−9.60%
大洋洲	0.53%	4824.5	3.46%	1.28	−0.92%	−25.99%

数据来源：FAO数据库

(1)从耕地存量上分析，特别是考虑到人均现有耕地面积，耕地分布不均衡特征十分明显。全球范围内各洲之间和各国之间，人均耕地占有量差异明显。如表3.2显示，北美洲、欧洲、大洋洲三洲耕地面积之和约占世界耕地总面积的四成，但三洲人口总和只占世界总人口的16%。与之形成鲜明对比的是亚洲，亚洲耕地面积仅占世界耕地总面积的33.45%，却要养活世界60.09%的人口。人多地少是亚洲耕地禀赋的最明显特征。与亚洲人均耕地面积占各洲最低相比，同样作为发达地区的大洋洲，其耕地禀赋不像欧洲、北美洲那样具有绝对优势，但大洋洲人口稀少，只占世界总人口的 0.53%，人均耕地面积达到 1.28 公顷/人，远远超过其他各洲。所以，大洋洲虽耕地面积不多，却是人均耕地资源最为丰富的地区；且大洋洲和欧洲、北美洲一样，城市化进程基本结束，未来城市发展占用耕地较少，会继续作为世界主要农产品出口地区。

就国别而言，发达国家人均耕地面积普遍高于发展中国家。位居世界前列的是澳大利亚、美国、加拿大这些发达国家，英国、法国等欧洲国家也居世界平均水平之上。然而发展中的两个大国中国和印度人均耕地量与发达国家相去甚远，远低于世界平均水平，但它们要承担世界上最多人口的粮食需求责任。

(2)从历史视域考察和比较各洲和各国耕地面积的增幅可以发现，世界耕地面积增量的分布也是不均衡的。世界耕地面积增长的主要地域集中在农业生产力水平低下的撒哈拉以南非洲地区和农业生产效率相对有较大提升空间的南美洲一带。农业生产率较高的北美洲、欧洲等洲，耕地面积总量则呈现下滑趋势。

在世界各洲中，唯一耕地面积增加，同时人均耕地面积亦增加的区域是南美洲(见图 3.1)。南美洲现有耕地面积占世界耕地面积的近 10%，人均耕地 0.33 公顷/人。可以说南美洲耕地禀赋绝对、相对优势在各洲中处于中等偏上水平。南美洲后备耕地资源充足，耕地面积较 1993 年而言，增加了近 36%，而同期人口增速为 29.17%。耕地面积增速高于同期人口增速，这使得人均耕地面积亦增加了 5.16%，成为各洲中耕地资源开发利用程度最高的区域。由于南美洲人口总量较小，仅占世界总人口的 5.68%，未来农业开发潜力巨大。

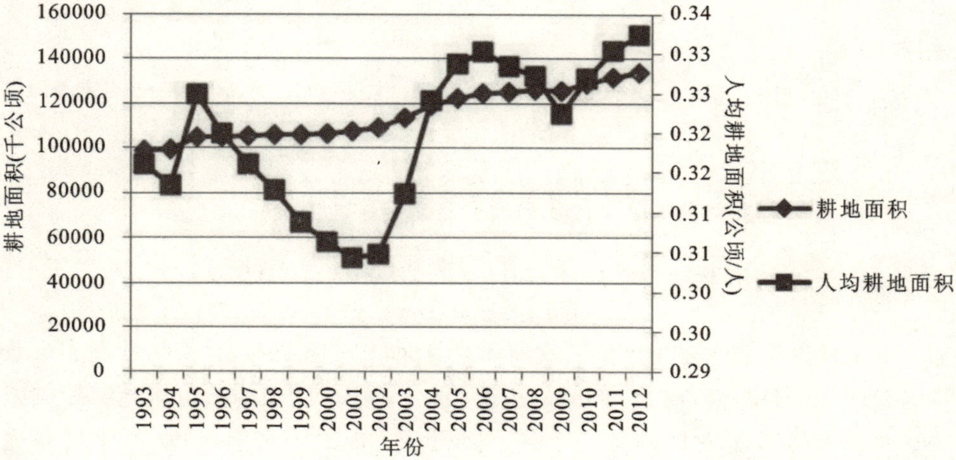

图 3.1　南美洲 1993—2012 年耕地面积、人均耕地面积

数据来源：FAO 数据库

与南美洲一样,非洲耕地资源的开发利用程度也十分引人注目(见图 3.2)。FAO 认为,未来世界耕地增加的潜力主要来自非洲等农业欠发达地区,其中潜力最大的是南部非洲地区。针对非洲耕地现状及潜力的研究表明,非洲所有陆地面积中,只有一小部分被用作耕地;通过对非洲土壤、植被和气候特性的研究表明,在不砍伐森林的条件下,非洲耕地增加的潜力依然很大,非洲各区域理论上可开垦的耕地面积是现有耕地面积的 1.5～7 倍。实际情况是,近年来非洲国家确实加大了耕地的开垦力度,相比 20 年前耕地面积增加了 25.21%,仅次于南美洲的耕地增幅。但是非洲的人均耕地面积比 20 年前减少了 21.27%。造成这种数据矛盾的主要原因在于非洲的人口增速太快,达到约 60%,远高于世界人口 26%的平均增速。这抵消了非洲耕地面积增长效应。按联合国预测,非洲人口还将进一步增长。不过由于非洲潜在耕地面积居各大洲之首,现有的农业生产技术水平还很低下,粮食单产水平还不到世界平均水平的一半,因此未来还有很大的增长潜力。所以,非洲可以通过增加耕地面积、改良技术,来提高单位面积产量,增加当地的粮食综合生产能力。当然这些都需要大量的投资。与非洲相似,中美洲地区亦面临着耕地面积总量增加但同期人口增长过快,抵消了耕地面积增长效应,导致人均耕地面积反而减少了 24.36%的局面。

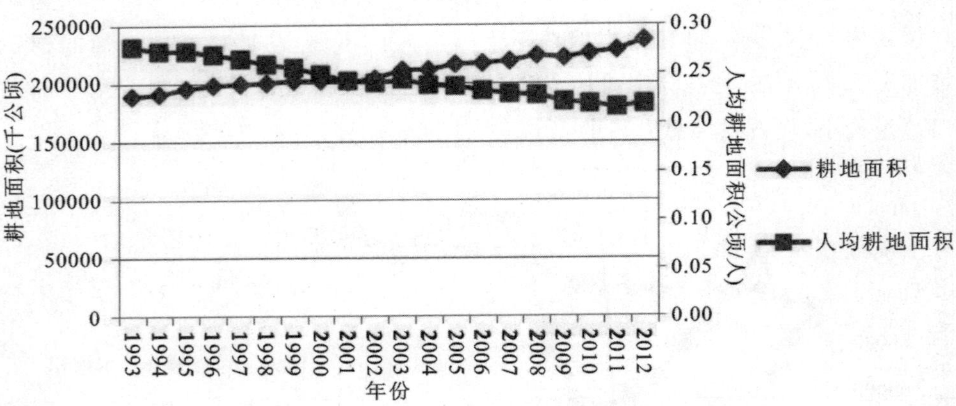

图 3.2　非洲 1993—2012 年耕地面积、人均耕地面积

数据来源:FAO 数据库

对比世界粮食主要出口地区欧洲和北美洲,相关数据显示,由于欧洲人口数量同期增长十分缓慢,仅为 1.89%,因此相比 20 年前欧洲的人均耕地面积仅减少 9.6%,是除南美洲以外各洲中减速最慢的。而农业资金雄厚、技术设备先进、粮食生产能力较强的北美洲,这二十年来,耕地面积减少了 11.95%,是各洲中耕地面积减少最快的,同时由于人口增加了 6000 余万,增速达 21.09%,因此北美洲人均耕地面积下降速度也是各洲中最快的，人均耕地面积较 20 年前减少了 27.28%。耕地面积减少的可能原因是 20 世纪 80 年代后美国实行了耕地储备项目，提出减少耕地耕作面积，休养生息，恢复地力，以减少水土流失现象。当然对于执行该政策的农户，美国政府也给予了相应补偿。美国农业部相关数据显示，亚洲也是除北美洲之外，耕地面积减少最快的洲，相较于 1993 年减少了 6.88%，约 3000 多万公顷，并且由于同期人口增加了约 26%，人均耕地面积下降的速度比耕地总面积下降的速度更快。亚洲耕地面积快速减少的主要原因之一是城镇化，未来随着经济社会发展，亚洲地区"人多地少"的矛盾将更加突出。

(3)耕地质量的好坏决定着作物产量的高低。世界耕地除了数量分布不均衡外，耕地质量也有着明显的地域差异。FAO 在《土地评价纲要》中用"土地适宜性"，即作物或土地利用方式对一定地区土地的自然条件的适宜程度，来衡量各区域土地质量的好坏。FAO 与世界资源研究所发布的《2008 年全球农业生态系统评估报告》显示，世界耕地分布中中等土地偏多，优质土地较少(见表 3.3)。按经济发展程度分类，经济条件越好的地区不仅人均耕地面积越大，优质土地也越多，这意味着同等条件下这些区域的耕地生产潜力大，作物产量水平高；相反，低收入国家的人均耕地面积还不及高收入国家的一半，优质土地也没有高收入国家多，过多的中等土地和边际土地，意味着这些国家的粮食生产面临着很大压力。按地理区域分类，全球范围内的优等土地和中等土地主要集中在北美、撒哈拉以南非洲地区、东欧和俄罗斯联邦，而且这些区域的边际土地很少，土地状况良好；相对而言，北非、中美地区及加勒比地区不仅土地数量较少且土地质量很差，几乎没有多少土地适宜开发与耕种；而东亚、南亚以水稻种植为主的地区，尽管土地数量不少，但边际土地是世界范围内占比较高的地区，土地质量整体状况不佳，这可能与当地复种指数高，化肥、农药使用量大，地力得不到很好的修复有关。

表 3.3　分区域耕地适宜性

分区	人均耕地面积(公顷)	就种植雨养作物而言耕地的适宜性分类(%)		
		优质土地	中等土地	边际土地
低收入国家	0.17	28	50	22
中等收入国家	0.23	27	55	18
高收入国家	0.37	32	50	19

数据来源：FAO 数据库

2. 世界耕地生产的差异性、地域性

1)世界耕地生产的差异性

复种指数是耕作制度研究中衡量耕地资源集约化利用程度的基础性指标，也是宏观评价耕地资源利用基本状况的重要技术指标。复种指数是指一定时期(一般为1年)内在同一地块耕地面积上种植农作物的平均次数，即年内耕地上农作物总播种面积与耕地面积之比。一般来说，在单产一定的情况下，复种指数越高，粮食产量也就越高。复种指数的高低受当地热量、土壤、水分、肥料、劳力和科学技术水平等条件的制约。热量条件好、无霜期长、总积温高、水分充足是提高复种指数的基础。经济发达和农业科学技术水平高，可为复种指数的提高创造条件。因此，如果排除劳力、科学技术等社会构成要素，复种指数则是该地区耕地生产潜力的最典型代表，复种指数高表明该地区耕地的土壤肥力厚，水量、辐射、热量供给充分，耕地生产潜力大；反之，则该地区土地不适宜农作物生产。FAO和IIASA(国际应用系统分析研究所)的数据显示了排除社会构成要素的雨养条件下世界各地区耕地复种指数的高低(见表3.4)。

表3.4　雨养条件下全球范围内土地耕作适宜性及耕地复种程度

复种程度(全年)	全球地域分布
水稻种植三次	亚洲的中国南部广东和广西一带，以及印度尼西亚和巴布亚新几内亚；南美洲的巴西西北部、哥伦比亚和秘鲁，以及巴西西南部、巴拉圭和阿根廷少部分地区
综合种植三次	亚洲的中国福建和江西，以及湖南、四川和重庆的少部分地区；北美洲的美国东南部路易斯安那州、密西西比州、亚拉巴马州、佐治亚州一带
水稻种植二次	亚洲的中国湖南、湖北两湖流域；南美洲巴西的北部和中西部少部分地区；北美洲的美国中东部少部分地区；非洲中部少部分地区
综合种植二次	亚洲的中国中东部地区以及南亚国家；非洲中东部地区；南美洲的巴西和委内瑞拉部分地区；北美洲的美国中东部地区
种植一次	亚洲的中国东北部及中部部分地区，中亚国家沿东部一带，南亚的印度；欧洲国家；非洲中部及东南部部分地区；北美洲的加拿大中南部地区，美国中北部及西海岸沿线州
不能种植	亚洲的中国西部部分地区、中亚国家的中西部地区、西亚国家的大部分地区；北美洲的美国中西部地区；大洋洲的澳大利亚中部地区；环北极圈国家

资料来源：根据FAO/IIASA数据库整理而成

全球范围内拥有高复种指数土地面积较少，且分布比较集中，主要集中在美国中东部、东南沿海一带，中国东南部地带，非洲中部地区，以印度尼西亚为代表的东南亚地区，以巴西为代表的南美洲地区。其中，南美洲大部分地区属热带雨林和热带草原气候。气候特点是温暖湿润，以热带为主。全洲降雨充沛，有着世界上最大的冲积平原（亚马逊平原），地势平坦开阔，海拔多在 200 米以下，因此土地不仅复种指数较高，生产潜力较大，还是高产耕地的主要分布区域。而非洲地区生产潜力较大的土地基本都集中在刚果盆地。这个地带属热带雨林气候，高温多雨，年平均气温 25℃～27℃，年降水量 1500～2000 毫米，土壤以砖红壤、红壤为主，适宜种植稻米、甘蔗等作物。不过这里也是非洲地区森林覆盖率较高地区，拥有世界第二大热带雨林，被誉为“地球第二肺”。

2）世界耕地生产的地域性

农业的区位因素包括气候、水源、地形、土壤等自然因素，以及市场、交通运输、劳动力、政策等社会经济因素。以种植业来看，所有这些影响因素禀赋好坏的评价首先取决于耕地状况。耕地是不可移动的，它的地理位置决定了该国或地区农业生产能够获得的光照、温度、降水、水文条件等。世界各国和地区农业资源禀赋差异很大，加上各国和地区农业政策的差异，自然资源和社会经济条件的不同结合，形成了在一定地域内较稳定的、区域性的多种农业地域类型，其中具有耕地属性，以种植业为主的农业地域类型有以下几类。

一是季风水田农业，又称水稻种植业。这种农业类型主要集中在高温多雨、地势低平、土壤肥沃的热带和亚热带地区。季风水田农业的典型特征是高密度劳动力的精细化作业。因此，能够采取这种农业模式的地域都是人口规模较大的地区。目前为止，除日本在稻田机械化方面取得较大进展外，亚洲其他国家水稻生产的机械化水平仍然较低。另外，除亚洲外，非洲的尼日利亚、埃及，欧洲的西班牙、意大利，美国的密西西比河下游地区，以及拉丁美洲的古巴、巴西、委内瑞拉等，也有季风水田农业的分布。

二是商品谷物农业。这种农业是小麦、玉米等粮食作物生产商品化类型农业。商品谷物农业具有地势开阔平坦、土壤肥沃、气候温和、降水丰富、交通运输便利、机械化水平高等特点。主要分布区有加拿大、美国中部平原、澳大利亚、阿根廷、俄罗斯、乌克兰等。

三是种植园农业。这种农业是分布在热带地区、大规模单一种植、面向市场的商业型经济作物农业。种植园农业日常运营规范，具有较好的农业生产和生活方面的设施，以及保证作物运输的基础设施。种植园内主要种植经济作物，如可可、咖啡、茶、油棕、烟草、棉花等。种植园农业往往从事的是大规模生产，因此也需要在气候高温多雨、地形平坦开阔的地域经营。当前种植园农业的生产、销售多受发达国家市场和资本控制。

四是混合农业。这种农业是将作物种植和畜牧养殖结合在同一地块上的具有循环生态系统的农业。农民可以有效地利用时间安排农业活动，同时，这种农业模式也具有较好的灵活性、市场适应性，以及规模大、机械化水平高的特点。混合农业的形式多样，世界上最主要的混合农业是将饲养牲畜和谷物生产有机结合起来的谷物和牲畜混合农业。这种类型的混合农业，主要分布在欧洲、北美、南非、澳大利亚及新西兰等地，种植小麦、玉米等谷物及牧草和饲料作物，饲养的牲畜主要是牛、猪、羊等。澳大利亚是世界上最大的小麦供应国，还是世界上最大的羊毛生产国和出口国。

五是热带迁移农业。它是一种古老的、原始的农业生产方式。与定居农业相比，这种农业主要是当地土著居民寻找到一块被植被覆盖的地区后，用砍伐或焚烧的方式在森林或草地上整理出一片土地，然后直接播种。没有任何的土地养护，没有间作、轮作和套种制度，也不会修建农田防洪抗旱设施。当这片土地的地力耗尽时，当地人就放弃它，去寻找、开发另一片土地，所以称为迁移农业。这种农业模式生产效率极为低下，抗灾防洪能力弱，亦容易造成水土流失、生态破坏。当下，迁移农业主要分布在南美洲亚马逊河流域、非洲刚果盆地等地广人稀的热带森林及其边缘地区。

上述各种农业地域类型的特征显示出世界作物生产具有明显的地域性，往往资本投入利润大，规模效益好，农业机械化程度高，对环境影响较小的农业地域类型主要集中在欧洲、北美洲和大洋洲的发达国家。而发展中国家农业地域类型，要不耕地产量低下，要不耕地生产要承载较高的环境压力。

三、世界耕地分布的地缘影响 ▶▶▶

1. 耕地分布的不均衡性影响世界粮食增产能力

世界耕地分布的不均衡性影响了耕地、淡水资源和其他各种生产要素之间的组合和配置，制约一些耕地粮食增产潜力的释放和发挥。非洲农业生产力水平较低，耕地面积虽有所增加，但农业基础设施和农业科技投入远远不足，因此短期内无法在产量上取得明显效果。对作为稻米主产区的东亚来说，任何一寸土地的流失，都将对粮食生产造成无法挽回的损害。美国、俄罗斯等世界主要粮食生产国的耕地面积不断减少，对保持和提高粮食综合生产能力形成制约。

提高现有耕地粮食综合生产能力，是解决当前耕地供给与粮食需求矛盾的重要途径。实现这一途径面临的最大制约是耕地分布的不均衡性。因为耕地的分布，直接关系到耕地与淡水资源、气候条件、生产技术和农业经营者的结合。

而提高现有耕地粮食综合生产能力，恰恰需要把耕地与淡水供给、技术装备及较高素质的经营者有机结合起来，也就是把耕地与现代生产要素结合起来。但是，从世界耕地分布的情况看，一是耕地资源分布与淡水资源分布不匹配。一些耕地资源较多的地区往往淡水资源紧缺。二是耕地资源分布与农业生产要素质量不匹配，农业投入要素质量较高地区的耕地往往较少。三是耕地资源分布与农业经营者素质不匹配，有些耕地较多地区的农业经营者往往不会或不偏好种植粮食作物。世界耕地资源分布的不均衡性是发挥现有耕地粮食增产潜力的严重制约因素。

从上述分析看，世界现有耕地实际粮食综合生产能力和粮食产量，可能要低于理论上的粮食综合生产能力和粮食产量。但是应该看到，现有耕地的不均衡性是不可改变的。解决这一问题的关键措施和办法，是尽快改善一些耕地较多地区的水利基础设施状况，提高农业投入要素质量和农业经营者素质。因此，应采取有效措施，大幅增加农业投入，加快一些耕地较多地区的现代农业建设，推动农业科技进步，增加现代农业要素投入，使农业经营者采用并有效使用现代农业生产要素，为提高耕地粮食综合生产能力提供有力支撑。

2. 耕地生产的差异性、地域性形成世界粮食地缘格局

世界贸易组织公布的数据显示，当前世界粮食贸易的基本格局是：粮食出口集中在少数发达国家，粮食进口则分散在100多个国家，主要是发展中国家，粮食出口的集中度明显高于粮食进口的集中度。目前，世界净出口粮食的国家只有十几个，而能大量出口粮食的国家为数更少。每年出口粮食超过1000万吨的国家只有美国、加拿大、法国、澳大利亚。美国是最大的粮食出口国，每年粮食产量的25%～30%供出口，其粮食出口量占世界粮食出口量的50%左右。其次是以法国为代表的欧盟国家，粮食出口量占世界粮食出口量的10%。澳大利亚、加拿大和阿根廷的粮食出口量占世界粮食出口量的20%。进口粮食最多的地区是亚洲，其次是东欧、非洲及西欧。发展中国家进口粮食是为了食用，进口的主要是小麦、稻米。而发达国家进口粮食多用作发展畜牧业的饲料，主要购入粗粮，以玉米为主。现在亚非拉地区的发展中国家除阿根廷和泰国年各出口粮食700多万吨外，其余大部分国家都成为净进口国。但是50年前，亚非拉地区还是粮食出口地区，粮食出口量相当于粮食进口量的2倍。欧美等发达国家农业资本化程度不断加深，逐渐形成强大且集中的粮食集团和联合体，这些集团垄断全球粮食生产投入环节，使种子、化肥、农药、机械等生产性投入逐步集中，却让发展中国家的小规模生产者买不起生产资料，严重制约了农业生产。这些集团致力于推动农产品贸易自由化，使得多数在资金和技术上不占优势的发展中国家被迫让出国内农产品市场，导致当地的农业生产停滞不前。当前的粮食生产、贸易地缘格局对发展中国家十分不利。进口粮食不仅是发展中国家的一项沉重的经济负担，同时也是政治负担。这些国家时常遭受发达国家“粮食武器”的威胁，不得不让涉及国民经济命脉领域的“门洞”打开。这样又会让本就有着脆弱粮食体系的国家在面对粮食波动时要比发达国家更容易陷入社会不稳定状态，进一步阻碍民族经济的发展。更何况，未来随着生物能源的发展和人类膳食结构的改善，世界食物供应将会愈发困难。在此背景下，耕地生产能力很快成为一个国家新型的地缘政治筹码。发达国家、发展中国家和不发达国家之间，将以自身利益为导向展开激烈的“粮食战争”。本轮海外耕地投资热潮就是印证。

第三节　海外耕地投资国别选择现状

一、海外耕地投资国别选择概况 ▶▶▶

从历史渊源分析，海外耕地投资早在跨国公司兴起的工业革命时代就以“种植园”形式存在。本轮海外耕地投资源于 2006 年粮价开始上涨初期，至 2008 年、2009 年金融危机、粮食危机接踵而来后，将海外耕地投资热潮推向顶端，并持续至今。目前，国际上有关海外耕地投资的官方统计资料和数据可以说是一片空白，主要原因是此类投资标的——土地的特殊性，产品——粮食的敏感性。土地是国家构成的四大要素（土地、居民、政府、主权）之一，粮食是国家的战略物资、人民的生活必需品。海外耕地投资直接涉及两种触及命脉的政治经济要素，当然容易受到国际、国内学界、媒体和政府的高度关注，并饱受来自人文社会学界的抨击，认为其是“第二代殖民主义”①。因此，有关投资国和东道国之间就耕地投资达成的国家或地区协议往往作为机密资料不对外公开。这无疑为研究的开展和深入带来难度。本书在无法获得一手资料的情况下，运用二手资料即 GRAIN 发布的案例，以期尽可能在实际数据分析的基础上进行专题研究。

GRAIN 是国际上最早关注海外耕地投资的组织机构，其于 2012 年发布了 416 个发生在全球各地的海外耕地投资案例。这些案例均发生在 2006 年以后，包括当事人双方初步达成投资意向的，正在协商进行土地所有权或使用权转让

① 国际农业生产者联合会副主席高芬告诉路透社说，现金充裕的国家越来越多地到海外购买或租赁土地，为自己的公民提供充足的粮食，这将会导致“第二代殖民主义”的危险。

的，因各种原因暂停海外耕地投资协议，以及已经完成土地所有权或使用权转让的。尽管这些案例均来自 GRAIN 对媒体报道新闻的归纳总结，而非官方渠道，但案例基本涵盖了具体的投资者、投资国（母国）、受资国（东道国/目标国）、交易面积、交易时间、投资项目等。对这些案例所含信息、数据的编辑、归纳，能够较好地反映出当前海外耕地投资国别选择格局。

本书对这 416 个案例内容进行逐一核实后，结合海外耕地投资内涵和具体国家信息，拟将下述案例予以剔除。

（1）根据海外耕地投资的内涵和性质，剔除 GRAIN 提供的有关中国进行跨国耕地交易的 37 个案例。剔除的理由本文已在绪论的研究背景中论述过。另外，GRAIN 将中国对发展中国家的农业援助项目与海外耕地投资混为一谈。例如，中国湖北省农垦局对莫桑比克的农业援助项目被当成是海外耕地投资，不符合本书对海外耕地投资概念的界定。

（2）就信息和数据编辑整理完整性而言，荷兰进入 3 个国家进行 3 次海外耕地投资中，两次案例均缺乏具体的土地交易面积数据，因此将荷兰的 3 个案例剔除。在对马里的投资案例中有一个投资主体是西非经济和货币联盟，该联盟由 8 个国家构成，无法确定具体投资国，因此予以剔除。同样因为无法确定具体投资国而剔除的案例还包括对保加利亚的投资。

在对上述案例予以剔除，并进行相关信息和数据的整理后得出的结果见表 3.5。

表 3.5　海外耕地投资国别分布总况

投资国所在区域	投资国	进入国家数	投资次数	投资面积（公顷）	各区域进入国家数									
					亚洲			非洲		欧洲		美洲		
					东亚	东南亚	南亚	北非	撒哈拉以南	西欧	东欧北亚	北美洲	拉丁美洲	大洋洲
亚洲	印度	12	28	2101400		2			9				1	
	韩国	11	16	1412394		3		1	1		1		3	2
	新加坡	15	18	1203884	1	1			9		1		2	1
	马来西亚	5	7	1003900		1			3					1
	哈萨克斯坦	1	1	666850							1			
	朝鲜	1	1	200000							1			

续表

投资国所在区域	投资国	进入国家数	投资次数	投资面积（公顷）	各区域进入国家数									
					亚洲			非洲		欧洲		美洲		
					东亚	东南亚	南亚	北非	撒哈拉以南	西欧	东欧北亚	北美洲	拉丁美洲	大洋洲
亚洲	越南	2	3	214000					2					
	日本	3	3	122000		1							2	
	印度尼西亚	1	1	100000		1								
	孟加拉	3	3	60200		1			2					
	菲律宾	1	1	25000				1						
	蒙古	1	1	10000		1								
	文莱	1	1	10000		1								
	泰国	3	5	96000		2								1
	阿联酋	11	19	3182950		1	1	4	3	2				
	沙特阿拉伯	14	20	1148867		1	1	2	8		1		1	
	卡塔尔	4	4	1000000		1		1	1					1
	科威特	2	2	220000		2								
	巴林	1	1	10000		1								
	伊朗	1	1	10000					1					
	阿曼	1	1	10000		1								
	以色列	1	1	10000									1	
非洲	埃及	4	7	1490690				1	3					
	南非	4	7	1145174					4					
	利比亚	4	5	237000					4					
	苏丹	1	1	162000					1					
	毛里求斯	5	5	92879					4					1
	吉布提	3	3	64200				1	2					
	尼日利亚	2	2	41500					2					
	科特迪瓦	1	1	8800					1					

续表

投资国所在区域	投资国	进入国家数	投资次数	投资面积（公顷）	各区域进入国家数									
					亚洲			非洲		欧洲		美洲		
					东亚	东南亚	南亚	北非	撒哈拉以南	西欧	东欧北亚	北美洲	拉丁美洲	大洋洲
欧洲	英国	23	40	4941765		1			16	1	2		1	2
	瑞典	6	8	841105					2	1	2			1
	法国	12	18	776377					6		2		4	
	德国	16	23	695345					6	3	3		2	2
	意大利	9	11	477208					7	1				1
	葡萄牙	5	10	295220					3	1			1	
	西班牙	3	3	270000					2				1	
	丹麦	8	8	250859						1	2	1	2	2
	捷克	1	1	164000							1			
	比利时	2	2	111558					2					
	立陶宛	1	1	40000							1			
	瑞士	2	3	27181					1					1
	爱尔兰	4	5	17588						2	1	1		
	冰岛	1	1	270					1					
	俄罗斯	1	1	250000							1			
美洲	美国	22	41	4162394		2			10	1	2		5	2
	加拿大	6	7	606754					3			1	1	1
	巴西	6	7	196876				1	2				2	1
	阿根廷	5	10	882300									5	
	开曼群岛	1	1	2200		1								
	百慕大群岛	1	1	34300									1	
大洋洲	澳大利亚	2	2	113691		1								1
	新西兰	1	1	850									1	

数据来源：根据 GRAIN 发布的案例、数据整理而成

地理格局显示，本轮海外耕地投资涉及除中亚、西亚以外的世界十二大地理区域中的十个区域，共 101 个国家和地区（开曼群岛和百慕大群岛），交易次数 374 次，交易面积 31217529 公顷。

从投资国分布来看，投资国主要来自以英国为首的西欧地区的 15 个国家，

其总投资面积达 9158476 公顷。其次来自亚洲地区的以印度、韩国为首的南亚和东亚 14 国，其投资面积达 7225658 公顷；西亚的海湾国家在此轮海外耕地投资中亦占据举足轻重的地位，其投资面积达 5591817 公顷。当然，传统对外直接投资强国——美国，仍旧在海外耕地投资中占据中流砥柱的位置，其与加拿大组成的北美地区对外耕地投资面积达 4769148 公顷，其中美国就有 4162394 公顷。另外，非洲地区以埃及为首的主要位于北非的 8 个国家也参与到跨国土地交易中，其投资面积达 3242243 公顷。南美洲的阿根廷和巴西，以及大洋洲的澳大利亚和新西兰亦参与了跨国土地交易，这两个地区的对外耕地投资面积分别是 1115676 公顷和 114541 公顷。从受资国分布来看，非洲地区，特别是撒哈拉以南非洲国家是此类投资的“热岛”，该地区的交易面积达 15841451 公顷，占整体交易面积的 51%；其余分别是大洋洲的 5227573 公顷，美洲地区的 4097344 公顷（主要是南美洲的 4001667 公顷），欧洲地区（以东欧为主）的 3827261 公顷，亚洲地区（以东南亚为主）的 2223900 公顷。上述对受资国和投资国空间格局的整体分析说明，当前海外耕地投资发展速度较快，整体投资规模较大，且并非只发生在个别区域，而是一个全球性现象。世界范围内有经济实力的国家，几乎都参与了此轮跨国土地交易。

另外，投资国和东道国之间并非泾渭分明，不少国家在海外耕地投资中扮演着双重角色。图 3.3 显示，纯粹的投资国（即图中的“主体类型 1”）有以加拿大、日本、韩国为代表的 37 个国家，纯粹的受资国（即图中的“主体类型 3”）有坦桑尼亚、埃塞俄比亚等 49 个国家，其余 15 个国家（即图中的“主体类型 2”）如美国、俄罗斯、巴西等，既是投资国又是受资国。

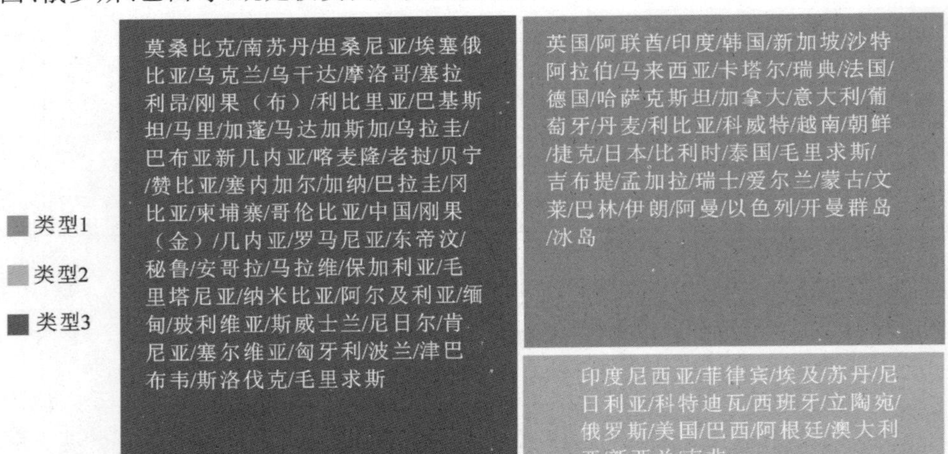

图 3.3 海外耕地投资国别选择概况

二、海外耕地投资国别选择的地缘特征 ▸▸▸

1. 海外耕地受资国空间分布覆盖耕地禀赋地理分布

资本具有“趋利避害”的特点，投资于农业上游的资本不仅要关注市场行情，更要关注所投资区域的土地耕作适宜性。因为农业是个“靠天吃饭”的行业，环境因素和气候因素对农产品制约较大。图 3.4 显示了当前海外耕地投资中受资国的国别分布和交易面积。交易面积可分成五类：第一、二类基本上可以归为“投资热地”，交易面积分别在 64 万公顷以上及 28 万公顷至 64 万公顷；第三、四类可以归为“投资常规地”，交易面积分别在 10 公顷至 28 万公顷及 17000 公顷至 10 万公顷；第五类的交易面积在 17000 公顷以下，仅有极少国家对其进行投资，如所有受资国中，位于非洲东部，印度洋西南方的岛国——毛里求斯的交易面积仅有 2500 公顷，且只有一个国家——新加坡对其进行了投资。

将图 3.4 与表 3.4 相比，不难发现，海外耕地投资的国别分布基本覆盖了全球范围内耕地禀赋分布，投资主体倾向于将资本投入到更能生产作物的地域内，整个投资具有明显的资源寻求动机。比如，南美洲中东部和东南部土地耕作适宜性较好，基本上可进行双季种植，因此这个地区的国家——巴西和阿根廷得到了投资主体的特别关注。撒哈拉以南非洲地区，特别是中西部地区和东部沿海地区的个别国家，土地耕作适宜性好，因此耕地资本也主要分布在以刚果、喀麦隆、坦桑尼亚和莫桑比克为代表的中西部和东部地区十余个非洲国家。另外，表 3.4 显示，亚洲以马来西亚和印度尼西亚为代表的东南亚一带土地耕作适宜性较好，这里的土地大部分都能进行三季种植，因此这一带的交易面积均属第二类，属于“投资热地”。

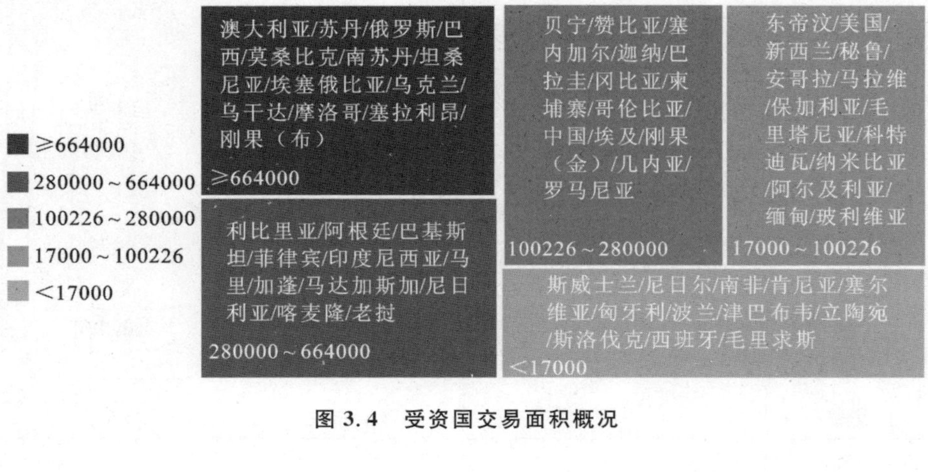

图 3.4　受资国交易面积概况

2. 耕地资本倾向于流入发展中和不发达的海岸线国家

从经济发展来看，受资国主要是发展中国家和不发达国家。相对于内陆国家而言，耕地资本更倾向于进入交通便利的沿岸国家。这个现象在非洲地区尤为明显。非洲地区接受他国耕地投资的35个国家中，除了马拉维、赞比亚、津巴布韦、刚果(金)、尼日尔、马里外，其余29个国家都位于非洲大陆沿岸一带。耕地资本之所有具有"海岸线"情结，主要原因在于本轮海外耕地投资不以占有市场为目的，反而具有资源寻求动机。投资于他国耕地的产品并非在当地销售，而是返销回国或运往第三国进行农业价值链的整合。沿岸国家在运输便利性方面更具优势，资本自然流向这里。反观内陆国家，特别是非洲内陆国家，不仅存在交通运输建设方面的问题，而且存在作物运输过境问题，这会直接增加粮食生产成本和产生粮食运输安全问题。

3. 国别差异大，耕地投资空间集聚效应明显

对64个受资国进行分析(见表3.6)，累计交易面积达百万公顷以上的国家共有8个：澳大利亚4826876公顷，苏丹3444429公顷，俄罗斯2614546公顷，巴西2536854公顷，莫桑比克1582149公顷，南苏丹1425300公顷，坦桑尼亚1083776公顷，埃塞俄比亚1016400公顷。从交易面积看，这8个国家耕地交易面积之和约占整个海外耕地投资交易总面积的60%。另外，排名前20的国家，耕地的交易面积占整个海外耕地投资交易总面积的83%。

表3.6 受资国耕地交易面积

受资国	交易面积(公顷)	受资国	交易面积(公顷)
澳大利亚	4826876	柬埔寨	189700
苏丹	3444429	哥伦比亚	174000
俄罗斯	2614546	中国	145000
巴西	2536854	埃及	141500
莫桑比克	1582149	刚果(金)	135000
南苏丹	1425300	几内亚	106415
坦桑尼亚	1083776	罗马尼亚	100226
埃塞俄比亚	1016400	东帝汶	100000
乌克兰	997600	美国	95677
乌干达	864870	新西兰	86297
摩洛哥	700000	秘鲁	85500
塞拉利昂	667350	安哥拉	82000

续表

受资国	交易面积（公顷）	受资国	交易面积（公顷）
刚果(布)	664000	马拉维	80000
利比里亚	649800	保加利亚	62229
阿根廷	641552	毛里塔尼亚	52000
巴基斯坦	571500	科特迪瓦	47000
菲律宾	470000	纳米比亚	40200
印度尼西亚	447500	阿尔及利亚	31000
马里	442046	缅甸	20200
加蓬	407300	玻利维亚	17000
马达加斯加	359100	斯威士兰	16386
尼日利亚	356292	尼日尔	15922
乌拉圭	345602	南非	13900
巴布亚新几内亚	314400	肯尼亚	13879
喀麦隆	284980	塞尔维亚	12140
老挝	280000	匈牙利	11300
贝宁	253500	波兰	10321
赞比亚	226513	津巴布韦	9913
塞内加尔	215570	立陶宛	8682
加纳	210461	斯洛伐克	5167
巴拉圭	201159	西班牙	5050
冈比亚	200000	毛里求斯	2500

数据来源：根据 GRAIN 发布的案例、数据库整理而成

就洲际和国别分析，非洲共有 35 个国家接受他国的耕地投资。苏丹、莫桑比克、南苏丹、坦桑尼亚和埃塞俄比亚是非洲地区的重点受资国，这 5 国的耕地交易面积占非洲地区耕地交易总面积的 50%以上。南美洲共有 7 个国家接受海外耕地投资。巴西是南美洲接受海外耕地投资最多的国家，其交易面积达 253.6 万公顷，占该地区耕地交易总面积的 64%。这说明，尽管目前海外耕地投资的受资国分散在全球各地，但耕地资本主要流向少数几个国家，投资具有明显的空间集聚效应。

4. 欧美发达国家占据海外耕地投资主导地位

本轮的海外耕地投资热潮是由2008年全球粮食危机引起，因此有一定经济实力但耕地资源缺乏的国家均积极投入到跨国土地交易中，这些国家包括印度、韩国及海湾国家。这些国家并非传统的农业对外投资大国，因此，其耕地投资行为反而更受外界关注。本书通过对GRAIN发布的案例分析发现，与国际舆论和国际学界一贯表达的内容不同，当前海外耕地投资中仍旧是欧美发达国家占据投资主导地位。这些国家无论是在投资规模，投资次数及进入的受资国数量上，都超过国际舆论一贯宣扬的以韩国及海湾国家为代表的亚洲地区投资主体。整个欧洲西部地区14个国家参与海外耕地投资，其投资次数达134次，投资面积达8908476公顷。其中比较突出的是英国，其以40次的投资行为，23个进入国家和4941765公顷的投资面积，居海外耕地投资国之首。英国一国的耕地投资面积就占整个欧洲西部地区14个投资国总投资面积的一半。另外，瑞典、法国和德国在跨国土地交易中亦表现不俗。瑞典，不像其他国家那样追求数量级别，反而注重单项投资力度。因此，尽管瑞典只进入了6个国家，进行了8次投资，但其投资面积达841105公顷，仅次于英国。法国和德国的投资面积在14个国家中分别位列第3、4位，投资面积分别为776377万公顷、695345万公顷，在52个投资国中投资面积排名也只是第14、15位。但这两个国家，无论是在投资次数上，还是进入国家数量上，都位于52个投资国同类别前10位。这里不得不提及的还有美国，美国以其41次投资行为、22个国家进入数、4162394公顷投资面积，位居海外耕地投资大国、强国之列。

三、海外耕地投资国别选择的地缘问题 ▶▶▶

1. 受资国粮食安全问题严重，地区政治风险增大

粮食安全始终是治国安邦的头等大事，也是推动经济发展、保持社会稳定的基础。FAO发布的《世界粮食不安全状况》显示，2011—2013年，全球估计共有8.42亿人口长期遭受饥饿，无法获得充足的食物以维持活跃的生活，这部分人口主要集中在发展中国家。国际粮食政策研究所发布的2013年全球饥饿指数显示，全球饥饿状况较突出的国家主要位于撒哈拉以南非洲地区和南亚部分国家。当前海外耕地投资的64个受资国中就有16个国家处于饥饿警戒线以上，饥饿状况令人十分担忧。其余的受资国除美国、加拿大、澳大利亚少数发达国家外，基本处于中等饥饿程度类别。实际上，一些富裕国家通过买地或租地的形式，在其他国家（主要集中于非洲）种植谷物，这些国家的民众目前正在接受联合国粮食计划署的粮食援助。粮食不安全国家的政府愿意将土地卖给他国，而自己的民众却在忍饥挨饿。这些受资国不仅受到粮食安全问题困扰，其整体投资环境也不佳，存在政局动荡、宗教与种族冲突及暴力事件多发等问题。这使海外耕地经营面临很大的政治风险，甚至赴外人员的人身安全也面临威胁。如在埃塞俄比亚，当地人反对土地投资的方式，从抗议上升到了暴力。2012 年 4 月下旬，甘贝拉地区的枪手袭击了在沙特阿拉伯亿万富翁阿勒阿穆迪取得的土地上进行水稻生产的工人。

2. 投资国与受资国地理距离远，投资不确定性强

地理距离是国际经济往来中重要的影响因素，投资国和受资国地理上的接近是优越地缘关系的一个重要表现。两国之间的距离将直接影响运输、通信等成本，同时，毗邻国家间往往语言相通、文化相近、历史相似，有着长期交往的传统，这无疑给投资者管理企业、了解当地市场，以及熟悉相关文化习俗、消费习惯等提供了方便。地理距离构成对外直接投资的影响因素。

从海外耕地投资的格局来看，受资国主要分布在撒哈拉以南非洲、南美洲、大洋洲的外新月形地带，距离投资国主要所在的欧亚大陆的距离较远。例如，印度的主要投资地在非洲，日本的主要投资地在拉美。这不仅增加了粮食生产和运输的成本，同时会增大海外耕地投资的不确定性。这种不确定性表现在以下三个方面。

一是生产的不确定。海外耕地投资具有农业生产特性。距离越远，投资国和目标国的农业生产特性差异越大。如果事先不做好充分的信息调研，则很容易导致投资项目失败。如总部设在英国的 GEM 生物燃料公司已在马达加斯加的 18 个地区购买了 44.55 万公顷土地种植麻风树。但由于土地、气候的适宜性，麻风树种植效益不佳，导致该公司重新评估其马达加斯加项目的运营情况。

二是交易的不确定性。海外耕地投资协议的谈判几乎都是秘密进行的，一般只有少数高级官员参与，条款通常也保密。这就导致海外耕地投资协议缺乏公示力和公信力，很难受到法律的保护。东道国很容易撕毁协议，不予遵守，导致企业前期投入无法收回，损失较大。

三是经营的不确定性。位于非洲、拉美等地的东道国的基础设施、法律制度、农村组织化和市场化程度等方面可能都较为落后，同时由于国外投机资本的频繁进出，一些国家还会周期性地爆发金融危机，使得农业企业的经营风险大大增加。最后，如果海外种地的目的是将所生产的粮食运回国内，那么当真正发生粮食危机时，还可能面临一种特殊的风险，即东道国为了优先满足本国需求而禁止粮食出口，致使投资国海外耕地投资的初衷无法实现。

3. 海外耕地投资容易造成受资国生态环境破坏

本轮海外耕地投资热潮还容易造成受资国生态环境破坏。正如FAO和世界银行所言，如果不考虑生态环境因素，全球可被用来耕种的土地有57亿公顷，主要分布在北美洲大陆、南美洲草原与热带雨林区、俄罗斯远东地区以及非洲的热带稀疏大草原。当前的海外耕地投资中的受资国也主要分布在FAO所言的这些地区。如果考虑到生态环境因素，这些未开发的耕地投资热地往往被森林、草原覆盖或者是当地的保护区。虽说加大资本引进，有利于生产要素和资本要素的结合，将资源优势转化为经济优势，但资本的特性是追逐利润，是效率，而非公平与公正。因此，资本大规模引入农业很可能带来资源掠夺型发展，同时侵害小规模的生产者。

以非洲为例，联合国森林议题报告显示的整个非洲地区森林资源的分布区位，与图3.6显示的受资国分布区位对比，二者具有明显的重叠性。这意味着，尽管非洲地区的土地资源丰裕，但要将这些土地开垦成为耕地，则必须以砍伐森林，破坏生态为代价。事实上，森林砍伐的现象已经在非洲和南美洲地区出现(见图3.5和图3.6)。FAO下属的全球森林评估组织2010年发布的《全球森林资源评估》称，在非洲和南美，森林覆盖急剧减少。1990—2005年全球森林净损失面积为7290万公顷。非洲地区，尽管其只拥有全球森林面积的16%，但2000—2005年，每年约减少400万公顷森林，接近全球森林采伐面积的三分之一。大部分森林损失发生在森林面积比较大的国家。森林面积减少的主要原因是这些被森林覆盖的土地转变成了小规模农业生产用地。在不久的将来，外来资本的大规模农业投资也将成为森林被砍伐、森林面积减少的一个主要驱动因素。2011年，世界著名风险评估公司Maplecroft根据FAO发布的数据进行的全球森林砍伐率排名显示，尼日利亚、印度尼西亚和朝鲜的森林砍伐率居世界前3位。森林覆盖率急剧减少的重要驱动因素包括日益增长的食品和生物能源需求、人口增加及贫困与腐败问题。尼日利亚的森林砍伐率居全球之首。在农业扩张、原木砍伐及基础设施建设的推动下，尼日利亚2005—2010年每年流失森林逾200万公顷。值得注意的是，几乎同一时期内，尼日利亚接受海外耕地投资的交易面积达356292公顷，在整个受资国交易面积排序中位列第23。以尼日利亚为例，可以想象，如果当前所有的海外耕地资本都进入土地开发阶段，那么非洲大量森林将会被砍伐，森林覆盖率将会进一步减少，该地区的生态环境将会因为森林的退化和单一的作物种植而遭到破坏。这样的资本流入和运营方式不符合联合国粮农组织提出的农业可持续发展的要求，从长远看，对当地的经济建设和粮食安全也没有积极作用。

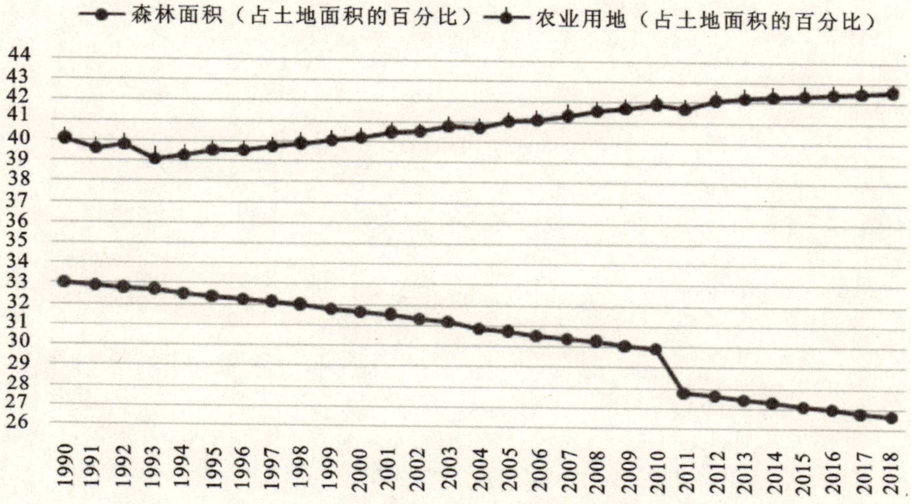

图 3.5　撒哈拉以南非洲地区森林面积和农业用地占比趋势

数据来源：世界银行数据库

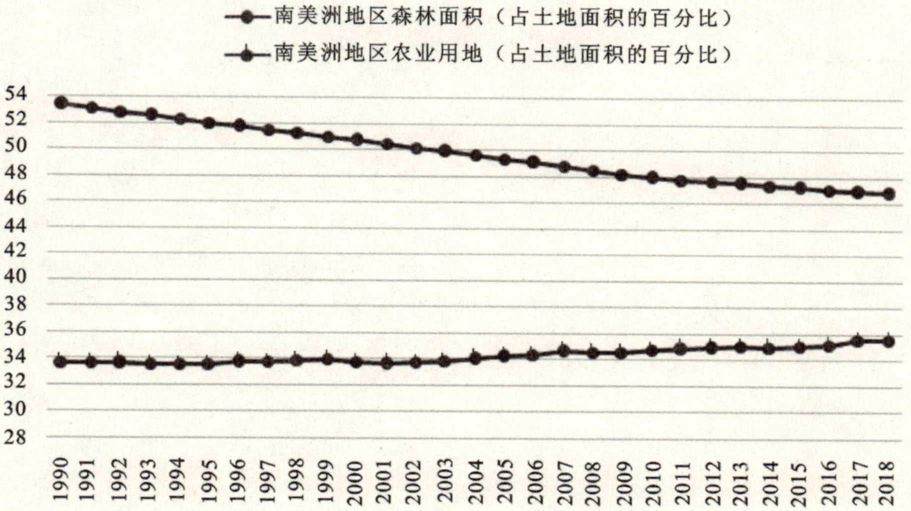

图 3.6　南美洲地区森林面积和农业用地占比趋势

数据来源：世界银行数据库

第四章

典型国家投资海外耕地国别选择模式的地缘分析

第一节 美国投资海外耕地的全网式国别选择模式

土地是人类生存和繁荣以及维护陆地生态系统的基本自然资源。千百年来，人们为了自己的目的，越来越善于利用土地资源。土地资源是有限的，而人类对它们的需求却是无限的。土地不是简单地从土壤和表面地形来看的，而是包括表层沉积物、气候和水资源，以及这些物理条件相互作用所形成的植物和动物群落。人类活动的结果，反映在植被覆盖或结构的变化上，也被认为是土地的特征。改变其中一个因素，如土地利用，会对其他因素，如动植物、土壤、地表水分布和气候产生潜在影响。土地不仅是基本自然资源，还是一种具有社会属性的商品，是实现许多人权益的一个基本要素。对许多人来说，土地是生计来源，是经济权利的核心。土地也常常与人的身份联系在一起，因此也与社会和文化权利联系在一起。在一定时空内，自然地理是一个静态要素，无论对于生活在其中的人，还是国家而言，自然地理无法选择，不易改变。人类的社会交往让自然地理具有动态因子。当人们在政治经济活动和国家关系处理中首先考虑自然地理时，其就从静态转化为动态，从地理要素转为地缘要素。继而成为影响人们认识世界的重要因素，同时也是一个国家制定对外战略的重要依据。任何民族和国家在面对自己独有的地理环境时，都会结合本民族和国家的历史、文化传统衍生出不同的地缘战略思维，做出不同的地缘战略选择，进而形成不同的空间分布格局。由第三章海外耕地投资国别选择现状分析可知，美国、日本、韩国及西欧国家是本轮海外耕地投资的“领头羊”，但是它们在国别选择上采取了不同的模式。在本章，笔者将从地缘政治经济的视角，结合各国海外农业开发的历史和现状，重点分析海外耕地投资中典型国家的国别选择模式及形成的地缘原因。

一、美国的地缘环境 ▸▸▸

1. 美国的自然地理

美国，位于西半球，东临大西洋，西面太平洋，南接墨西哥，北邻加拿大，总面积约 937 万平方千米。

美国本土全境可按地貌分成四个地区：东南部沿海平原，即大西洋和墨西哥湾沿岸平原，自始迄今都是美国的政治经济中心；东部阿巴拉契亚山地，从纽芬兰东北向西南直至亚拉巴马绵延 2300 千米，大致与大西洋海岸平行，由几条山脉组成；中部平原地区，位于阿巴拉契亚山脉和落基山脉之间，北起五大湖沿岸，南接墨西哥湾，大致可分为东、西平原两个部分，平原上牧草丰盛，因此又被称为“大草原”；西部山地，自西向东包括海岸山岭、喀斯喀特岭、内华达山脉和落基山脉，该地区有着丰富的水系和矿产资源。

2. 美国的地缘环境特征

美国的地缘环境特征主要表现在三个方面：丰富的自然资源；海洋国家的“霸权扩张”；世界唯一的超级大国。

美国蕴含丰富的自然资源。石油总蕴藏量占世界的 2.4%，天然气总蕴藏量占世界的 3.3%，煤炭总蕴藏量占世界的 23%。美国有丰富的水系资源(拥有世界第三大河流密西西比河和位于美国本土东北部的世界著名五大湖)和长达 40000 多千米的水域渠道，以及通往世界各地的码头、港口。特别是在农业生产领域，美国占据了得天独厚的农业生产条件。1.2 亿公顷耕地的广袤、肥沃土地，充分的降水量，温带海洋性气候(大部分属大陆性气候，南部属亚热带气候)，使得美国可以大规模种植多样性作物。小麦、玉米、蔬菜种植在东南部沿海平原地区；阿巴拉契亚山地以东方向，又有着 80 万平方千米的肥沃盆地，进行粮食和经济作物的商业种植。本土中部地区被称为“大草原”，可进行畜牧养殖。即使在西海岸的低山地区，也有着狭长的肥沃土地。这种优越的自然环境和地理条件，使得美国能够充分、自由发展，而不像欧洲国家那样面临着外在压力，如关税壁垒、跨国运输边境限制等。

优越的地理位置，丰富的自然资源，开放的自然环境，培育了美利坚民族乐观积极、勇于探索的精神，他们蔑视传统和惯例，以物质主义为理念，且好动。美国学者利德基说：“美国民族的个性与价值观点，美国社会与政治的构成，最终与其自然资源和得天独厚的气候条件密不可分。这一观点从未受到过怀疑。"费孝通在分析美国人的性格时认为:"攀登成了美国人特有的性格;上升,上升,不肯停留在一个地方或是一个地位上。这个性格反映着美国的历史。"美国人"好动""不知足""把眼睛总是盯着前方"的性格为世人所知,这种不断向上的性格,促使欧洲移民跨过了阿巴拉契亚山脉,又越过密西西比河,翻过落基山脉,一直西进到太平洋岸边,去夺取那更广阔、更肥沃的土地。美国的历史可以充分佐证这个观点。自美利坚合众国诞生起,到1853年12月30日,以1000万美元从墨西哥手中强行购得亚利桑那南部基拉河以南的约45535平方英里(1英里=1609.344米)的希拉河流域,于1898年将夏威夷变成自己的殖民地。美国利用军事征服、政治外交和强行购买等手段,在100多年的时间里,先后只用了8700万美元的所谓"补偿金",就夺取了700多万平方千米的土地。可以说美国的历史就是一部空间扩张史。美国历届领导人都根据地缘现实和美国自身实力基础,寻求一切机会向外扩张权利。美国第5任总统詹姆士·门罗,曾就领土与国家强大之间的关系评论说:"领土的范围,不论大小,均赋予一个国家许多特点。它决定国家的资源、人口、自然环境的优劣。简言之,便是决定了国力的强与弱。"与"强权"进行地缘扩张行为相适应的是美国建立全球霸权的目标,而这与美国崛起成为世界的首强相吻合。

二、美国的粮食地缘战略 ▶▶▶

1. 美国粮食地缘战略的形成

优越的资源条件,较强的经济实力,"扩张"的人文情绪,使得美国在制定各项对外战略时都具有"霸权"属性,包括它的粮食战略。20世纪30年代,美国就开始其全球粮食战略布局,"东海岸权势集团"是其粮食战略的主要决策者和执行者。它由少数几个私人基金会资助,维护以洛克菲勒家族为代表的美国权势阶层的利益,通过科研项目资助的形式,在教育、医学、生物学、能源等领域扩张势力。20世纪50年代,美国加快了塑造世界粮食结构的步伐,以基辛格的"粮食武器化"理念为指导思想,通过国内的美元贬值、政府补贴方式提升美国农产品在国际市场的竞争力和优势地位,以便打压其他国家的粮食生产能力和生产者的粮食生产积极性;国外方面,以嘉吉、ADM和邦基等美国农业巨头为主体,通过各类项目实施的方式,如尼克松的农业出口计划、转基因计划、种子革命和生物燃料计划等,加大农业资本的海外扩张,构建美国的全球粮食霸权地位。

2. 美国粮食地缘战略的实施路径

20 世纪 70 年代，基辛格在研究美国长期的地缘政治目标时提出："谁控制了粮食，谁就控制了世界上所有的人。"这是"粮食武器化"最经典的表述。基辛格 1974 年在《国家安全研究备忘录第 200 号》中指出"人口增长对全球政治经济生活最基本的影响之一是人口增长与粮食的关系。当这种人类最基本的需求出现短缺的时候，人口、国家资源、环境、生产力和政治经济稳定问题就会交织在一起。""从长远来看，最不发达国家必须降低人口增长速度，大规模地增加农业生产"，以确保美国获取这些战略资源。可见，这份备忘录将世界粮食生产和供给与世界人口数量联系起来。基辛格认为，美国要想实现全球霸权地位，就必须在世界范围内建立战略利益实现区。而该地区就是当前世界上的不发达地区，包括印度、孟加拉国、巴基斯坦、尼日利亚、墨西哥、印度尼西亚、巴西、菲律宾、泰国、埃及、土耳其、埃塞俄比亚和哥伦比亚。不过美国要控制这些地区的人口数量和政局稳定，因为这些国家会因人口增长与发展潜力间的不均衡，引发政局动荡和紧张继而影响美国对利益的获取。这 13 个发展中国家拥有世界上最丰富的资源，只有大幅减少这些国家的人口，美国才能充分利用它们的资源。美国正是基于基辛格这一粮食地缘战略思想，制定了"粮食武器化战略"，在多个方面做了充分准备。

二战期间，罗斯福政府提出"美国-拉丁美洲防御理念"，致力于将拉美地区军事精英的利益与美国的政策牢牢捆绑一起，使美国政府能够在这些军事精英的支持下，顺利进入拉美各国的能源、金融、农业等国民经济命脉行业。20 世纪 40 年代，洛克菲勒家族在哥伦比亚、委内瑞拉等大量购买肥沃的廉价农田和大型牧场。20 世纪 50 年代，美洲事务协调员纳尔逊建立了专门投资农业领域的国际基本经济公司，并与嘉吉公司联合在巴西开展杂交玉米种植、大豆生产。20 世纪 60 年代，为把美国的商业化农业引入主要发展中国家，美国政府以墨西哥为起点向广大发展中国家提出并推广"绿色革命"。20 世纪 70 年代，尼克松政府提出旨在建立"由美国主导的全球粮食和农产品市场"的"农业出口战略"。一方面利用关贸总协定，通过贸易谈判施压包括欧洲和日本在内的"保护农民利益的低效率国家"，消除美国农产品进口的农业贸易壁垒，扩大美国的粮食出口；另一方面鼓吹第三世界国家进口更多的"高效率"美国粮食，通过出口水果、蔬菜等经济作物来支付所需的费用。20 世纪 80 年代，美国发动了"转基因革命"，向广大发展中国家大力推广转基因生物技术，并开具了一份"转基因革命"重点实施国家，即哥斯达黎加、墨西哥、阿根廷、巴西、泰国、马来西亚、印度尼西亚、菲律宾、越南、肯尼亚、埃及、津巴布韦。这份名单与多年前基辛格的名单基本重合。这说明，美国全球范围的地缘政治战略布局在相当长一段时间内保持不变。转基因计划的实施中，阿根廷是美国第一个试验品，随后墨西哥、印度和其他发展中国家曾大规模推广这项技术。到2005年初，巴西废除了禁止种植转基因作物的法律，加拿大、南非和中国也都制订并实施种植转基因作物的庞大计划。其他地区，如罗马尼西亚、保加利亚、波兰、印度尼西亚、菲律宾、印度、哥伦比亚、洪都拉斯和西班牙均有报道说种植了大量转基因作物。而当前，美国和欧盟等发达国家又发起了"生物燃料革命"。正是这场革命触发的世界粮食危机带来了当前全球海外耕地投资热潮。

三、美国——全网式国别选择模式 ▶▶▶

可以说当下美国等西方主要国家已基本完成了"粮食武器化"的战略部署。而以发达国家为首的"生物燃料革命"更是将全球粮食安全推入了一个粮食供给、石油价格、美元、汇率、农产品现货和期货市场等高度关联，围绕"粮食安全"的"战争"将成为国家之间的最常规"战争"的新的阶段。自然，作为生产粮食武器的机器的耕地，必然成为各国争夺的对象。而美国依托已基本完成的粮食全球霸权的战略部署，在本轮海外耕地投资国别选择中如鱼得水，以22个进入国家数、41次投资行为、4162394公顷交易规模，形成了全网式国别选择模式(见表4.1和图4.1)。

表4.1 美国投资海外耕地国别选择概况

国别	投资次数	交易面积(公顷)	国别	投资次数	交易面积(公顷)
澳大利亚	3	155100	菲律宾	1	20000
新西兰	1	1760	喀麦隆	1	73000
阿根廷	1	242000	埃塞俄比亚	1	17400
巴西	8	1041000	加纳	1	4364
哥伦比亚	1	90000	肯尼亚	1	7000
秘鲁	1	13500	利比里亚	1	17000
乌拉圭	1	8600	马里	2	52441
保加利亚	2	58729	莫桑比克	1	10000
俄罗斯	2	350000	尼日利亚	1	30000
乌克兰	4	508500	南苏丹	2	1000000
印度尼西亚	1	25000	坦桑尼亚	4	437000

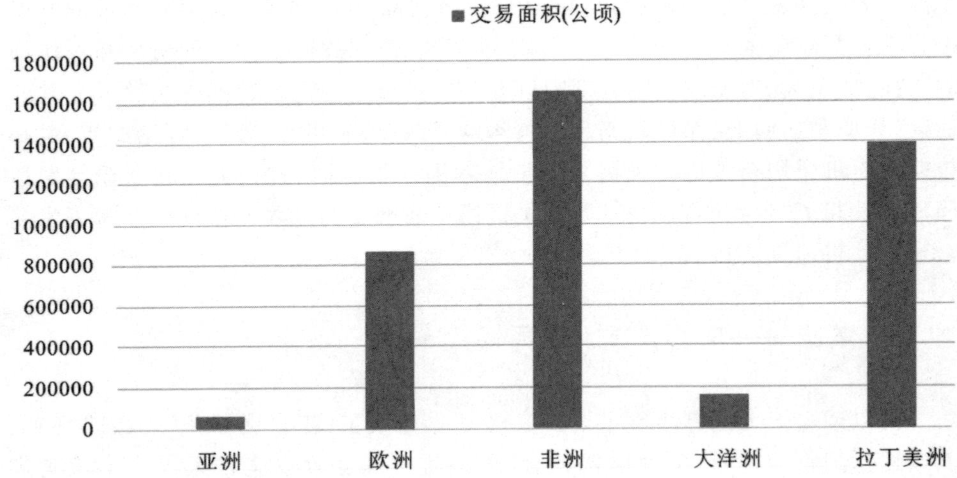

图 4.1　美国投资海外耕地洲际分布概况

(1)从投资主体跨国经营的区位分散程度看,美国的海外耕地投资国别选择最具全球战略属性。其耕地投资的目标国覆盖了亚洲、非洲等五大洲的六个区域。在亚洲的东南亚地区投资了印度尼西亚和菲律宾 2 个国家共 45000 公顷;在非洲的撒哈拉以南地区投资了以南苏丹和坦桑尼亚为代表的 10 个国家共 1648205 公顷;在欧洲投资了乌克兰和俄罗斯 2 个国家共 858500 公顷;在拉丁美洲地区投资了以巴西、阿根廷为代表的 5 个国家共 1395100 公顷;在大洋洲投资了澳大利亚和新西兰两个国家共 156860 公顷。

(2)从交易规模的区位分布看,美国多元化国别选择中,突出耕地战略平台和耕地战略要地的建设和占领。从全局分析,撒哈拉以南非洲地区以及有美国"后院"之称的拉丁美洲地区是美国投资海外耕地的战略平台。耕地资本流入这两块区域形成的交易规模分别占整个美国交易规模的 40%和 33%。从美国在区域内的耕地投资状况分析,这两个战略平台中又有美国重点关注和投资的耕地战略要地。撒哈拉以南非洲地区的重点战略要地是南苏丹和坦桑尼亚。南苏丹于 2011 年 7 月成立。它的成立与美国有着千丝万缕的联系。美国多年来一直觊觎着未分裂前苏丹的资源地缘利益,而且美国也是世界上第一个承认南苏丹独立的国家。除了南苏丹外,美国政府近年来十分重视与坦桑尼亚的关系,美国连续三任总统克林顿、小布什和奥巴马都访问过坦桑尼亚,这在非洲国家中是极少见的。坦桑尼亚的战略位置十分重要:其处于印度洋上的咽喉位置,拥有 1000 千米的海岸线和丰富的岸线资源,是东非和东南部非洲重要的出海口。重要的地理位置奠定了坦桑尼亚是影响非洲事务战略支点国家。至于拉美地区,巴西和阿根廷是美国地缘战略上的传统战略要地,美国全球粮食霸权的建立过程中，数次项目的实施基本上都是从这两个国家开始的。正如《国家安全研究备忘录第 200 号》所言，巴西、阿根廷之所以入选美国的地缘战略要地，是因为“这里拥有大量未开发的财富”。

(3)美国海外耕地投资国别选择模式中有一点值得注意：美国不仅投资发展中国家，而且投资发达国家的耕地资源，如澳大利亚和新西兰。另外，在空间布局上，美国基于运输便利，一般都会选择沿岸国家进行投资。

第二节 日本投资海外耕地的平台式国别选择模式

一、日本的地缘环境

1. 日本的自然地理

日本位于亚洲东部，太平洋西北部，由本州、九州、四国、北海道 4 个大岛及附属的 6000 余个小岛组成，总面积约 37.8 万平方千米。日本东临太平洋，西与中国、朝鲜、韩国隔海相望，北接鄂霍茨克海，与俄罗斯的千岛群岛、库页岛相近。

日本国土狭长，地形以山地为主，平原面积狭小且多位于沿海。尽管日本海岸线曲折，全长 3.5 万千米，多海湾和良港，鱼类资源丰富，形成很多天然渔场，森林覆盖率达 67%，仅次于芬兰和瑞典，位居世界第 3，但日本的矿藏资源匮乏，石油、煤炭、铀等能源和工业生产的原料大部分依赖进口。农业生产方面，日本属温带海洋性气候，雨量充沛，除北海道部分地方外，均适合作物生产。只不过日本整个国土面积以山地为主，可耕地不足，适宜耕作的土地只占国土面积的 20%左右，无法满足国民多样化食物需求。日本主要的农作物是稻米，另外还有一些小麦、大麦和玉米等双季作物。日本的稻米和碾米产业发展完善，可以保证自给自足，其他农产品则依赖进口，农业产值只占 GDP 的 2%，粮食自给率仅有 39%左右，对国外进口粮食的依存度较大。

日本处于亚欧板块与太平洋板块的交界处，地壳运动频繁，岛内大约有 270 座火山，其中约 80 座为活火山，领土的 2/3 被火山喷发物覆盖。日本也是一个与地震相伴而生的国家，地震、台风、泥石流等自然灾害频发。这些灾害给日本的建设和发展带来了严重的阻碍，制约了国家的发展。因此，日本常被人们认为是不适合人类居住的地方。自然灾害造成的不仅仅是物质和经济上的损失，它的难以规避性更对日本人的心理、精神带来打击，构成了对日本这个国家稳固存在的安全威胁。

2. 日本的地缘环境特征

日本的地缘环境主要具有两个特征：一是海洋国家的“大陆情结”地缘属性；二是中等强国的地缘属性。从地理位置来看，海洋将日本与周边国家隔开，但空间分隔距离不远。海洋的这种既沟通又隔离的双重属性使得日本具有“通商国民”的气质，“征服”“冒险”的国家、民族特质，能够输入大陆文明；与此同时又能保有本民族血缘的纯粹性、团结性、独立性以及对外民族的排他性。按照陆权论的观点，日本地处外新月形地带东部，与欧亚大陆的“枢纽地带”相隔甚远，远离世界权力与矛盾突发的中心。这使日本一方面深信独特的位置可以使自己成为地缘政治的骄子，另一方面又担心这种隔绝最终将导致自己成为地缘政治的弃儿。加之日本地缘战略回旋空间狭小，国内任何一个地方距离海岸都不超过120千米；国家经济发展依赖外界原材料进口。短浅的战略纵深和巨大的空间生存压力，很不利于国土防卫和经济安全。梦想着成为世界大国的日本有着占有大片土地的夙愿。正如森岛通夫所说：“远离广阔的大陆，在岛国上生活的日本人，有史以来就渴望土地，明治以后，日本人所贪图的就是土地。”

用传统的地缘政治评判国家实力的标准来衡量，基于国土面积、地理位置等因素，日本尽管经济发达，经济总量排名世界前列，但仍属中等规模国家。疆土的大小、地形和自然资源是决定一国在国际关系中的地位的重要因素。日本自然资源稀缺的特征，使得尽管日本具有独特的纪律和士气这类丰富的人文资源，但这仍然无法弥补日本与美国和苏联这类资源大国在实力上的巨大差距。但日本占据欧亚大陆连接太平洋的“门窗”之处，是“扼守陆权国家向太平洋进出的重要通道”，是美国平衡亚太的第二岛链不可或缺的一环。因此，充当美国外交政策上“棋子”角色的日本只能在世界多元化格局中打上“中等强国”的标签。这是日本地缘属性上的最根本特征，也就决定了其在国家对外战略部署上无法像美国一样“全面铺开”，而是必须集中使用现有资源。

二、日本的粮食地缘战略 ▶▶▶

1. 日本的粮食地缘战略的形成

以土地为代表的资源匮乏和空间有限使得日本这个海洋型国家倾向于将地理环境作为衡量其对外行为的标准，并形成了带有危机意识的对外扩张地缘战略思维。这种战略思维是日本各时期、各领域地缘战略缔造的一大基石，主要表现：在二战前，日本以武力对外扩张的基本国策为指导，侵略东北亚和东南亚地区，安图成为与西方并存的霸权国家；二战后，日本背靠美国，自愿成为美国全球遏制战略的一部分，以经济为中心谋求地区大国的发展之路。粮食安全领域也不例外，日本奉行的是外生开放型地缘战略，倾向于依靠全球资源配置政策来构筑本国粮食安全体系，即更多地依靠全球资本市场、资本投资以及自由贸易的“输血”方式来确保国家粮食供给链的安全。早在乌拉圭回合农业谈判过程中，日本在《新粮食、农业、农村政策方向》(1992 年)中提出：“我国的粮食供给必须将国内生产、进口及储备相结合。”农业协定签署后，日本在《与新国际环境相适应的农政开展方向》(1994 年)中提出：“在即便是全部利用国内资源也无法使粮食生产与进口粮食达到等量的日本，要实现全部粮食自给是不现实的。为了确保粮食的稳定供给，必须在粮食供给国内生产的基础上，与进口和储备相结合。”

在本轮全球土地交易兴起之时(2008—2009)，日本还是世界第二大经济体且高度依赖进口食品和燃料。2009 年首相麻生太郎指出，日本是世界上最大的粮食净进口国(见图 4.2)。日本农林水产省(MAFF)统计数据显示，2013 年日本的卡路里供应基础食品自给率仅为 39%，2018 年仅为 37%。日本在 2016 年之前一直是世界上最大的玉米进口国。因此，粮食在日本是一个“全面安全”的问题，通过国内生产、进口和储备确保“稳定的粮食供应”的责任被载入日本 1999 年颁布、2015 年第四次修订的《食品、农业和农村基本法》。这一基本法勾勒了日本粮食地缘战略的轮廓。首先，日本粮食地缘战略的目标包括：①提高粮食自给率；②确保粮食稳定供应；③农业可持续发展；④促进农村发展；⑤形成全国共识，支持粮食安全。实际上“提高粮食自给率”这个看似与海外耕地投资没有任何关联的目标，在具体内容描述上并非与跨国土地交易“脱钩”。根据碳水化合物消费下降、动物蛋白和脂肪消费增加的趋势，预计 2018—2030 年，日本国内牛肉、鸡肉、牛奶的消费量将分别增加 1.1%、4.4%和 4.5%，人均消费的增加抵消了该国人口持续下降带来的影响。MAFF 的《农业基本计划》(2010 年)认为，世界人口的增长、中国和印度等国家收入的增加以及生物燃料使用的增加，增加了对农产品的需求，而气候变化和其他原因导致水资源短缺和荒漠化，随着世界粮食产量增长放缓，供应方面的担忧也在增加。粮食价格因此居高不下，并有可能继续上涨。一些粮食进口国、跨国公司和其他机构一直在促进世界各地的农田投资。MAFF 的《农业基本计划》(2020 年)明确且首次指出：日本未来 10 年粮食自给目标是基于消费估计和主要大宗商品生产目标，即将 2030 年的粮食自给率目标设定为 45%(卡路里)和 75%(产值)。但“粮食自给率”并不包括“饲料自给率”，饲料仍旧依赖进口。

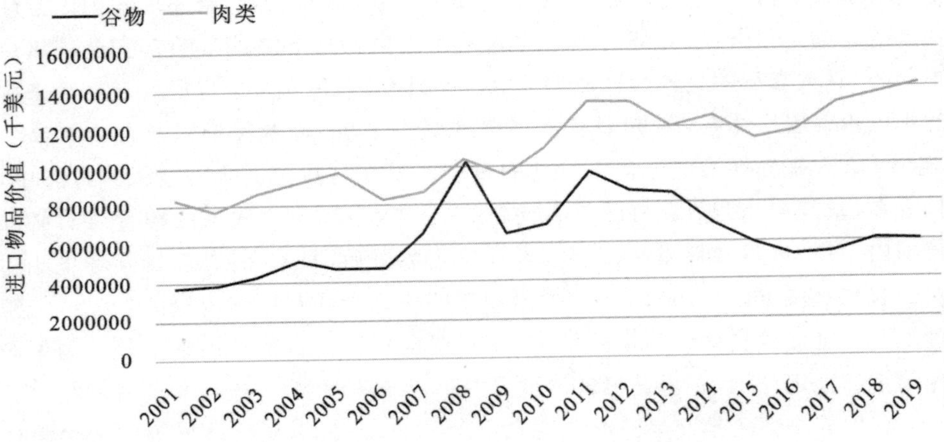

图 4.2　日本 2000—2019 年谷物及肉类进口价值

数据来源：FAO 数据库

为了实现远景目标，多年来在粮食等大宗农作物供给方面，日本政府提出并进行了多方面的政策调整。首先，促进市场驱动的水稻生产，使生产者和买家在种植前签订长期合同；发展出口导向型稻米生产区，以满足海外市场在数量和质量上的需求；实施小麦、大麦和大豆增产项目，通过改善稻田排水、使用智能农业、开发抗病作物品种和土壤改良来促进生产力的提高；促进水稻向蔬菜和水果等有利可图产品的生产转换，以及水稻向旱地作物的转换。其次，为了维持经济上强大的农业生产基地和农村地区，公共和私营部门必须努力发展全球市场和扩大出口；企业必须对消费者需求和偏好的变化做出反应，创造新的产品和市场，改善食品分配系统，并设定 2030 年农业、林业、渔业和加工食品的出口目标，分别为 1.4 万亿日元(130 亿美元)、2000 亿日元(19 亿美元)、1.2 万亿日元(110 亿美元)和 2 万亿日元(190 亿美元)。再次，日本外务省和 MAFF 制定了一项双管齐下的战略，一方面在国际外交上推动实施负责任的农业投资原则，另一方面努力刺激日本在外国农业投资方面的公私合作。

2009 年 4 月，外务省和 MAFF 牵头成立了海外农业投资政策制定机构——促进粮食安全外国投资委员会。该机构成员除了外务省和 MAFF 外，还包括财务省、经济产业省、日本国际合作银行、日本国际协力机构、日本对外贸易组织、日本进出口保险公司等。同年 4—6 月，该机构举行了非公开会议；7 月，与以丸红、三菱、三井、伊藤忠和住友为代表的多元化贸易集团(也称“综合商社”)及其他日本企业举行了公开会议，讨论了其提议；8 月，发布了《关于为粮食安全保障而促进海外投资的指示》(以下简称《指示》)。这一战略性文件指出：日本需要更多的私人的海外农业投资，以确保日本稳定的食品进口，并提高全球农业生产。

虽然当下，一些日本公司正在着手进行海外农业投资，但气候、疾病、国家和其他类型的风险对此类私人企业施加了限制，因此需要一种全面的公私办法来支持企业的海外发展。在该方针的指导下，日本政府和企业认识到大豆和玉米因其紧张的国际供求状况、高度依赖进口、在饮食中的重要性以及对单一供应商的过度依赖而受到优先考虑。为此，投资目标地区是中美洲、南美洲、中亚和东欧，这些地区被认为最有可能增加生产和出口，当然也将酌情支持对其他作物和地区的投资。私营企业不仅会在“生产”（包括土地购买和租赁）上进行实际投资，还会在“收集”“运输”“出口”基础设施上进行投资。总之，日本的粮食地缘战略在涉外方面不仅寻求全面支持土地收购，还包括从生产到出口整个粮食供给价值链的全盘掌控。国家会在“外围”提供环境支撑，包括通过双边投资条约和其他经济合作来拟定投资环境，使用官方发展援助、公共财政、贸易保险和其他融资，进行信息的收集和传播。设想的结果是确保日本和世界的稳定粮食供应。

《关于为粮食安全保障而促进海外投资的指示》是日本粮食地缘战略的书面载体。从该指示的内容描述中不难看出日本政府和业界对粮食安全的特有看法。该指示并没有说明海外粮食和其他农产品生产的作物将在哪里被消费。尽管韩国和沙特阿拉伯等国的农田投资旨在种植粮食供本国使用，但日本似乎旨在从全球供应链的角度思考粮食安全问题，海外耕地投资将寻求增加全球粮食总产量并在世界市场上销售作物，理由是全球粮食产量增加有助于日本的粮食进口。正如学者 Nikkei 所言：“如果我们不深耕中国市场，同时向中国供应粮食，我们就无法廉价而稳定地供应日本。”无论是供给本国消费还是国际市场，在粮食出口环节都有政治风险。对此，在提高世界粮食产量的同时努力寻求双边安排，使出口国免除日本的粮食出口禁令或限制，成为日本海外农业投资的协同举措。MAFF 年度报告显示，澳大利亚同意在与日本的 2014 年经济伙伴关系协定中努力不实施出口禁令。日本海外生产的粮食完全供给世界市场，逻辑上不太可能。《指示》含蓄地要求日企将一些生产、购买的作物运往日本，理由是深度参与粮食供给价值链，可以从直接生产、规模经济和贸易成本上减少日本对国际四大粮商（美国 ADM、美国邦吉、美国嘉吉、法国路易达孚）的依赖。

为了推进日本粮食地缘战略的实施，日本政府于 2010 年启动了与中亚（哈萨克斯坦）、非洲国家（安哥拉、莫桑比）的海外农业投资双边协商谈判；专项撰写了 5 份投资前景评估报告，涉及乌克兰、俄罗斯、巴拉圭、乌拉圭、巴西和阿根廷。报告中提供了这几个国家粮食市场、销售渠道、基础设施等方面的内容，以便给投资者提供国别风险判断。日本进出口保险公司和日本国际合作银行为一些企业项目提供了大规模的资金支持。例如，自 2014 年以来，日本银行已同意向阿根廷三家农业综合企业和巴西一家农业综合企业各提供 1 亿～2 亿美元的流动资金贷款。其中两家公司(CAGSA 和 VICENTIN)承诺向日本(丸红和三井)出口指定数量的粮食,并在紧急情况下尽最大努力向日本供应粮食。需要注意的是,日本粮食地缘战略仍旧是立足于本国生产——“应以国内农业生产的增加为基础,确保人民的稳定粮食供应”;涉外方面考虑到粮食、土地的特性,非常注重文本表示的含蓄,如果确有项目交易,还注重其他与海外农业投资没有直接联系的国际行动(如加强国际贸易体系和农业官方发展援助)的协同联动。

2. 日本粮食地缘战略的实施路径

日本的危机意识和对外扩张的地缘战略思想以及由此衍生的外生开放型粮食安全战略,使得日本十分重视农业的海外发展,努力利用国外的土地、人力等生产资源,逐步建立国内农业和海外农业两个互补体系,保证国内农产品供给,并早于约 1 个世纪前在拉美地区发展海外农业。随后,通过侵华战争占领中国东北,将其建设成日本的粮食生产基地。日本的海外农业扩张步伐紧随战争步伐来到东南亚地区。2009 年,日本又从顶层设计层面,颁布了《关于为粮食安全保障而促进海外投资的指示》,进一步完善海外耕地投资的战略部署,建立全球体系的粮食多元化供应渠道。

日本的粮食地缘战略的形成并非一蹴而就,它的实施也非一步到位。如果一定要以 2007—2008 年的粮食危机为节点和海外耕地投资研究的起点,那么日本的战略实施路径在贸易的范畴下是有着长期的时空背景和项目经验的。早在 1961 年,日本饲料贸易协会和泰国贸易部每年都通过谈判达成的日-泰玉米贸易协定保证出口市场等措施,鼓励泰国本土玉米种植和销售行业的扩张。日本全国农业合作社联合会的子公司 ZEN-NOH 和日本海外经济合作基金的援助进一步帮助泰国在 20 世纪 60—70 年代成为日本的第二大玉米供应国。20 世纪 60 年代末,有着国家支持的 SHO-SHA(综合商社)和 ZEN－NOH 提出“发展进口战略”,即日本投资者在海外生产和发展对日本经济很重要的商品战略。反映到粮食安全和食品上,则在印度尼西亚启动了进口玉米生产项目,政府官员开始寻求农业合作作为确保粮食进口的一种手段。第一个项目是两国政府在 1967 年达成的促进东爪哇玉米生产的技术援助协议。后续,三井、三菱和伊藤忠等著名日本商社通过与印度尼西亚合作伙伴设立合资企业直接参与了苏门答腊岛楠榜省的玉米生产。苏门答腊岛的项目涉及农田 16000 公顷,同时还获得了来自日本政府的超过 34 亿日元的援助。然而,农业生产具有较强的地域自然性,在印度尼西亚的早期项目遭遇了重大农作物疾病、害虫和气候条件等问题,未能按照最初愿景进行,最终以失败告终。它们的失败在几十年后仍然影响了日本政府和业界对海外农业发展的深入思考。

20 世纪 70 年代初世界粮食市场的动荡,尤其是 1973 年美国短暂的大豆出口禁令，导致在20世纪70年代初第一次石油危机冲击之后，除去通货膨胀因素，当时主要谷物的美元实际价格在目前价位的两倍以上，国际实际粮价达到最高峰。这些事件让人们对国际粮食市场的可靠性产生了怀疑，尤其是美国的出口。据此，日本政府从国家综合安全的角度进行反思，以大规模重新制定粮食政策作为回应。国家政策首先强调国内生产，但由于人口和环境资源约束，也强调紧急储备和努力确保必须进口的作物（如饲料）的供应。日本的主要反应之一是进一步尝试开发新的国际粮食供应区。一份报告报道了9个国家正在进行的项目（Greenshields，1976）。Greenshields（1976）发表的一份报告显示，20世纪70年代初的粮食危机后，日本商社一共在9个国家紧密开展海外农业开发与合作，以应对美国的粮食出口禁令。1973年丸红会社接受来自日本政府的援助资金，在巴西马托格罗索州购买2万公顷土地，用于种植大豆和小麦；日本国际合作机构（JICA）在巴西进行了大规模农业投资；NICHIMEN商社以合资企业的形式参与中国黑龙江省的大豆开发，该项目以向日本出口大豆的方式偿还日方企业贷款。最引人瞩目的是日本和巴西合作的PRODECER项目，该项目将单产大豆引进巴西的塞拉多。从历史现象看，日本20世纪70—80年代的海外农业发展举措的目的是减少日本粮食进口对美国的依赖。不过从结果上看，其对日本的直接影响有限。1984年，日本81%的饲料谷物进口仍然来自美国，30年后，日本仍然极度依赖美国。PRODECER项目确实增加了日本对巴西的进口，减少了日本对美国大豆的依赖，不过美国仍旧是日本大豆进口主要来源国。当然，日本发展海外农业的主要目的是安全地从发展中国家进口动物饲料，或至少增加世界产量以压低价格。这些举措无疑使上述目的在“全球供给”和“直接供给”上有了平衡和实践经验。

除了开发新的合作地域外，日本企业加深了在成熟出口国（如美国）的业务。很多时候这些业务并不与农作物的种植和生产有关。比如，日本企业通过组织海上运输，购买沿海出口码头和内陆国家的运输设施，并与生产商建立关系，从而提升运输渠道的价值链。另外，日本公司很早就认识到国际粮食市场跨国粮商的重要性，并抓住契机着力提升自身实力。1978年，三井收购了密西西比河沿岸的粮食设施，使该公司克服了美国贸易市场的主要进入障碍，成为一个成熟的国际粮食贸易公司。1970年，全农参股的CGB公司在美国粮食主产区密苏里州的圣路易斯成立时职员有3名，而今CGB公司在全球有95个分支机构、超过1500名职员。1979年，作为新奥尔良粮食出口商的全农谷物公司（ZEN-NOH）成立。1978年，丸红的全资子公司哥伦比亚谷物公司（CGI）成立，并收购了俄勒冈州波特兰市的一个出口码头。1998年，三井的子公司联合谷物公司与当地企业建立了联合收获合资企业，并在华盛顿温哥华港建立了粮食出口码头。

同年，三菱公司与 ADM 合作，在华盛顿卡拉马港运营一个商品出口终端。这种食品物流链的多年布局使以全农和三菱为代表的日本公司在 2009 就成为美国中西部粮食的主要参与者，并开展了合同种植、种子销售、保险和融资；它还每年处理 111200 万吨粮食，大部分运往日本(Chikako & Inoue，2009)。可以说，到 2007—2008 年粮食危机发生时，日本参与粮食种植和贸易已有数十年了。按照农林水产省的统计，三井、三菱、全农和伊藤忠四大公司运作本国 70％的玉米进口和 44％的小麦进口。

2008 年后，日本公司虽然对全球新一轮海外耕地投资热采取了谨慎态度，但基于历史物流渠道布局和海外种植经验的积累，大手笔的海外粮食种植和贸易并不像当地媒体评论的那样匮乏(见表 4.2)。基于丰富的海外农业运营经验，对日本投资者而言，好的目标国并没有那么多，巴西和美国是最重要的投资地，阿根廷和澳大利亚也有日方的大量参与。尽管俄罗斯有着丰厚的土地资源，但政治不可控因素太大，实际投资较少。另外，包括加拿大、哈萨克斯坦和乌克兰在内的其他国家也有零散的项目。投资主要集中于巴西和阿根廷的玉米和大豆，澳大利亚的小麦，以及美国的玉米、大豆和小麦上。投资模式集中于产地收购、存储、分销和出口，似乎还没有直接涉及农田收购的案例，更多的是通过订单农业为农民提供上游支持，如农用化学品、种子和融资。几乎所有项目都涉及与现有企业的合作、投资或收购。例如，2009 年伊藤忠商事株式会社与邦吉北美公司和韩国航运公司 STX Pan Ocean 合作，在华盛顿朗维尤建设了价值 2 亿美元的出口粮食码头，这是美国 20 多年来建设的第一个新的粮食出口码头。2011—2013 年，三菱公司扩大了其在印第安纳州、爱荷华州、北达科他州和南达科他州的谷物电梯、仓储和运输业务。2009—2015 年，日本是巴西大豆产业最大的外国投资来源，几乎所有的投资都进入了仓库、港口和铁路。

表 4.2　日本公司海外粮食交易规模

公司	交易规模(百万吨)	交易时间
三菱	10	2014 年
伊藤忠	7.5	2015 年
住友	5～6	2015 年
丸红	67	2016 年
三井	17.5	2015 年
全农谷物公司	13	2017 年

日本的海外农业有两大特点：①与当地人联营；②控制土地但不直接占有土地。日本在海外几乎没有完全独资的农场，大部分以共同出资的方式与当地人

联合经营，受资方提供土地，日本提供资本和技术。在投资比例上，外国政府以提供土地等方式占股本总额的51%，日本以提供农业机械、技术及建设基础设施的方式占股本总额的49%。另外，日本也是海外耕地投资中订单农业的倡导者，通过与当地农户签订购买合同的方式来确保作物生产和供应，减少国家风险。

三、日本——平台式国别选择模式 ▶▶▶

GRAIN发布的案例显示，日本在本轮海外耕地投资中可以说表现平平，其进行了3次投资，分别是菲律宾的11000公顷、阿根廷的11000公顷和巴西的100000公顷。但结合历史分析不难发现，日本基于自身客观的地缘环境，依托于本国粮食安全战略的实施，选择了一条与美国完全不同的海外耕地投资平台式国别选择模式，即集中力量着重对一个地区进行重点、深度开发。而这个被称为平台的地方就是拉丁美洲。

19世纪末，秘鲁政府签署了一项准许日本工人进入本国市场进行甘蔗种植、榨糖等务工活动的政令。可以说早期(19世纪末20世纪初)，日本政府是通过移民措施、劳务派遣方式展开与拉美国家的合作。20世纪三四十年代，日本以农业资本输出方式与当地组织合作，投资巴西、巴拉圭种植园。二战结束后，因日本移民较多，巴西出现了许多主要同日本开展农业贸易的组织，日方将这些组织统称为日系农协组织。目前，分布在巴西各州的日系农协组织有60多家，统一由日系农协中央组织——巴西农业拓植协同组合中央会进行管理。近年来日本更是加快了对巴西农业“走出去”的步伐。日本是巴西农业的最大合作者，目前在巴西的150万日本移民中至少有30万人从事农业，他们在巴西各地开设大型农牧公司，生产的大豆、蔬菜、蚕丝等11种主要农副产品的产量占巴西整体产量的一半以上。《日本农业新闻》2009年报道，三井物产在巴西投资了100亿日元，种植玉米和棉花，以满足日本市场的旺盛需求。2014年5月22日，巴西农业部部长内里·盖勒在农业部会见日本驻巴西大使Kunio Umeda，会议的主要目的是双方就巴西农业基础设施和物流体系建设及稀疏草原开发设立合作项目。除了巴西外，日本现在与阿根廷、俄罗斯、乌克兰、中国、印度尼西亚、新西兰、美国等地的农场都签订了玉米等饲料作物种植协议。考虑到日本海外农业发展的悠久历史中资源积累的存量因素和国家规模大小，日本已经成为除美国外首屈一指的资源国。

除了本国的地缘环境外，日本之所以选择拉美作为海外耕地投资的重点开发区域，早期是因为受拉美的移民政策吸引，战后日本是美国实施全球遏制战略中的重要部分。背靠美国，在其盟友庇护下，作为美国后院的拉美无疑是日本较安全的投资地区。加之，日本的海军实力不容小觑，海上运输能力更是强大，能够确保日本的海上生命线。日本在原油和天然气运输方面是世界头号强国，每年经过苏伊士运河、马六甲海峡、巴拿马运河的日本油轮占到世界的30%左右。日本在集装箱领域拥有NYK/KLINE/MOL世界前20强的船队，综合规模远远超过任何国家。日本自身的海上军事实力及其盟友美国的庇护，使日本有足够的能力在非常时期确保自身能够掌控海上运输通道不被切断并对敌对国家实现全方位封锁，借以通过物质上的匮乏摧毁其抵抗意志。因此，在上述能力的支撑下，日本能够以较低的粮食自给率，跨越太平洋对拉丁美洲地区进行平台式的深度资源开发。

第三节　韩国投资海外耕地的FTA国别选择模式

一、韩国的地缘环境 ▶▶▶

1. 韩国的自然地理

韩国位居亚洲东北部、朝鲜半岛南端，与朝鲜以三八线为界分庭而治；除南部与亚洲大陆接壤外，其余地方三面环海，总面积约10万平方千米。韩国土地上大部分是山脉和丘陵。农业用地约占国土面积的21%，约有223.8万公顷，其中有88万公顷高地和130万公顷稻田，以及5.8万公顷牧草地。国土面积的12%为城市、工业用地。韩国属温带季风气候，每年平均降雨量为1250毫米，大部分降雨是在夏季作物生长期。

2. 韩国的地缘环境特征

在国家的地缘分类上，韩国虽是陆海复合型国家，但其地缘环境某些方面与日本有着相似之处。

1）资源匮乏，对外依赖性强

同日本一样，韩国的自然资源也十分匮乏。“除了水之外，这片土地上几乎不出产任何原料，而且只有不到四分之一的土地是可耕地”。已发现的矿产资源有铁、无烟煤、铅、锌、钨等，但储量较小。国家经济发展所需原材料依赖进口。

在农业生产领域，韩国是一个农用地奇缺的国家。韩国多山，耕地面积较少，人均耕地面积不足 0.04 公顷；农业生产主体大部分是小规模、高成本小农体制下的家庭农场。韩国国家统计局数据显示，韩国耕地面积随着城市化和工业化建设用地逐年增多而减少，1961—2009 年韩国农业本土种植面积由 211.3 万公顷持续减少至 185.8 万公顷。不仅如此，城市化使得韩国粮食自给率急剧下降，目前在 31 个经合组织国家中排名最后。

2)地缘战略空间中的“小国”

与日本相似，韩国的战略空间也十分狭小。韩国从陆地看，与两个大陆性大国——中国和俄罗斯紧密相连，在其周边除了海洋外，没有任何其他国家。因此，韩国的外交空间非常狭小，它无法像其他小国那样，通过与周边不同类型的国家发展交流或结盟关系，来保证其作为区域成员国的平等、自由地位。为此，它只能通过与周边大国保持一种依赖性关系，才能找到较大的外交与经济活动空间。从安全与生存的角度来讲，由于半岛战略纵深的有限性，没有广阔的区域，除非有强大的外部国家保护，这种环境将决定它不能与周边国家交恶，否则会面临很大的困境。

3)事实上的“岛国”

“三八线”的存在将朝鲜半岛分割为两个部分；同一民族的分裂状态，使韩国和朝鲜至今处于经济、政治、外交方面的隔绝；加之三面环海的地理特征，资源匮乏、内部市场狭小，对外依赖性的经济特征使韩国在地理上是半岛国家，但地缘领域却居“岛国”地位。事实上的“岛国”状态对韩国经济战略发展、产业政策制定、对外经济交往等各个方面都产生了非常重要的影响。面对狭窄的地缘战略空间，韩国政府早在 20 世纪 60 年代就开始发展出口导向的外向型经济。近年来，在对外经济交往方面，作为采用外向型经济体制的韩国，力图通过与众多国家签订双边自由贸易协定，不断扩大对外贸易规模，促进和保证经济的长期稳定增长。

二、韩国的粮食地缘战略 ▶▶▶

1. 韩国粮食地缘战略的形成

基于本国的地缘环境特点和事实上的“岛国”属性，韩国与日本一样也采取了外生开放型粮食安全观，依靠全球资源配置政策来构筑粮食安全体系；依附全球最大的海权国美国，并与其结成同盟，享受美国提供的海上航行安全这一公共产品；同时强化本国自身粮食供给能力建设，着力开发海外农业资源。

20 世纪 60 年代，韩国加快其工业化、城镇化进程。据统计，2007 年，韩国 3/4 的粮食依赖进口，每年进口粮食 1400 万吨，是世界第五大粮食进口国。世界粮食危机印证了完全依靠国际市场是无法保障国内资源供给的。20 世纪 70 年代，韩国开始了海外农业开发，在阿根廷购买土地种植水稻。这是韩国海外第一宗开荒种田项目。经过数十年的经营，至今，韩国在世界范围内已累计开发、运营了百余个海外耕地投资项目，生产作物品种从稻米、小麦、玉米等大宗农产品到香蕉、西红柿等经济作物不等，不仅投资发达国家，还将经营范围扩张至缅甸、柬埔寨等发展中国家。

韩国的粮食地缘战略主要由《10 年期海外农业开发战略计划》(2008 年)、《海外农业投资指南》(2009 年)、《海外农业开发合作法》(2012 年)这三个文件体现。其重要目标，一是大力促进水稻生产，严格保护本国水稻种植，实现粮食自给率达 65%；二是积极拓展海外农业，构建内外结合的粮食供给网络。这一战略目标之所以形成，源于韩国自身的资源结构和城市化、工业化发展对农业的挤压。在 1963 年经济繁荣之初，大多数韩国人是农民，63%的人口居住在农村地区。在接下来的 25 年里，现代化进程使得韩国从一个以农业为主的农村国家成长为一个新兴工业化城市国家，农业对 GDP 的贡献从 2005 年的 25%下降到 2015 年的 2.4%。用于农业的土地空间有限，新的农民不会进入这个行业。农业劳动力在 20 世纪 90 年代初就已缩减到只有 21%。来自农村家庭的年轻人正在向城市迁移，这意味着该行业的平均就业年龄在继续上升。1970 年，韩国只有 8%的农民年龄在 60 岁以上。如今，这一比例已达 39%。韩国是一个多山的国家，只有 22%的可耕地，降雨量也比大多数邻国多。20 世纪 40 年代末 50 年代初的一场重大土地改革将土地所有权转移到了农民手中。不过个人持有的土地太少(平均一公顷，这使得耕作效率低下，并阻碍了机械化精耕)，或者土地被分割成小块，过于分散，无法为家庭提供生产大量粮食的机会。城市面积的巨大增长导致可用耕地的迅速减少，而与此同时，人口的增加和收入的增加意味着对食物的需求大大超过了供应。结果是韩国的肉类生产行业几乎完全依赖进口饲料谷物。到 20 世纪 80 年代末，韩国需求的大约 50%，主要是小麦和作为动物饲料的玉米，基本依赖进口，且谷物和肉类的进口价值在过去 20 年基本呈稳步增长态势(见图 4.3)。近年来，韩国每年的粮食进口量已达 1500 万吨左右。低水平的粮食自给自足加上世界粮食价格的波动，迫使韩国在国外发展农业，并在这一领域与其他国家合作。这样的农业生态现实使得韩国政府不得不把视线投向海外区域，以确保本国粮食安全。

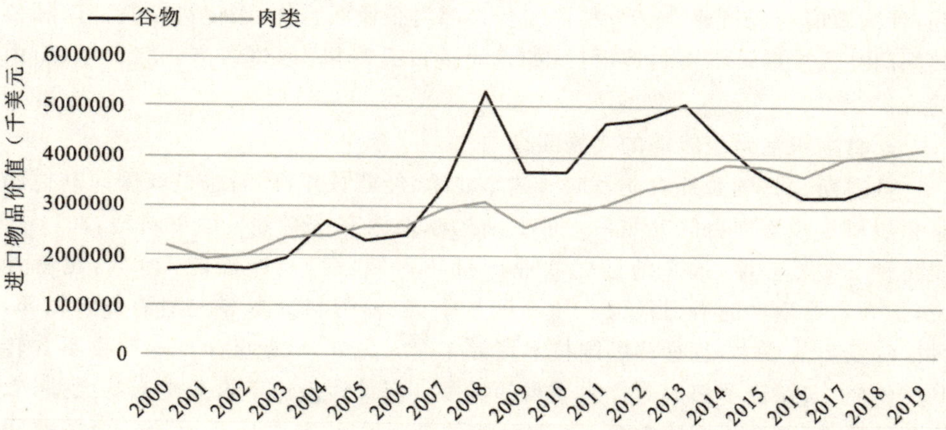

图 4.3　韩国 2000—2019 年谷物及肉类进口价值

数据来源：FAO 数据库

《10 年期海外农业开发战略计划》(2008 年)、《海外农业投资指南》(2009 年)和《海外农业开发合作法》(2012 年)，这三个文件促成了对韩国海外农业的四种主要形式的政府支持——贷款与补贴，人力资源建设，信息提供与商业咨询，以及四个战略计划：①发展私营与公共部门企业及组织之间的合作；②提供财政支持；③建立仓库和技术基础设施；④形成外国经济发展援助和风险管理体系。私营企业可以向政府寻求担保贷款和补贴，以便进行初步的可行性研究。贷款用于取得企业活动许可证，购买和建造固定资产(包括仓库设施和技术)，以及获得土地权利。贷款的主要目标是降低公司的投资风险，特别是当受到阻碍公司本身和相关企业活动的外部因素的影响时。值得注意的是，法律规定，在紧急情况下，贷款接受者必须向韩国运送其农产品；但是，官方未对紧急情况的概念予以明确界定。该文件出台后，从贷款发放情况看，早期只发放给粮食作物和饲料作物的生产者，涉及小麦、大豆、玉米、木薯，后来又发放给咖啡和甘蔗的种植者。政府贷款有总额限制(约 1.24 亿美元)，在俄罗斯远东地区运营的韩国公司获得了约 2720 万美元；而接受政府贷款的企业的粮食海外产量也从 2010 年的 15242 吨增加到 2015 年的 35717 吨。支持外国农业投资的一个重要形式是由韩国政府创建的统一信息系统。它被用来产生预测与分析报告、投资情况评述、一国经济状况、各国税收和行政系统的数据，以及有关投资风险和评述的报告，供投资者查阅。在人员方面，韩国政府鼓励国立大学在国外开设农业生产课程，政府也开展了海外农业运营教育项目，包括对那些对海外农业生产感兴趣的学员进行现场培训，并在美国、澳大利亚、东南亚等国家设有办事处。这些项目的参与者主要是农民、商人、大学生和政府官员。针对他国市场基础设施落后问题，韩国政府会通过建立一个私营和公共部门企业联合体，来促进私营部门和公共部门在大规模资本密集型项目(如建设港口升降机、创建多产业综合体等)中的合作。

2. 韩国粮食地缘战略的实施路径

俄罗斯是韩国海外农业发展的战略要地，经营数年，同时也是韩国向其他国家拓展耕地投资项目的参照系。俄罗斯远东地区有520万公顷可耕地，2014年仅耕种234万公顷，远东地区的农业产量约占俄罗斯总产量的5.6%，也就是说，扩大农业生产的潜力很大。该地区与中国、韩国和日本等大型消费国相邻，可以降低物流成本，且这些邻国技术资源丰厚。另外，该地区生产的粮食不含转基因物质，这保证了邻国对食品质量的需求。但该地区由于农业生产状况差，气候条件恶劣，劳动生产率较低，基础设施的缺乏也是农产品营销的一个关键问题。鉴于这一潜力和优势，韩国早在2000年初就在当地开展粮食业务。2015年，该地区共有13家韩国私营企业，其中12家在俄罗斯注册。它们主要生产玉米、大豆、小麦和燕麦。其主要出口到俄罗斯，只有少量粮食出口到韩国。韩国在远东地区的主要公司是首尔饲料、韩国现代、SANGSAN农业和PRIMORYE农业。这些企业的主营业务包括大豆、玉米、土豆、燕麦的种植和高品质种子培育，都配备了现代化的粮食分拣、烘干和储存设施，可以更有效地管理成本，更好地应对市场价格波动。但从实际经验获得看，以俄罗斯远东地区为例，面临着仓储条件差，农产品市场不足(增加生产成本)，没有长期销售策略，贸易物流成本高，没有农业设备维护中心，政府行政支持薄弱等缺点，且这些缺点的解决往往需要协同。很多国家土地资源丰厚，但农业发展的主要障碍是物流，特别是涉及粮食的陆运和海运时。但建造粮食基础设施，如铁路交通、出口码头所需的初始投资巨大，并不是所有公司都负担得起，需要两国政府协同考虑，合并投资。因此，韩国在选择其他耕地投资目标时非常注重双边政府的承诺内容以及是否临海，以便运输。

三、韩国——FTA国别选择模式 ▶▶▶

韩国在本轮海外耕地投资中的表现比较突出，以进入11个东道国，16次投资行为，1412394公顷的交易规模，位列整个海外耕地投资规模第7位。比这更引人注目的是有着与日本相似地缘环境的韩国在国别选择模式上却与日本不同，采取了FTA国别选择模式(见表4.3和图4.4)。

表 4.3　韩国投资海外耕地国别选择概况

国别	沿海/FTA	交易面积（公顷）	国别	沿海/FTA	交易面积（公顷）
澳大利亚	是/是	216000	菲律宾	是/是	204000
巴布亚新几内亚	是/是	33000	印度尼西亚	是/是	34000
阿根廷	是/是	20894	俄罗斯	是/是	10000
巴西	是/是	10000	坦桑尼亚	是/是	100000
秘鲁	是/是	72000	苏丹	否/是	690000
柬埔寨	是/是	22500			

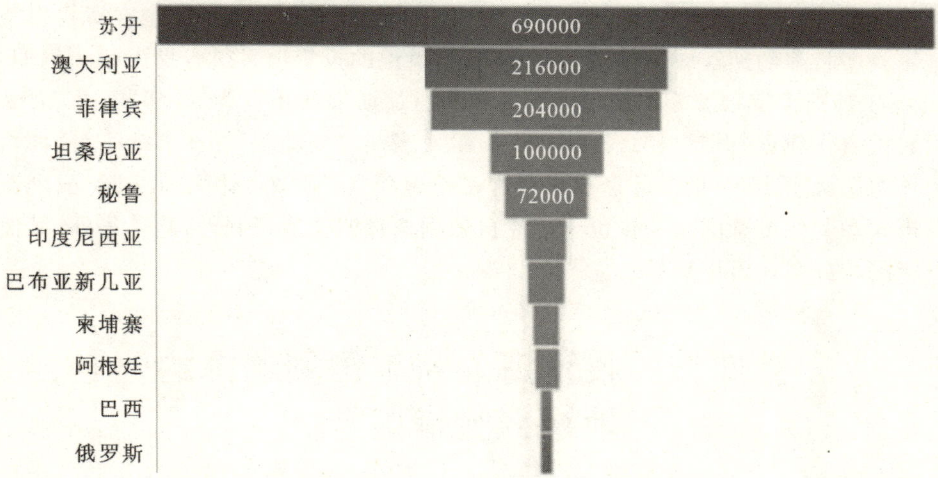

图 4.4　韩国投资海外耕地交易面积(单位:公顷)

FTA 指自由贸易协定(Free Trade Agreement),它是独立关税主体之间以自愿结合方式,就贸易自由化及其相关问题达成的协定。在 WTO 文件中,FTA 与优惠贸易协定(PTA)、关税同盟协定(CUA)一道,都被纳入 RTA(Regional Trade Agreement)的范围。2003 年之前,韩国还没有和任何国家签订 FTA。而且由于农畜水产业的强烈抗议,每次 FTA 协商都会引发强烈的社会反弹,前景并不乐观。但是 10 年后,韩国从 FTA 的边缘国家一跃跻身为中心国家。现在,韩国和 46 个国家签订了 9 个 FTA。根据国际货币基金组织(IMF)2012 年的统计,FTA 缔约国的国内生产总值(GDP)为 43.7 万亿美元,在全世界范围内占比达到 62%。而韩国在 FTA 的经济规模中,紧随智利、墨西哥之后,位列第三位。在世界十大贸易国家中，韩国是唯一一个同时与美国、欧盟、东盟等签订FTA的国家。

紧随FTA签订的步伐，韩国的海外耕地投资国别分布明显带有“FTA”倾向，即与哪个国家签订FTA，就到这个国家进行耕地投资。当前与韩国进行跨国土地交易的11个国家分别是澳大利亚、巴布亚新几内亚、阿根廷、巴西、秘鲁、柬埔寨、菲律宾、印度尼西亚、俄罗斯、坦桑尼亚、苏丹。除巴布亚新几内亚、苏丹和坦桑尼亚外，其他国家都已与韩国签订了FTA或正处于协商中。“FTA”国别选择模式的优点是能够进一步强化韩国与签署国之间的经济纽带，同时为韩国在该签署国的耕地作物返运回国减少贸易壁垒，扫清障碍。缺点是这种模式造成韩国海外耕地投资国别分布整体格局既多元又松懈，可以说有以“小国”实力实施“大国”战略之嫌。多元的投资渠道是规避风险的良策，但这种区位选择策略必须建立在投资主体的垄断优势基础上。韩国自二战后经济发展迅速，但从当前经济实力与形势来看，其并非一流经济强国。因此，如果韩国在所投资地区不具备较强的地缘政治经济影响力的话，耕地的投资项目很容易失败。例如，2008年韩国大宇物流公司在印度洋岛国马达加斯加的租期为99年的130万公顷农田合作项目，引起当地民众的不满，触发当地政局动荡，导致总统下台，而新上任的总统于2009年3月宣布取消这一租地项目。另外，韩国的FTA国别选择模式和其他典型国家一样也十分注重国别选择的交通便利性，除苏丹外，其他目标国均分布在沿岸地带。

第四节　投资海外耕地国别选择的地缘经验借鉴

一、根据自身地缘环境特征，制定清晰的产业地缘战略 ▸▸▸

正如任何一个建筑都需要切合实际地理条件的设计图纸一样，任何一个国家都离不开切合实际地缘空间的发展战略。美国依托于它的丰沛资源、雄厚经济实力和海洋国家扩张性地缘环境，构建了全球粮食霸权战略，并采取了全网式的国别选择模式；日本受限于中等强国以及与美国的“坚定盟友”关系的地缘属性，采取平台式国别选择模式，集中力量重点开发拉丁美洲。将来，如果中国像日本、韩国那样实施海外耕地投资的举国战略，也应该根据自身的地缘环境特征，制定海外耕地投资地缘发展战略。

在海外耕地投资中，提升投资者竞争力必须先谋求提升国家竞争力。按照邓宁的 FDI 国际生产折中理论，成功的区位选择，取决于对东道国投资环境的鉴别和投资主体的所有权优势及内部化优势。投资主体如果要进行海外投资，首先要解决的就是信息问题。去哪儿投？投多少？东道国的政策倾向如何？这些问题的实质是信息支持。好的信息支持无疑会降低投资主体的交易成本，增强其内部化优势。此外，海外耕地投资周期长、前期产业成本大以及粮食可能需要返销回国的产业特性，决定了即使拥有雄厚实力的投资主体也需要国家层面金融、财税方面的支持。这些支持会加强投资主体的所有权优势，增强其对外投资的信心和降低国别选择的难度。信息、财税、金融支持的顺利获得离不开国家层面制定清晰的国际化产业规制战略的指导。在清晰的国际化战略指导下，才能尽可能多地参与国际土地市场，获得海外耕地资源，拓宽生存空间，谋求竞争优势。

二、构建多元化投资渠道，同时加强对地理枢纽的控制 ▶▶▶

投资渠道的多元化是参与海外农业开发的国家及海外耕地投资的主要投资国普遍采用的一项重要的粮食供应安全战略举措。当一个供应来源出现中断的时候，这一举措可以确保从另外的来源继续获得供应，以减弱国际粮食供应中断的影响。但海外耕地投资项目所需资金规模巨大和受资国投资环境各异的情势，决定了投资主体不可能平等对待每一个受资国，必须综合考量资源、政治、经济、外交等各种因素，选择符合自身发展要求的耕地投资地缘战略要地（或称地理枢纽）。另外，地缘战略要地或称地理枢纽的确定也有利于为国家的经济外交政策做出明确指引，使国家的对外活动做到有的放矢。例如，美国进行海外农业开发时，主要选择邻近的以巴西和阿根廷为代表的拉美国家。这是因为拉美国家与美国邻近，能减少运输成本，并且这些国家的农业资源相当丰富，劳动力廉价；更重要的是拉美国家处在美国的地缘势力范围内，美国甚至能够影响这些国家的对外经济政策。

三、发挥地缘经济优势，与目标国建立良好的合作关系 ▶▶▶

发挥地缘经济优势，与耕地投资目标国建立良好的合作关系，是为了保障海外耕地投资项目在当地的持续性和安全性，同时也能拓宽海外垦田渠道。这一点，日本政府的做法值得借鉴。

日本粮食安全的对外依赖性使得日本无论是从国外进口还是增加跨国投资，都需要维持同粮食及资源国家的关系。从20世纪50年代开始，日本开始通过政府开发援助等形式对非洲、拉美、东欧等地区提供农业援助，发展同当地政府、农业组织及民众的友好合作关系。政府开发援助一开始规模比较小，但随着对印度和中国等国家的援助增加，规模迅速扩大，2011年对外援助额达到252亿美元。越南是日本最大的援助对象国，包括货币贷款在内共提供了约10.13亿美元援助，此外还向缅甸提供了约4200万美元援助，向撒哈拉以南非洲国家提供了约17.33亿美元援助。

日本政府开发援助的目的是使发展中国家的发展惠及日本经济增长，有利于为日本企业创造投资环境，拓展海外市场。以巴西为例，日本政府通过国际协力机构向巴西荒漠开发提供援助，改善了巴西荒漠的土壤条件，提高了巴西农业的机械化水平，增强了巴西农业的技术实力，这些做法为日本企业在巴西的其他投资创造了便利条件。2006年，日本三井物产在巴西成立合资公司，在巴西进行农产品生产、仓储、加工和出口等业务，共占地12万公顷，主要对日本出口非转基因大豆和肉鸡，极大地保障了日本的食品供应。

日本政府的做法不仅树立了本国正面形象，增强了与目标国的友好关系，还为海外耕地投资创造了良好的外部氛围。

四、合纵连横，"与强者为伍"，联手开发海外耕地 ▸▸▸

当前国际农产品市场垄断特征明显，以ADM、邦吉、嘉吉和路易达孚为代表的跨国粮商控制着全球八成以上的粮食贸易。这些跨国粮商对国际农产品市场秩序的制定、粮食价格的涨幅以及诸如FAO、世界贸易组织等主要国际机构均具有较强影响力。新兴投资主体无法与之抗衡。另外，海外耕地投资的政治环境风险越来越高。目前一些农业自然资源丰富的国家（地区）大部分位于发达国家，具有政局不稳、产业政策连续性差、投资风险大等特点。在这些国家和地区进行投资，选择正确的战略、策略极为关键。

战略成功的关键在于实现目标与手段之间的平衡。"与强者为伍"，减少进入壁垒。通过与强者结盟来确保自己的安全与扩张利益，是新兴投资主体有效介入世界粮食生产资源与经营链的上佳策略。例如，韩国计划联手日本同世界四大粮商之一的邦吉合作在美国建立粮食出口基地，种植小麦、大豆、玉米等作物。日本的三井公司2007年与美国的CHS公司和巴西的PMG贸易公司合作，合资成立公司Multigrain，从事农产品的生产、储存、加工、出口和销售。从Multigrain公司的设施和运营情况看，由于得到日本和美国的投资，该公司资金充裕；由于参股方有巴西，所以在巴西境内发展顺利，甚至可以拥有自己专用的铁路和港口及化肥配料厂。

在海外农业开发过程中，我国投资者往往更愿意单打独斗，不善于与大的跨国公司结盟合作。但是，国际巨型农业跨国企业早已进入国际土地资源开发领域，其拥有丰富的耕地开发、贸易经验。我国的投资者应该采取合资、合营、参股等方式，积极寻求合作伙伴。在这一点上，政府要起到推动作用。

第五章

中国投资海外耕地国别选择的战略构想

一般而言，战略是指一个国家在特定历史条件下综合运用政治、经济、军事、文化等各种资源，应对核心挑战与威胁、维护国家利益与价值观的总体构想。好的战略设计必须解决三个核心问题：影响国家生产、发展的核心利益是什么？获取这种利益的威胁和挑战是什么？采取什么路径、方式和方法避免威胁，发挥优势，实现、维护国家的核心利益？本书是以地缘关系理论进行选题研究，“地缘战略就是利用地缘关系及其作用法则谋取和维护国家利益的方略”。据此，只有对国家的自然地理、地缘环境进行清晰分析，对其地缘优势和地缘劣势进行准确判断，对实现目标的地缘手段进行精心设计，才能打造一个行之有效的地缘战略。当前，中国还未将海外耕地投资发展成举国战略的行为，在他国的耕地投资行为也只是极少数企业或个人的“试水”行为。但中国是一个经济发展大国，也是一个资源匮乏大国。未来，中国也会越来越多地参与国际资源市场，拓展发展空间。本章将从地缘角度构建符合中国实际的海外耕地投资国别选择战略。

第一节　中国的地缘环境

一、中国的自然地理 ▸▸▸

美国学者斯皮克曼指出：“实力在很大程度上取决于地理条件和自然资源。”中国位于欧亚大陆东部，东临太平洋，西靠中亚大陆，南接南亚次大陆，北面是蒙古高原和俄罗斯的西伯利亚。

中国地形多样，类型齐全，地势分布西高东低，呈三级阶梯，逐级下降。中国平原少，山地多，山地、高原、丘陵等约占总面积的66%，平地约占34%。山地和高原多集中于西部地区。

中国自然资源的特点可概括为绝对数量大，品类齐全，但相对数量少，资源储备、利用形势严峻。中国拥有较为丰富的化石能源和矿产资源。其中，煤炭占主导地位。2006年，煤炭保有资源量10345亿吨，剩余探明可采储量约占世界的13%，居世界第三位。已探明的石油、天然气资源储量相对丰富，油页岩、煤层气等非常规化石能源储量潜力较大。中国矿种达148种。其中以有色金属居优势，钨、锑、锡、汞、钼、锌、铜、铋、钒、钛、稀土、锂等均居世界前列。中国人口众多，人均能源资源拥有量在世界上处于较低水平，煤、石油、天然气人均占有量只及世界水平的55%、11%和4%。

中国拥有广袤的土地面积，领土绝大部分位于北半球温带走廊，横跨热带、暖温带、温带、寒温带四个气候带，适合多种农作物耕种；且水资源初步估算为27115亿立方米，河川多年平均径流量相当于世界径流总量的5.8%，东部的大海又使季风有丰富的水气资源，可以说农耕条件在大环境方面得天独厚。如果考虑人均分布，则中国的农业生产地域环境并不优越。首先，中国人均耕地面积仅0.08公顷，不到世界平均水平的一半。其次，河川径流总量大，但水土配合不协调，长江流域和长江以南地区耕地只占全国耕地面积的三成多，径流量却占全国的八成多。全国年均径流深仅为284毫米，较许多国家低；人均年径流量2558立方米，只相当于世界平均数的1/4，美国的1/5，印度尼西亚的1/7。另外，我国大陆性季风气候特征明显。这种气候除了带来充沛的热、雨外，也带来旱涝不均、冷热交替快等问题。我国降雨量的年相对变化率为10%～28%，季节差异更大。如华北、东北春旱夏秋涝，长江流域春夏渍涝伏旱，西北地带干旱严重，自然灾害多。资源匮乏将成为未来制约中国经济健康稳定发展的重要因素。

二、中国的地缘环境特征 ▸▸▸

区位条件易于发生变化，但是区位与地理相结合的地缘因素总是潜在的、稳固地影响和制约一个国家的战略理念和战略选择。中国地缘战略的形成与制定必须将中国自身独特的地缘特征作为最基本的观察点和探索方向。总的来说，中国的地缘环境具有以下特征。

1. 幅员辽阔，陆主海辅

中国面向海洋，背靠有着世界“枢纽地带”之称的欧亚大陆，是海陆兼备的地缘大国。中国雄踞欧亚大陆东部，拥有控制西太平洋的地利，这种地利为中国提供了在整个亚太地区生存、发展和壮大的天然有利条件，俯瞰太平洋，可以向海洋纵深发展。

中国 960 万平方千米的国土面积中，陆地国土南北相间长约 5500 千米，跨越 30 多条纬度线，东西相间宽达 5200 千米，陆地边界长达 22800 千米，是背靠欧亚大陆的典型陆地大国。中国也有辽阔的海疆：东南毗邻黄海、东海、南海，渤海则是伸入我国大陆的内海；主张的管辖海域面积可达 300 万平方千米，接近陆地领土面积的三分之一，其中与领土有同等法律地位的领海面积为 38 万平方千米。

中国一面临海，三面靠陆，海陆面积比值为 0.31∶1，海洋与陆地相比在地理上并不占优势，“从海陆度值来看，中国首先是一个陆权国家，其次才是一个海权国家”。从影响力来看，虽然海洋在经济发展中的地位越来越重要，但“中国作为一个重要经济大国和贸易大国的崛起并不意味着大陆性作为一种地缘政治主题将不复存在了，充其量，中国人口中只有1/3受到了海洋性力量的较大影响，将近 2/3 还生活在农村，其中约有一半是居住在华北、东北和腹地的农民”。因此，中国是典型的陆主海辅的复合型国家。

2. 邻国交汇，地缘轴心

从地区格局看，与中国陆地相邻的国家有 14 个：朝鲜，俄罗斯，蒙古、哈萨克斯坦，吉尔吉斯斯坦，塔吉克斯坦，阿富汗，巴基斯坦，印度，不丹，尼泊尔，缅甸，老挝，越南。不仅如此，中国海域宽广，同中国隔海相望的国家有 6 个：东面同中国隔海相望的国家为韩国、日本，东南面同中国隔海相望的国家为菲律宾，南面同中国隔海相望的国家为马来西亚、文莱、印度尼西亚。从国家分布的空间格局上看，中国恰好处于日本、俄罗斯、印度三国环绕中心，这一位置决定了中国是亚洲多国特别是亚洲大国的多极结构中的“轴承”，对亚洲经济、政治的稳定与和谐发展起重要维护作用。

从世界格局看，中国地处麦金德所谓的欧亚大陆的东部内新月形地带和斯皮克曼所谓的边缘地带，与太平洋相连。这一地理位置非常重要，“是欧亚大陆心脏地带国家进入太平洋的跳板，又是太平洋国家进入欧亚大陆心脏地区的桥头堡”。特别是当今亚太地区地缘政治经济地位凸显，更显示出中国地理位置和地缘属性的重要性——居亚太地缘政治的中枢又保有着通过太平洋、印度洋等海域的亚太地区海陆交通。这意味着，中国必将是各国竞相合作的对象以及世界经济、政治体系中的枢纽国家。

3. 守成文明，海权提升

中国是一个发源于大河流域的文明古国，中华文明是典型的农耕文明。广袤的土地承载着生生不息的中华民族，几千年的历史传承，无论朝代如何变迁，民族如何迁徙，边界如何变动，大河浇灌下的土地在整个国家始终居于核心地位，是承担整个文明的重要载体。以土地为核心的自给自足的自然经济造就了内向型的农耕文明，这是因为辽阔而富饶的土地使中国具有自给自足的可能，不需要对外扩张和掠夺，所以中国并不像欧洲国家那样对海洋有着强烈的依赖，幅员辽阔使得战略回旋余地大，海洋文明也不似农耕文明那样鲜明。对外贸易在经济中所占比重亦很少，即使在对商业活动采取较为开放和宽松政策的宋元时期，统治者也不时强调，“朝廷绥抚远俗，禁止末游”，或者反复重申“国以民为本，民以食为本，衣食以农桑为本”。因此，两千多年来，中国陆地疆域的形成“是在寻找可耕地的农民带领下，在儒家文化、在各朝代管理与军事力量的跟随下完成的，中国从未有过跨水域的领土扩张”。近代之前的中国基本处在一个封闭半封闭的地理环境中，与世界其他文明隔绝。发源于黄河流域的农业文明的发达，开发疆域的广阔，使中国传统地缘战略思维具有极强的内向性、从属性及重陆轻海倾向；加之深受儒家思想影响，中国各朝各代基本上没有谋求建立自己的势力范围，也不主张对外扩张，注重统一并热爱和平。这与西方地缘政治理论动辄以整个世界为研究对象的“战略要点”形成鲜明对比。

随着全球化的发展和本国经济、政治大国地位向强国地位转变形势的确立，中国的海洋在经济发展中的地位凸显。首先，中国必须保护其18000千米的海岸线，以及根据联合国海洋法规定的300万平方千米的管辖海域面积。其次从发展来看，我国的经济发展较为依赖沿海进行的对外贸易，对原材料和出口市场有巨大的需求，而其中90%需要由大洋运输。所以，海洋是中国与其他国家联系的重要渠道，也是中国未来发展的必然方向。

第二节　中国投资海外耕地国别选择的地缘优势

一、全球区域经济合作精彩纷呈 ▶▶▶

尽管当前世界经济正处于深度调整期，国际经济秩序也在变革之中，但全球区域合作与跨区域合作十分活跃，促进相互间贸易、投资的开放、互惠和自由化成为全球区域合作与跨区域合作的主题。这为中国投资海外耕地提供了一个良好的国际环境。

1. 全球区域经济合作十分活跃

WTO报告显示，截至2014年1月31日，向WTO通报的区域贸易协定(RTA)达583个，其中已生效的有377个。各个国家或地区在WTO谈判受阻的情况下，为了避免在新一轮区域化过程中被边缘化，避免贸易转移损失，占据区域合作谈判的主动权，纷纷同相关国家开展RTA谈判，缔结区域贸易协定，努力使自己成为国际经济合作"轮轴—辐条"体系中的重要部分。不少国家同时参加2个以上的区域贸易协定，重叠式区域贸易协定现象十分普遍。截至2014年5月6日，世界主要经济体签订(已生效)的RTA数量如下：欧盟(34)、英国(35)、美国(14)、日本(13)、韩国(12)、新加坡(21)、印度(15)、印度尼西亚(8)、澳大利亚(9)、墨西哥(13)、俄罗斯(16)、南非(4)、中国(10)。

除了各国积极主动参与区域一体化进程外，超大区域贸易协定谈判也成为热点。在区域经济合作组织发展过程中，曾出现欧盟、北美自贸区、东盟等较大规模的区域一体化组织。近年来，这种区域合作组织"大型化"趋势再度升温，TPP、TTIP等跨区域、跨大洋的超大型自贸区正成为美欧等主要经济体区域化的重点目标。2009年以来，在美国的主导和推动之下，跨太平洋伙伴关系协定(TPP)谈判国已扩展为包括美国、日本在内的12个环太平洋国家，其经济总量达全球GDP的38%，占全球出口(货物和服务贸易)总量的24%。2013年6月，美欧跨大西洋贸易与投资伙伴协议(TTIP)谈判正式启动，已进行了四轮磋商。这个由29个国家组成的超大型自贸区，占全球经济总量的46%、全球出口额的25%。与此同时，东南亚国家联盟(ASEAN)同中国、日本、印度、韩国、澳大利亚和新西兰等6个国家关于"区域全面经济伙伴关系"(RCEP)的谈判，也于2013年5月启动，其目标是缔造世界上最大的贸易联盟，涵盖全球贸易的40%。超大型自贸区的建立，将对世界经济格局演变产生重大影响。

从目前全球区域化，特别是TPP、TTIP等超大区域贸易协定的谈判议题看，区域贸易协议内涵较传统区域贸易协定有较大扩展，不仅有服务贸易和国际投资，还涉及环保标准、政策透明度、竞争中立等新一代贸易议题，具有由边界外议题向边界内议题转变、由经贸问题向社会问题转变、由贸易议题向"贸易—投资—服务"一揽子议题转变的趋势。鉴于TPP、TTIP等贸易协定覆盖地域范围广泛、主要成员国政治经济实力较强等原因，上述转变将对全球经济秩序发展方向、国际贸易和投资规则的制定产生深远的影响。

2. 中国区域经济合作网络已初步形成

参加区域经济合作是中国适应时代发展要求、融入世界经济体系必不可少的环节。从中国区域化合作模式看，可分四类：一是组织、参与经贸发展的实质性组织，如东盟自由贸易区；二是组织、参与具有一定合作机制的区域组织，如上海合作组织、东北亚区域合作组织等；三是组织、参与论坛性质的区域合作组织，如亚太经济合作组织；四是参与次区域合作，如澜沧江一湄公河次区域合作。从具体合作国别看，我国已与巴基斯坦、智利、新西兰等国和地区签署 FTA；与澳大利亚、冰岛、挪威、瑞士等国家和地区先后进行了自贸区谈判；2012 年又正式启动中韩两国自由贸易协定谈判。目前，中国区域经济合作网络初步形成，合作伙伴类型、合作形式较多。这不仅能拓展中国在国际上的地缘经济空间，而且能使中国依靠地区优势，优化资源配置，提高国际竞争力。

二、中国的农业“走出去”初具规模 ▶▶▶

2007 年的中央一号文件强调了加快实施我国农业“走出去”的战略，对农业和农村工作提出新的要求。农业“走出去”包括农产品出口、农业对外合作、农业对外援助、农业直接投资等内容。在农业“走出去”战略形成之前，中国部分企业已经开展了境外农业资源开发工作，国家“走出去”战略的提出进一步推动了中国企业进行境外农业开发的进程。从近些年的实施情况看，中国的农业“走出去”初具规模。

1. 农业“走出去”规模日益增加

20 世纪八九十年代，中国海外农业的发展集中在政策导向的农业援助方面，很少有海外农业投资，国内基本处于引进资本阶段。2001 年加入世贸组织与国际接轨后，特别是 2007 年提出农业“走出去”战略后，农业种植、运营经验的积累，政府政策支持和外在的竞争压力促使本国企业加速增强自身实力，中国农业走上从资本“引进来”，到“引进来”与“走出去”相结合的发展路径。当前，中国农业“走出去”区域已经遍及全球五大洲，农业走出去领域已从最初的渔业扩展至包括粮食生产、经济作物种植，园艺产品生产，农产品加工、仓储、物流，农村设施建设、改善等多个领域。投资规模也从 2004 年的 8.34 亿美元存量增至 2010 年的 26.12 亿美元存量，增长 2.1 倍；同期，投资流量年均增长 30.8%。2011 年，中国农林牧渔业对外投资流量为 8.0 亿美元，比 2010 年的 5.3 亿美元同比增长 50.9%，大大高于全国总体对外投资同比增长率。

2. 农业对外交流援助成效明显，形成良好合作基础

多年来，我国一直致力于与广大发展中国家的农业交流合作，得到许多国家的高度肯定和赞赏。自 1996 年与联合国粮农组织开展“粮食安全特别计划”框架下的“南南合作”以来，我国已累计向尼日利亚、埃塞俄比亚和斐济等 20 多个发展中国家派出 900 多名农业专家和技术人员，不仅为所在国培训了一大批农业技术人才，而且为这些发展中国家提高农业和粮食生产水平做出了积极贡献。据农业部统计，迄今为止，我国已与140多个国家及主要的国际农业机构和金融组织建立了长期稳定的农业合作关系，与50多个国家成立了农业合作委员会或工作组，双边农业合作进入机制化、常规化轨道。通过区域粮食安全合作战略，健全农业技术示范推广和人员培训体系，重点推进杂交培育、动植物保护、设施园艺、农业机械化和农村能源5大技术输出，有效促进当地农业和农村经济发展。高层互访是推动双边农业合作的重要方式，中国政府在许多国际合作中都明确将农业纳入双边经贸合作的重要议程，签署了一系列农业国际合作文件，落实了一大批农业境外合作项目，还积极为中国涉农企业提供服务，帮助其解决在境外投资合作过程中遇到的问题和困难。中国加大农业对外援助力度，积极构建农业投资合作平台。中国已为亚洲、非洲和拉丁美洲的60多个发展中国家提供了农业援助。截至2011年底，中国共对外援助农场、推广站等项目近300个，援建非洲农业技术试验示范中心24个，培训农业技术专业人才2万余名，还提供了大量农机设备等农用物资。中国开展的农业对外援助活动得到了受援国的广泛欢迎和好评，带动了当地农业、农村经济发展和人民生活水平改善，逐渐成为中国农业人才、科技国际合作与交流的有效途径，为中国农业企业在受援国开展农业投资合作营造了良好的外部环境。良好的外部环境为中国投资海外耕地国别项目的开展带来先期便利。

三、中国的农业科学技术优势明显 ▶▶▶

科学技术是生产力发展的源泉，农业技术水平的高低直接影响到农业生产力，决定农产品的产量和质量，影响农业经济的发展。中国是一个历史悠久的农业大国，农业在中国经济中的地位非常重要。中国之所以能在资源匮乏的情形下，取得粮食产量"连续年增长"的好成绩，最重要的因素是农业科技的发展。

在长期的农业生产中，中国积累了大量的生产管理经验，以及先进的栽培管理和动植物种植、饲养技术。中国的超级稻、转基因抗虫棉等都是处于世界领先水平的重大成果。以超级稻为例，其试验田屡破纪录。2000年时，超级稻每公顷产量10500千克，到2011年已经超过13500千克，2013年达到14821千克的新世界纪录。在农业防病减灾方面，中国也取得重大技术突破，成功研制出一批基因工程疫苗、生物农药、生物肥料等高效安全的农业生物制剂。中国自己制造的适应小块土地耕作的中小型农业机械和灌溉设施具有低耗、轻便、耐用且价格合理等特点，与欧美国家相比，这种中小型农业机械和灌溉设备更受发展中国家欢迎。

当前，中国不断加深农业科技方面的国际合作。美国、加拿大、法国、日本等80余个国家以及联合国、FAO等30余个国际组织等都与中国农业科学院开展了自然资源利用管理、生物技术、农业用水、节水技术，以及食品安全等领域的合作。中国的杂交水稻种植技术、动物疫病防控技术、农业园艺技术等已走出国门，向老挝、越南等发展中国家推广。总之，中国利用有限的农业自然资源，优越的生产种植技术，不仅实现了自身的粮食安全，更为世界粮食安全带来了保障。

第三节　中国投资海外耕地国别选择的地缘劣势

一、西方鼓噪下的中国"新殖民主义"论

1."新殖民主义"论调的表现

可以说，自本轮"海外耕地投资"在国际上兴起时，与之相伴的是国际学界对其属性的争论——是一项有益于世界粮食安全的投资抑或"圈地"和"新殖民主义"行为？与海外耕地投资"殖民"属性的争论相比，对中国的海外耕地投资的发展更具破坏性的则是西方别有用心鼓噪下的中国"新殖民主义论"。这种论调主要表现在三个方面：一是认为中国对非洲的大量投资和基础设施建设，特别是石油、矿产勘探、开发等项目其实是在"掠夺"非洲的资源；二是认为中国对西方世界认为的"贪腐横行"的"无赖"国家的援助和贷款，实质是在破坏非洲的"民主化、自由化"进程，阻碍非洲的发展；三是认为非洲国家民族工业不景气、人们失业率高是由中国对非洲的"廉价商品倾销"导致的，甚至一些西方媒体将非洲干旱和饥荒的原因亦归结为中国对非洲的农业开发。

2."新殖民主义"论调对中国的影响

针对上述言论，中国众多学者从历史和事实等多个角度给予坚决的批评，认为这种论调既没有历史依据，更不符合客观事实，完全是西方殖民主义思维的延续。中国的崛起早已成为国际政治、经济的显著现象之一。相伴而行的则是西方面对中国崛起的复杂心理。一方面依赖于中国的经济腾飞。中国作为全世界"采购者"的身份无疑为世界各国提供了巨大的市场，廉价产品又为发达国家的低通货膨胀率做出了重要贡献，使这些国家的中央银行得以降低利率，促进经济增长。另一方面，又以两极等线状发展预期为主的线性思维长期贬低中国这种以出口和投资拉动的经济增长模式，大肆鼓噪"中国威胁论""中国殖民论"。中

国崛起注定会带来国际地缘势力结构的重建及世界资源、财富的重新分配。这无疑会破坏国际既得利益者的利益。面对可能会动摇其地位的"中国因素"，这些国家的态度自然不会"温良有加"。同样面对中国农业"走出去"战略的实施，这些国家函矢相攻的态度自然也就被复制上去。不过，不可否认的是中国在非洲搞"新殖民主义"这一论调给中国带来了很大的影响。

首先，这种论调会使非洲国家对中国产生信任危机，进而做出一些伤害中非人民传统友谊的行为，损害当地政府和民众以及中国投资者自身的利益。如国际、国内媒体不时报道有中国工人遭到绑架、抢劫等严重暴力事件，中国在非洲国家一些在建的生产项目也会因"新殖民主义"论调的影响而被迫暂停。2008年尼日利亚暂停与中国铁建股份有限公司签署的铁路现代化项目，并重新界定合同范围。其次，"新殖民主义论"严重损害了中国的国家形象。特别是发表在国际知名媒体上的文章，如2007年发表在《纽约时报》上的评论文章《非洲乱治的庇护者》(文中诽谤中国政府在非洲的所谓"纯粹拜金行为")，颠倒黑白，使中国国家形象受到损害。

"新殖民主义"论调具有模糊性、煽动性，甚至欺骗性，所以中国必须予以坚决驳斥和回击，化解误会、消除隔阂。另外，也必须正视中国海外发展之路上与他国和地区，如非洲，在思维认知、经济利益方面存在的差异和问题。不仅要加强对话交流，更重要的是在产业国际化发展路径的选择上，树立正确的海外耕地投资"逐利观"，在平等、互相尊重的基础上合理追求利润。

二、中国国际海运安全面临现实和潜在威胁 ▸▸▸

1. 中国国际海运现状

国际货物运输有海运、铁路、航空、公路等多种方式，其中，国际海运凭借其运量大、运费低、航道四通八达的优势，成为国际贸易中最主要的运输方式，国际贸易总运量中的三分之二以上，我国绝大部分进出口货物，都是通过海运方式完成的。我国海运线主要是以大连、秦皇岛、天津、青岛、湛江、上海、广州等地的港口为起点，主要集中在东、南、西三个方向。其中东部航线，是由我国沿海港口出发，经太平洋向东行驶至美洲各国；南部航线，是由我国沿海港口出发，经南海至东南亚各国和大洋洲的澳大利亚、新西兰、巴布亚新几内亚；西部航线是由我国沿海港口出发，经马六甲海峡，西行至印度洋，至非洲东海岸国家，或穿红海经苏伊士运河至地中海周边国家，亦可进入大西洋。

2. 中国国际海运遭受的威胁

当前，中国国际海运遭受的威胁主要来自海盗、恐怖主义和运输事故，多条海上能源运输通路存在重大安全隐患，基本处于无保护状态。特别是马六甲海峡，中国有一半以上能源运输要经过它，一半以上的进出口货物要经过它。马六甲海峡是中国的海上生命线，其安全形势已经与中国经济安全息息相关。然而数据显示，近年来，全球60%的海盗袭击发生在马六甲海峡，其成为"世界经济生命线的""海盗天堂"。

马六甲海峡等运输通道的现实风险主要来自和平时期的海盗、恐怖主义和运输事故，而不是非常时期大国的军事封锁和禁运。中国的国际海运还面临着潜在威胁——封锁或禁运。当前，美国重返亚洲战略的实施使得亚洲地缘格局错综复杂，而南海资源开发，以及钓鱼岛、台湾问题的存在，使我国与美国存在潜在的冲突。这些是中国国际海运安全的最大地缘风险。21世纪，中美之间地缘经济合作会进一步深入，但地缘政治冲突和摩擦也会加强，未来有面临禁运和封锁的可能。所以中国需发展"离岸一千公里制海制空权"的远程战力，如此才能确保东海、南海、马六甲海峡的安全问题。

三、东道国投资环境不稳定和资源民族主义的兴起 ▸▸▸

1. 东道国投资环境不稳定

在对外直接投资中，东道国的投资环境一直是区位选择的重要影响因素。东道国的政治、制度和市场环境如果存在不确定性，政策缺乏连贯性，则将直接影响项目的顺利实施，甚至导致项目被迫中断，特别是对海外耕地投资这种涉农项目而言，影响更明显。我国农业"走出去"项目基本集中在发展中国家。这些国家时常面临着政局不稳、领导人更换频繁等问题。很多时候，上任领导人签署的合作、投资协议会遭到接任者的否认和违约。例如，2007年，中国吉林省与菲律宾政府签署了在菲开垦100万公顷农地项目，我国资金刚入注不久，菲方政府就因政治原因宣布停止执行合同。另外，在受资国国内政治环境相对稳定的东道国进行投资，涉农项目可以避免政策不稳定带来的风险，但是不能规避其现有的法律法规对涉外农企带来的损失。这种现象主要发生在经济较为发达的国家和地区。

2. 东道国资源民族主义兴起

资源民族主义的特点是政府加强对本国自然资源的控制，对于耕地资源丰富的国家来说，就是加强对耕地资源的控制。资源国凭借政治力量干预经济以达到自身所追求的政治经济目的。在国际农产品市场供应吃紧、国际粮价走高的情况下，资源国利用行政法律手段，强化对农业生产领域资源要素的控制，强制性调整与外国投资主体的利益分配关系，在资源归属、市场准入、开发及利润分配等一系列问题上，对外国投资主体采取限制甚至国有化措施，为外资进入设立高门槛。从而将农业（耕地）资源控制在本国政府手中，让外国投资主体在本国拥有的可经营的耕地资源与本国公司相比处于明显劣势。资源民族主义限制了外国投资主体寻找资源的机会，同时加强了资源国对资源的操控力，从而提高自身的国际地位。

土地和石油一样具有地缘经济和政治属性，更何况，海外耕地投资项目实施的大部分区域在发展中国家。这些国家先期为了粮食、资金和技术会允许甚至鼓励外资进入，但一旦这些国家"羽翼渐丰"时，在民族自尊心和自豪感影响下资源民族主义就很容易抬头。这样的案例在南美地区的能源行业不胜枚举。

第四节　中国投资海外耕地国别选择的目标与原则

一、中国投资海外耕地国别选择的目标 ▶▶▶

从前述论证可以看出，耕地资源是不可替代的，同时中国的耕地资源又是稀缺的。考虑到当代人和子孙后代对土地的利用，在可预计的未来，中国必须有充分的耕地资源保证。否则，我们的经济可持续发展战略将可能因资源短缺而难以实施，国家社会稳定、政治安全也难以得到保障。因此，作为21世纪的世界经济强国，中国在面向国际资源市场的同时，必须尽早准备与发达国家争夺全球资源。这是历史的必然选择。然而，海外耕地投资的风险性、不确定性以及作为人口大国的战略要求，使中国不可能将自身的粮食安全依托于他国。

因此，中国海外耕地投资的步伐须急中有缓，反映在国别选择目标任务上，一方面，中国必须将海外耕地资源供应基地建设作为当前及今后一个相当长时期内的农业"走出去"战略内容，超前规划、循序实施，否则将贻误时机。另一方面，中国要充分发挥地缘政治优势，建立安全、稳定、持续的双层全球耕地资源供应体系：第一层是打造周边耕地资源协作开发圈，建立一批稳定的周边耕地生产供应和储备基地，在国家需要时能保证这些耕地产品安全地供应国内，从而改变目前我国粮食进口基本上单一从国际市场上购买的局面；第二层是将资源外交、农业援助、南南合作与资本跨国经营紧密结合，稳步推进非洲、南美洲、澳大利亚外新月形地带的粮食生产基地建设，做好从田间地头到生产加工的全产业链规划，形成中国投资主体从“农民”到“粮商”的角色转换，提升国际粮食市场的话语权，为国家长期、稳定、经济合理地利用国际市场提供保障。

二、中国投资海外耕地国别选择的原则 ▶▶▶

1. 农业生产适应性原则

农业是由生物、资源、经济和技术四大要素组合而成的具有开放性和不稳定性的多层次复合系统，包括土地、水和气候等在内的自然资源及其各种生物要素组成的自然生态系统，以及受特定经济目的、技术水平及其行为者（劳动力及其合作组织、集体经营组织等）直接影响的社会经济系统。农业生产最根本的特点在于，其生产对象是生物，是生命有机体，离不开一定的外界环境条件，即自始至终都有自然力在协同发生作用。论及作物种植的特点时，马克思曾强调：经济的再生产过程，不论它的独特社会性质如何，总会在这个范围（农业）之内，同一个自然的再生产过程密切联系在一起。即作物种植与外在的自然条件具有强烈的关联性，必须紧密结合起来，自然生态系统环境的变化会给农业生态经济系统造成巨大的冲击力和影响力，“靠天吃饭”的特质成为农业生产高风险与系统脆弱的根本原因。由于各地的自然环境条件不同，农业生产具有明显的地域差异（即农业地域分异规律）。从全球范围看，赤道附近的热带地区，两极附近的寒带地区，以及这两个地区的过渡地带——温带地区，作物种植所需的热量、水分、土壤等自然资源条件分布差异很大，不同地区农业生产的自然资源和这些资源如何被人类利用以及利用程度有着明显的地域差异，相应的农产品也有明显的地域性。从国家层面来看，一国范围内的农业生产项目也会根据国内气候、地质、土壤、降雨、日照等环境的不同而有明显的地域分布。自然资源是一个地区农业生产存在和发展的基础。任何一个地区的农业生产及其农业制度都必须与一定的自然、社会情况相适应，并且要扬长避短，这是农业生产的适应性原理。因此，投资主体在进行海外耕地投资的国别选择时，首先要关注的就是寻找适合作物生产、种植的地域，或者着眼于当地具有比较优势的农业项目进行开发经营。

2. 互利共赢、可持续发展原则

在字面意义上，“互利共赢”意味着双方要本着“福祸共享，荣辱与共”的初衷进行往来。体现在经济领域，则要求贸易往来或项目投资双方，在追求自身利益最大化同时，也要充分考虑对方的利益边界，寻求能够达成双赢局面的合作契合点，并通过优势互补、共同发展，最终在经济合作中实现当事双方获得各自所需利益，同时能够化解或最小化相关风险与消极影响。中国政府历来注重与他国和平共处、和谐发展。当前中国的对外投资已取得较大成绩，这其中，互利共赢原则的效用不可忽视。它不仅是投资者启动国际化进程的起点，也是成功获取海外项目、持续海外经营不可或缺的要件和原则。

互利共赢是中国海外耕地投资国别选择的基本原则。这是因为：土地排除经济因素，本身具有强烈的政治含义。一国主权的独立，首先依赖于清晰的地理界线；其次，粮食本身即为战略性产品，国家都倾向于着力发展本国粮食产业，自行安排粮食生产，尽量满足国民需求，实现经济稳定和安全，并在国际舞台上保持自身政治独立。然而，到他国进行耕地投资，无可避免地需要使用他国的土地，如果不遵循互利共赢原则，尽可能将自身利益与受资国利益紧密结合，捆绑在一起，则很容易引发民族情绪、政治风险，导致投资失败或项目中断。另外，农业生产极易受一国政府政策行为的影响，政府采取促进政策，则农业生产有良好发展前景；政府在国家产业导向方面如果有其他选择，农业生产就会受到限制。因此，在进行海外耕地投资时，投资者必须要仔细考察、顺应受资国政府农业生产政策安排和导向。另外，从现实角度看，当前海外耕地投资东道国的粮食安全整体状况糟糕。在这些国家进行耕地生产，必须顾及当地民众的食物主权和需求，否则投资项目将难以获得支持，也不能长久经营下去。

前文已经论述过，在不考虑生态因素的情形下，全球范围的耕地资源基本分布在森林覆盖率较高的撒哈拉以南非洲地区和南美洲。从生态角度考虑，这些土地不适宜被开发成耕地。整个自然界，任一物种的存在都有其特定的生态功能，森林是地球上最重要的生态系统之一：它丰富多样，遍布全球，植物、动物组成结构最为复杂；它储存大量碳物质来保持气候的稳定，通过对降雨和蒸发的控制调节天气；它通过与其他物质、环境的能量循环和交换，形成自我净化和繁衍的能力，同时还能够涵养水分、保持水土、增强土壤肥力、减轻自然灾害。可以说，森林的规模和生长质量与自然系统的稳固和人类生存发展息息相关，仅热带地区原始森林就为人类提供了40%以上的氧气所需。因此，土地的开发利用不能以砍伐森林、牺牲环境为代价。海外耕地投资具体到国别选择时必须注重农业的可持续发展原则，坚持生态文明和绿色发展理念。

3. 立足周边、克服内陆局限、放眼世界原则

“立足周边”就是在项目开发、运营中要充分考量投资国和东道国之间的地理距离。一般而言，地理距离越大，两国之间历史、经济、文化、社会环境差异也就越大。“立足周边”，就近发展，能够通过缩短空间距离来降低投资经营风险。即便当前，科技交通迅猛发展，大大缩短了人际交往的时空距离，但从地缘角度分析，一国对外经济、政治或军事方面的战略布局，以及地理位置、空间距离，都是重要的变量。例如：美国历来都将墨西哥、阿根廷等拉美国家当作其“后院”；中国也努力发展与周边国家，如东盟的和平友好关系。因此，从安全角度来说，将中国的海外耕地投资立足于周边，有利于政府的宏观把控；从成本的角度来说，粮食种植效益偏低，就近的地理距离可以降低运输费用，节省生产成本。

当然，当今的世界发展是以资源的拥有量为衡量国家未来发展潜力的主要标准。因此资源型的投资和获取，不仅要着眼于周边，也要放眼世界，即实现国际资源利用的多元化。这样，能够克服一般大陆型国家，只倾向于依托内陆巨大地缘回旋空间，发展内向型资源民族经济的缺陷。实践经验也表明，国际投资中目标国选择的多元化，亦是当前大多数国家外向型产业发展的典型特征。我国的学者在FDI区位问题研究中，虽各抒己见，但在构成多元化、多空间的区位格局上，意见一致。因此，海外耕地投资中，一方面要注重毗邻国家耕地资源的利用，形成资源的稳定供给；另一方面要形成投资的多元化，避免因对一个地区和少数国家的过分依赖而增加资源进口中断风险。

4. 重视地缘战略要地建设、区别对待项目有无国家原则

世界耕地资源分布不均，投资环境迥异。要想获得理想的投资效益，不仅要找寻适宜的国家，还要在这些适宜国家中挑选出重点国家作为中国投资海外耕地的地缘战略要地。选择重点国家，打造地缘战略要地，是FDI区位战略实施的关键举措。通过地缘战略要地的建设，形成人力、物力、财力的倾向性集中投入，能够使国家、政府、投资者最大限度地利用有限资源，增加特定区域的投资存量，形成规模经济，并深化投资国和东道国之间的地缘政治经济关系紧密性。

另外，挑选过程中，不仅要综合分析各国资源禀赋、经济发展、政治稳定等投资环境因素，还需区别对待项目有无国家，在条件等同的情况下，优先发展有项目的国家。海外耕地投资面临各种风险，对于中国投资主体来说，已有耕地投资项目的国家远比没有此类项目的国家投资风险要小。中国的投资者在已有此类项目的国家进行海外耕地投资，容易获取发展该项目的有效信息。而东道国政府已有与他国或本国合作的经验，因此海外耕地投资项目立项、审批也会相对简捷，减少政治、经济阻碍。对东道国而言，引进多个国家进行海外耕地投资项目的开发，不仅能够继续开展新项目，引进、学习各种技术，还能增加"卖方市场"（受资方）话语权，避免形成对一国的依赖。因此，对于已经有海外耕地投资项目的国家，中国可以加深交流和合作程度；而对于没有此类项目的国家，如要进行投资，须谨慎为之，步步为营，先争取风险小、较容易的小项目，积累在该国运营的经验，为未来做大做强打好基础。

第五节　中国投资海外耕地国别选择的重点区域与目标国初筛

一、中国投资海外耕地国别选择的重点区域 ▶▶▶

当前，中国的粮食安全和粮食生产，特别是单产水平位居世界前列。FAO最新数据显示，中国粮食单产达到每公顷 5825.4 千克，远高于除北美以外的其他地区。按照比较优势理论，中国可以凭借其生产技术领先水平与除北美地区以外的其他任何地区、国家进行农业生产合作。这里将面临以下问题：在海外耕地投资中，中国应该首先开发、经营哪些区域，产业分布的地理路径又该如何选择？

20 世纪 80 年代，英国里丁大学研究技术创新与经济发展问题的著名专家坎特威尔和他的学生托兰惕诺，在分析发展中国家对外直接投资问题时，提出了技术创新产业升级理论。该理论认为发展中国家对外直接投资的产业分布和地理分布是随着时间的推移而逐渐变化的，并且可以预测，发展中国家跨国投资受其国内产业结构和国内生产技术创新能力的影响。在产业分布上，首先是以自然资源开发为主的纵向一体化发展为主，然后再开展以进口替代和出口导向为主的一体化生产活动。在海外经营地理扩张上，发展中国家投资者很受“心理距离”的影响，投资路径倾向于先发展周边国家，继而扩展至较远距离的发展中国家，有条件、有实力时再向发达国家投资。据此，本书认为，中国应该首先对具有相似历史、文化背景且地理邻近的东南亚、南亚、俄罗斯等周边国家进行海外耕地投资。这些国家汇聚了中国多个产业的投资者，且有一定数量的华侨，这对减少投资障碍不无裨益。不仅如此，这些国家基于金融危机影响，自身经济发展活力有限，因此对外国投资持欢迎和鼓励态度，有利于为投资者打造良性投资环境，而且将周边地区作为中国投资海外耕地的重点区域也符合中国进行此类投资的原则。其次，基于国际资源利用多元化的目的，中国在海外耕地投资中还要大力拓展自然资源丰沛、劳动力充足且劳动力成本相对较低的撒哈拉以南非洲地区和拉丁美洲地区。这些地区不少国家的种植制度和主要作物产品与中国类似。中国对非洲地区农业援助、合作历史源远流长。近些年，中国不断加强与拉美地区国家的经贸往来。这些都为中国投资该区域的耕地奠定了良好的合作基础。最后，有实力的投资者也要将发达地区或国家列为未来耕地投资对象。发达地区或国家对外国投资者技术、资金等方面要求较高，市场竞争激烈，时常还会从意识形态方面区别对待不同国家的投资者。但这些地区或国家投资环境优越，基础设施发达，市场管理规范，对投资者法律保护力度大，特别是美国、加拿大有着丰沛的自然资源。这些都是其他地区无法比拟的巨大优势。当然，限于技术、资金、经验等条件的限制，中国投资者短期内很难对发达地区、国家形成大规模投资，但个体行为量力而为的商业开发经营仍旧有实现的可能性。

二、中国投资海外耕地的目标国初筛 ▶▶▶

前文论述的只是中国投资海外耕地的重点区域选择，并没有涉及具体国家，恰恰这才是本文的研究核心。特别是对具体企业而言，投资导向只有具体到国家单元，才具有指导意义。结合前述国别选择的目标和原则，以及本轮海外耕地投资粮食作物生产的特征，本书认为中国投资海外耕地目标国筛选条件主要包括以下内容。①结合农业生产适应性原则，目标国的土地在雨养条件下至少适宜小麦、玉米、稻谷、大豆、甘蔗五种大宗农产品的生长、种植。②结合互利共赢和可持续发展原则，为了不破坏目标国的生态环境，目标国的"潜在耕地"必须位于没有被人类开垦种植，没有被设为保护区且没有被森林覆盖的人口密度每平方千米少于 25 人的区域。之所以选择每平方千米少于 25 人的区域，是因为非洲的土地权属状况较差，非洲 90％以上的农村土地未经登记，很多土地被认为是荒地或无主地。但这些土地事实上都有人居住并进行简单农耕种植和采集。海外耕地投资会直接影响生活在这片"无主地"或"荒地"上的人的生计。但如果该片区域人口密度越小，受影响的人群范围越少，他们再次择业问题也容易解决(商品粮的大规模生产和现代化的农业需要的是地广人稀的经营条件)。

基于上述筛选条件，本书引用世界银行首席经济学家 Klaus Deininger 的研究结果。Klaus Deininger 首先利用全球农业生态区法，确定雨养条件下适宜 5 种大宗作物种植的区域；其后利用 FAO 全球森林覆盖率数据库和世界保护区数据库以及 LANDSCAN 2003 关于人口密度数据，测算适宜这 5 种作物种植区域的潜在耕地面积。研究发现，如果考虑生态因素，世界范围的潜在耕地资源并没有预想中那么多，因为很多土地被森林和保护区覆盖。目前，拥有"潜在耕地"的国家只有 37＋1 个(见表 5.1)，它们分别是撒哈拉以南非洲地区的安哥拉、布基纳法索、喀麦隆、中非共和国、乍得、刚果(布)、刚果(金)、埃塞俄比亚、加蓬、肯尼亚、马达加斯加、马里、莫桑比克、南非、坦桑尼亚、赞比亚；拉丁美洲及加勒比地区的阿根廷、玻利维亚、巴西、哥伦比亚、厄瓜多尔、圭亚那、墨西哥、巴拉圭、秘鲁、苏里南、乌拉圭、委内瑞拉；欧洲地区的白俄罗斯、俄罗斯、乌克兰；东南亚地区的印度尼西亚和马来西亚；其他地区的澳大利亚、加拿大、巴布亚新几内亚、美国；中国也有少量的潜在耕地。本书选择其中的 37 个国家，作为中国投资海外耕地的目标国。

表 5.1　37＋1 目标国耕地资源状况

国别	耕地面积（公顷）	潜在耕地面积（公顷）
安哥拉	4100000	9684000
布基纳法索	5700000	3713000
喀麦隆	6200000	4655000
中非共和国	1800000	7940000
乍得	4900000	14816000
刚果（布）	500000	3476000
刚果（金）	6800000	22498000
埃塞俄比亚	14565000	4726000
加蓬	325000	954000
肯尼亚	5500000	4615000
马达加斯加	3500000	16244000
马里	3600000	3908000
莫桑比克	5200000	16256000
南非	12033000	3555000
坦桑尼亚	11600000	8659000
赞比亚	3400000	13020000
阿根廷	38048000	295000
玻利维亚	3836000	8317000
巴西	71930000	45472000
哥伦比亚	2098000	4971000
厄瓜多尔	1155700	638000
圭亚那	420000	210000
墨西哥	25491000	4360000
巴拉圭	3900000	7269000
秘鲁	3650000	496000

续表

国别	耕地面积（公顷）	潜在耕地面积（公顷）
苏里南	59000	6000
乌拉圭	1807000	9269000
委内瑞拉	2600000	8966000
白俄罗斯	5529000	3691000
俄罗斯	121500000	38434000
乌克兰	32499000	3442000
印度尼西亚	23500000	10486000
马来西亚	1800000	186000
澳大利亚	47678000	26167000
加拿大	42968000	8684000
巴布亚新几内亚	300000	3771000
美国	160162500	8756000
中国	111598500	2176000

数据来源：世界银行出版物《全球农地兴趣提升：能产生可持续和公平的效益吗？》（Klaus Deininger，2010）

第六章

目标国耕地投资环境的比较分析

第一节　评价体系构建的指导思想和原则

一、评价体系构建的指导思想 ▸▸▸

在第一章文献述评中已论述当前FDI投资环境研究领域的不足：多研究不分项目类型的综合型FDI投资环境，较少考虑投资项目的产业特征；多研究第二、三产业的投资环境，较少考虑第一产业的投资环境；现有研究农业投资环境的文献中，较多以个别国家或笼统的区域分析为主，较少立论于全球视角，以多个国家为研究对象。因此，本书构建目标国的耕地投资环境评价体系的指导思想，即避免上述研究缺陷，从投资者角度分析，运用系统论对目标国耕地投资环境进行分类，结合国际直接投资理论和地缘理论设置各类子环境变量指标，构建计量模型以定量分析不同目标国投资环境的优劣，力求使构建的耕地投资环境评价体系能科学、多方位地反映海外耕地投资的产业特征以及投资国与受资国间的地缘“亲密”程度，为中国投资海外耕地国别选择的战略布局提供决策依据。

二、评价体系构建的原则 ▸▸▸

(1)FDI产业特征原则。海外耕地投资是以耕地资源为投资标的，以农业生产项目的开发、经营为目标，具有明显的“靠天吃饭”特性，对目标国农业生产的自然资源依赖性高。因此，与综合型投资环境研究不同，海外耕地投资环境评价体系中必然包含反映目标国农业生产资源储备、开发、利用状况的指标变量。

(2)科学性、系统性原则。FDI能否取得理想投资效益,受受资国政治、经济、文化等多重因素影响。目标国耕地投资环境是一个包含资源、政治、经济、文化等因素在内的多层次复杂系统,单一系统或指标不能全方位反映目标国投资环境优劣。因此,其指标设置需科学、清晰、合理地体现各子系统的结构、功能和系统内相互作用机制。

(3)简明性、不可重复性原则。反映FDI投资环境的指标很多,选择指标并非越多越好,因为很多指标之间具有较强的关联性、相似性。不分类别、不考虑功能的多指标评价体系,一方面不能反映具有产业特征的投资环境内涵,另一方面容易导致指标检测的不合格或者模型测算结果准确性的降低(两个或两个以上具有相似功能的指标同时出现,会增强这些指标所反映事项在评估体系中的地位,影响结果的科学性)。因此,目标国耕地投资环境指标的设置要尽可能具有代表性、典型性,尽可能避免内涵、功能类似的指标重复出现,标明各项指标的独立性。

(4)可比性、操作性原则。目标国耕地投资环境各有差异,因此选取的数个指标在进行模型推算后,其结果要能够显示这些目标国投资环境的差异,进而能够进行比较分析。不仅如此,设置的指标变量还需与选择的定量分析研究方法相适应,能够通过模型检验,保障操作性。

第二节 目标国耕地投资环境评价体系的构建

不分项目类型的综合型投资环境研究中,学者一般将投资环境分为资源环境、经济环境、政治法律环境和社会环境四大类。这四类环境并非独立分割,而是相互作用和相互影响的,需要对这四类环境的变量因素进行综合分析。由于本书是站在中国的立场,从地缘角度研究37个目标国投资环境好坏,因此投资环境中还需包括地缘因素。根据实际工作中对海外耕地投资产业特征和综合型FDI投资环境的理解,本书将海外耕地投资环境分解为7个子系统,具体是资源禀赋环境子系统、基础设施环境子系统、经济运营环境子系统、政策法规环境子系统、对外交往环境子系统和与中国地缘关系子系统。

一、资源禀赋环境子系统指标分析 ▶▶▶

海外耕地投资实质上是农业生产类型的对外直接投资，其首先需要获取目标国耕地资源的使用权。因此，东道国耕地资源丰沛程度是其投资环境好坏的重要影响因素。本书用人均耕地面积、人均淡水资源和潜在耕地面积三个变量反映此子系统，指标数据均来源于 FAO 数据库。示例如下：

资源禀赋环境子系统	人均耕地面积
	人均淡水资源
	潜在耕地面积

(1)人均耕地面积。人均耕地面积是按平均每人计算的耕地面积。土地是农业生产中的基本“供给要素”，人均耕地面积反映了一国土地资源对该国农业生产发展的制约程度。

(2)人均淡水资源。如果说耕地是粮食生产的基础条件，那么淡水资源是其生产能力提高的刚性后盾。人均淡水资源指标，是按平均每人计算的可用淡水量。人均淡水资源反映了一国可用淡水资源对该国农业生产发展的制约程度。

(3)潜在耕地面积。这里的潜在耕地面积是不含森林、保护区且人口密度每平方千米少于 25 人的面积。它反映了一国耕地资源的富集程度。

二、基础设施环境子系统指标分析 ▶▶▶

海外耕地投资的基础设施分为两类：一类是综合基础设施，如港口、铁路、公路等；另一类是与作物种植有关的灌溉设施、机械设备等农业基础设施。基础设施的好坏直接决定投资环境的优良。拥有良好基础设施的国家，不仅能吸引外资，还能减少投资者的生产经营和交易成本，提高投资效率。下列变量中，综合基础设施指标数据来源于世界银行数据库，农业基础设施指标数据来源于 FAO 数据库。示例如下：

基础设施环境子系统	综合基础设施	交通通达性指数
		通信便利指数
		供电成本占比
	农业基础设施	灌溉用地面积占比
		农业机械设备投入强度
		农村改善卫生设施占比
		农村改善水源占比

(1)交通通达性指数:衡量一国公路、铁路建设程度。完善的交通设施,可以促进农产品销售及农民生产、生活条件的改善。

(2)通信便利指数:衡量一国互联网、电话通信便利程度。

(3)供电成本占比:供电成本占人均国民收入的百分比。占比越大,供电环境越不好。

(4)灌溉用地面积占比:灌溉用地面积占耕地面积的百分比。灌溉面积比重是表征耕地基础设施建设质量及其配套设施完善性的重要指标之一,其数值越高,不仅意味着耕地质量较好,还表明该地区农业基础设施条件较好。

(5)农业机械设备投入强度:农业机械设备投入水平,是提高农业生产率的重要手段。本书用每公顷耕地机械资本投入强度来反映该地区机械化水平。

(6)农村改善卫生设施占比:具有最基本的处理排泄物设施的人口所占的比例。此类设施能够有效防止人畜及蚊蝇与排泄物接触。

(7)农村改善水源占比:从改善的水源获得足够用水的人口所占的比例。改善水源包括诸如接入家庭的输水管线、公共水管、蓄水池,受到保护的井、泉,以及雨水收集。

三、经济运营环境子系统指标分析 ▶▶▶

一国经济运营环境的好坏对投资者获得收益的高低和稳定与否具有重要影响。下列变量中,人类发展指数、宏观经济稳定指数数据来源于 2013 年《全球竞争力发展报告》,开办企业流程成本占比、总税率占比数据来源于 DO Business 数据库,农村人口占比、农业产值占比数据来源于世界银行数据库。示例如下:

<table>
<tr><td rowspan="6">经济运营环境子系统</td><td rowspan="4">综合经济发展环境</td><td>人类发展指数</td></tr>
<tr><td>宏观经济稳定指数</td></tr>
<tr><td>开办企业流程成本占比</td></tr>
<tr><td>总税率占比</td></tr>
<tr><td rowspan="2">农业产业发展环境</td><td>农村人口占比</td></tr>
<tr><td>农业产值占比</td></tr>
</table>

(1)人类发展指数:劳动力文化素质是影响生产率的重要因素。本书直接用 2013 年《全球竞争发展报告》中的人类发展指数反映目标国人力资源情况。

(2)宏观经济稳定指数:衡量一国就业、物价稳定、经济发展、国际收支平衡的指标。稳定指数越高,目标国经济发展环境越好。

(3)开办企业流程成本占比:企业主为开办企业和进行企业登记而必须克服

的官僚和法律障碍所付出的资本占人均收入的百分比。经济运营环境较好的国家，开办企业流程成本占比较低；反之，开办企业流程成本占比较高。

(4)总税率占比：总税率占商业利润的百分比，反映目标国运营成本的高低。

(5)农村人口占比：在农村居住的人口所占的比例。该指标衡量目标国劳动力充裕程度。

(6)农业产值占比：衡量农业在国民经济中的比重与地位的指标。目标国的产业结构若是对农业的依赖程度较高，则该国的耕地对外合作政策可能较完善，并具有吸引力。

四、政策法规环境子系统指标分析 ▶▶▶

政治因素直接关系到国际投资的安全性。土地作为战略资源，与政治关系极为密切。目标国的政治稳定程度构成国际直接投资中的主要政治因素。另外，国家对外国投资的态度也直接影响到投资的可能性、收益率、持续性等。这里用政治风险等级、产权登记排名和营利便利登记反映目标国政策法规环境的好坏。三个指标数据均来源于 Do Business 数据库。示例如下：

政策法规环境子系统	政治风险等级
	产权登记排名
	营利便利等级

(1)政治风险等级：一国发生战争、内乱，以及征收风险、汇兑限制风险、政府违约风险的程度。风险越小，目标国投资环境越好。

(2)产权登记排名：进行财产登记所需办理的手续及所需时间和成本。反映一国法律对投资者的产权保护程度。

(3)营利便利等级：在目标国开办企业、申请建筑许可、获得电力供应、注册财产、获得信贷、投资者保护、缴纳税款、跨境贸易、合同执行、办理破产十个方面的综合排名，综合反映在资源国的项目或者公司的经营难易程度上。

五、对外交往环境子系统指标分析 ▶▶▶

一国对外开放程度越高，该国接受外国投资的可能性就越大。这里用农产品贸易依存度、FDI 集聚度和跨境贸易便利度反映目标国对外开放程度。FDI 集聚度、跨境贸易便利度数据来源于 Do Business 数据库，农产品贸易依存度数据为笔者从世界银行数据库收集相关数据计算而得。示例如下：

对外交往环境子系统	农产品贸易依存度
	FDI 集聚度
	跨境贸易便利度

(1)农产品贸易依存度：一国的农业进出口总额占该国国内生产总值的比例。农产品贸易依存度反映一国对国际市场的依赖程度，是衡量一国对外开放程度的重要指标。

(2)FDI 集聚度：一国接受外国资本投入占国内生产总值的比例，反映目标国对外开放程度。

(3)跨境贸易便利度：标准化海运货物进出口的时间和成本(不包括关税)，记录了完成货物进出口官方程序所需要的时间和成本，反映一国外贸口岸的便利程度。这里的跨境贸易便利度计算的是各国排名。

六、与中国地缘关系子系统指标分析 ▶▶▶

目标国与中国的地缘关系越密切，则接受中国海外耕地投资的可能性就越大。判断地缘关系的因素包括地理、经济和政治三个方面。地缘地理关系可以用与中国的地理距离指标来反映，地理距离越近，耕地投资的可能性越大，风险越小；地缘经济关系的好坏取决于两国之间经贸往来的程度，这里用与中国的贸易结合度来判断是最合适不过的；国与国之间的地缘政治关系不易确定，本身受很多因素影响。对地缘政治关系的评价一般是专家的经验之谈，没有客观指标。经济是政治的基础，从长期来看，两国之间地缘经济关系的密切程度制约着地缘政治关系的良性发展，地缘经济关系越密切，地缘政治关系良性发展的可能性越大。所以这里不再设地缘政治关系指标，而以地缘经济关系指标包容代替。与中国的贸易结合度数据为笔者从世界银行数据库收集相关数据计算而得，与中国的地理距离数据为笔者在网站 www. indo. com 输入两国首都间地理经度、纬度计算而得。示例如下：

与中国地缘关系子系统	与中国的贸易结合度
	与中国的地理距离

(1)与中国的贸易结合度。贸易结合度是一个综合性指标，用来衡量两国在贸易方面的相互依存度。贸易结合度是指一国对某贸易伙伴国的出口占该国出口总额的比重，与该贸易伙伴国进口总额占世界进口总额的比重之比。其数值越大，表明两国在经贸方面的联系越紧密。

(2)与中国的地理距离。地理上的远近直接与运输成本相关，两国间距离越远，运输成本也就越高，不利于投资者对其资产进行有效管理和控制。这里计算的是 37 个目标国与中国之间的地理距离。

第三节　目标国耕地投资环境的实证分析

一、指标数据的收集和预处理

1. 指标数据的收集

根据上文目标国耕地投资环境评价系统中的指标，笔者通过查阅世界银行、FAO、Do Business 等数据库，获得 37 个目标国 24 个变量原始指标值（见表 6.1 至表 6.4）。

表 6.1　37 个目标国 24 个变量原始指标值(一)

国别	人均耕地面积（公顷）	人均淡水资源（立方米）	潜在耕地面积（千公顷）	灌溉用地面积占比（%）	农业机械设备投入强度（美元/公顷）
指标序列	X_1	X_2	X_3	X_4	X_5
安哥拉	0.20	7333.82	9684.00	2.10	64.35
布基纳法索	0.36	781.48	3713.00	0.53	47.18
喀麦隆	0.29	12903.97	4655.00	0.47	22.62
中非共和国	0.41	31783.84	7940.00	0.06	25.35
乍得	0.41	1241.72	14816.00	0.61	21.66
刚果(布)	0.12	52539.91	3476.00	0.40	72.12
刚果(金)	0.11	14077.56	22498.00	0.16	78.42
埃塞俄比亚	0.16	1364.76	4726.00	1.99	75.62
加蓬	0.20	102883.63	954.00	1.23	104.89
肯尼亚	0.13	492.53	4615.00	1.87	129.64
马达加斯加	0.16	15545.04	16244.00	31.03	81.97

续表

国别	人均耕地面积（公顷）	人均淡水资源（立方米）	潜在耕地面积（千公顷）	灌溉用地面积占比（%）	农业机械设备投入强度（美元/公顷）
指标序列	X_1	X_2	X_3	X_4	X_5
马里	0.48	4161.83	3908.00	6.56	48.38
莫桑比克	0.21	4080.33	16256.00	2.27	82.74
南非	0.24	885.61	3555.00	13.31	229.09
坦桑尼亚	0.25	1812.12	8659.00	1.59	55.60
赞比亚	0.25	5882.44	13020.00	4.59	72.96
阿根廷	0.93	6776.54	295.00	4.34	325.46
玻利维亚	0.37	29396.25	8317.00	4.56	57.91
巴西	0.37	27511.60	45472.00	7.51	396.54
哥伦比亚	0.04	44860.96	4971.00	51.81	533.31
厄瓜多尔	0.08	28334.41	638.00	86.53	386.79
圭亚那	0.53	304723.08	210.00	35.71	189.93
墨西哥	0.21	3426.57	4360.00	25.50	211.90
巴拉圭	0.59	14300.72	7269.00	1.72	123.71
秘鲁	0.12	54567.15	496.00	32.77	132.62
苏里南	0.11	166112.64	6.00	96.61	393.73
乌拉圭	0.53	17437.64	9269.00	12.06	351.33
委内瑞拉	0.09	24487.62	8966.00	40.58	799.28
白俄罗斯	0.58	3926.95	3691.00	2.08	821.84
俄罗斯	0.85	30169.28	38434.00	3.54	245.14
乌克兰	0.71	1161.77	3442.00	6.69	438.70
印度尼西亚	0.10	8281.32	10486.00	28.60	459.58
马来西亚	0.06	20167.62	186.00	20.28	327.19
澳大利亚	2.14	22039.16	26167.00	5.35	588.39
加拿大	1.25	82647.08	8684.00	1.99	1678.13
巴布亚新几内亚	0.04	114216.83	3771.00	5.00	772.00
美国	0.51	9044.00	8756.00	16.61	3346.05

表 6.2 37 个目标国 24 个变量原始指标值(二)

国别	农村改善卫生设施占比（%）	农村改善水源占比（%）	农村人口占比（%）	人类发展指数	交通通达性指数	通信便利指数
指标序列	X_6	X_7	X_8	X_9	X_{10}	X_{11}
安哥拉	19.40	34.70	40.86	0.51	2.28	1.56
布基纳法索	6.50	74.10	73.49	0.34	2.43	1.83
喀麦隆	36.40	52.10	47.92	0.50	2.78	2.20
中非共和国	27.80	51.10	60.90	0.35	2.11	1.87
乍得	6.40	44.40	78.17	0.34	2.07	1.35
刚果(布)	14.80	31.90	36.35	0.53	2.67	2.64
刚果(金)	31.50	28.90	65.72	0.30	2.07	1.43
埃塞俄比亚	19.40	39.30	82.98	0.40	3.18	2.05
加蓬	30.40	41.30	13.85	0.68	2.50	3.17
肯尼亚	28.80	54.00	76.02	0.52	3.58	2.91
马达加斯加	11.10	33.80	67.43	0.48	2.68	1.84
马里	14.30	52.60	65.07	0.34	3.13	2.96
莫桑比克	9.20	33.20	68.78	0.33	2.61	2.16
南非	57.10	79.30	38.01	0.63	4.57	3.69
坦桑尼亚	7.40	44.10	73.26	0.48	2.59	2.00
赞比亚	33.20	50.10	60.83	0.45	2.90	2.62
阿根廷	98.10	95.40	7.51	0.81	3.06	3.97
玻利维亚	23.70	71.90	33.19	0.68	2.79	3.16
巴西	48.40	84.50	15.40	0.73	3.48	4.57
哥伦比亚	65.40	72.50	24.71	0.72	2.87	4.13
厄瓜多尔	86.10	82.20	32.58	0.72	3.66	3.96
圭亚那	82.40	93.20	71.60	0.64	3.03	2.78
墨西哥	77.40	89.30	21.89	0.78	4.45	3.84
巴拉圭	41.00	66.00	38.10	0.70	2.45	2.87
秘鲁	38.40	66.10	22.76	0.74	3.15	3.86
苏里南	66.20	81.10	30.28	0.68	3.28	4.10
乌拉圭	97.80	97.60	7.46	0.79	3.11	5.52

续表

国别	农村改善卫生设施占比（%）	农村改善水源占比（%）	农村人口占比（%）	人类发展指数	交通通达性指数	通信便利指数
指标序列	X_6	X_7	X_8	X_9	X_{10}	X_{11}
委内瑞拉	56.90	75.30	6.50	0.75	2.35	2.88
白俄罗斯	97.20	99.40	24.98	0.79	4.15	4.87
俄罗斯	59.30	92.20	26.18	0.79	4.20	5.02
乌克兰	89.40	97.70	31.12	0.74	3.36	4.78
印度尼西亚	43.50	75.50	49.31	0.63	4.44	3.9
马来西亚	94.60	98.50	27.32	0.77	5.40	4.98
澳大利亚	100.00	100.00	10.81	0.94	5.30	5.89
加拿大	99.00	99.00	19.34	0.91	5.79	5.81
巴布亚新几内亚	13.30	33.30	87.50	0.47	2.34	2.09
美国	98.60	94.00	17.62	0.94	5.82	5.72

表 6.3　37 个目标国 24 个变量原始指标值(三)

国别	供电成本占比（%）	宏观经济稳定指数	农业产值占比（%）	总税率占比（%）	开办企业流程成本占比（%）	农产品贸易依存度（%）
指标序列	X_{12}	X_{13}	X_{14}	X_{15}	X_{16}	X_{17}
安哥拉	689.70	4.07	35.00	52.1	130.1	3.19
布基纳法索	10956.60	4.48	28.82	43.9	44.5	8.42
喀麦隆	1831.80	4.79	41.50	48.8	36.2	8.24
中非共和国	11674.90	4.07	52.90	87.6	162	4.06
乍得	9580.10	5.12	32.84	73.8	186.3	2.30
刚果(布)	4657.60	4.14	6.78	63.8	52.1	4.31
刚果(金)	23025.10	3.97	10.00	118.1	200.1	7.52
埃塞俄比亚	1879.50	3.92	25.41	33.4	100.1	11.73
加蓬	306.70	4.33	7.30	43.5	12.5	3.63
肯尼亚	1090.70	3.39	29.84	44.2	38.2	13.72
马达加斯加	9050.20	4.33	41.41	35.8	12.9	8.56

续表

国别	供电成本占比（%）	宏观经济稳定指数	农业产值占比（%）	总税率占比（%）	开办企业流程成本占比（%）	农产品贸易依存度（%）
指标序列	X_{12}	X_{13}	X_{14}	X_{15}	X_{16}	X_{17}
马里	3771.90	4.59	71.29	49.5	76.7	7.57
莫桑比克	2857.70	3.66	71.15	37.5	18.7	12.07
南非	1432.10	4.63	5.60	30.1	0.3	3.35
坦桑尼亚	1690.60	4.12	48.00	44.9	27.7	8.81
赞比亚	955.80	4.65	18.00	15.1	26.8	5.81
阿根廷	40.30	4.33	12.02	107.8	19.9	10.14
玻利维亚	952.30	5.02	16.53	83.4	71.6	7.92
巴西	34.40	4.73	8.04	68.3	4.6	3.66
哥伦比亚	541.60	5.34	8.03	76.0	7.5	3.54
厄瓜多尔	677.70	5.30	12.42	33.9	25.3	8.89
圭亚那	479.50	4.02	2.82	32.5	12.4	24.20
墨西哥	369.10	5.21	4.13	53.7	19.7	4.06
巴拉圭	202.60	5.19	33.85	35.0	44.2	17.47
秘鲁	353.70	5.59	7.74	36.4	10.1	4.85
苏里南	530.90	4.32	4.89	27.9	107.7	7.68
乌拉圭	16.50	4.72	13.42	41.9	22.7	11.58
委内瑞拉	1133.70	3.66	6.57	61.7	35.6	1.72
白俄罗斯	431.70	4.80	17.31	54.0	0.8	10.71
俄罗斯	293.80	5.80	5.07	50.7	1.3	2.45
乌克兰	178.00	4.40	22.82	54.9	1.3	11.29
印度尼西亚	370.60	5.68	14.49	32.2	20.5	7.11
马来西亚	49.10	5.34	13.19	36.3	7.6	18.85
澳大利亚	8.70	5.57	3.53	47.0	0.7	3.20
加拿大	131.80	4.90	2.69	24.3	0.4	4.05
巴布亚新几内亚	57.50	3.87	40.00	42.1	13.0	12.89
美国	15.60	3.97	2.34	46.3	1.5	1.65

表 6.4　37 个目标国 24 个变量原始指标值(四)

国别	FDI集聚度（%）	跨境贸易便利度	政治风险等级	产权登记排名	营利便利等级	与中国的地理距离（千米）	与中国的贸易结合度
指标序列	X_{18}	X_{19}	X_{20}	X_{21}	X_{22}	X_{23}	X_{24}
安哥拉	1.64	169	5	132	179	11759	3.84
布基纳法索	4.17	174	5	123	154	11392	2.71
喀麦隆	20.15	159	5	159	168	10998	1.48
中非共和国	28.60	185	6	141	188	10369	0.15
乍得	38.78	183	7	146	189	10101	1.46
刚果(布)	167.58	180	6	164	185	11263	4.96
刚果(金)	25.06	171	7	133	183	11265	1.22
埃塞俄比亚	14.15	166	6	113	125	8320	1.09
加蓬	18.07	135	5	166	163	11422	2.92
肯尼亚	7.01	156	5	163	129	9214	0.11
马达加斯加	58.07	115	5	155	148	9655	0.70
马里	27.90	160	6	99	155	11846	0.96
莫桑比克	84.77	131	4	152	139	11322	1.58
南非	35.61	106	4	99	41	12945	1.18
坦桑尼亚	38.16	139	5	146	145	9407	0.97
赞比亚	59.44	163	4	102	83	10938	0.73
阿根廷	23.21	129	6	138	126	19262	0.63
玻利维亚	32.52	126	6	144	162	17373	0.29
巴西	31.16	124	4	107	116	16662	1.73
哥伦比亚	30.57	94	4	53	43	14957	0.56
厄瓜多尔	17.81	122	6	91	135	15519	0.17
圭亚那	82.72	71	5	111	115	14801	0.15
墨西哥	26.84	59	1	150	53	12081	0.16
巴拉圭	17.32	154	5	71	109	18291	0.06
秘鲁	31.38	55	4	22	7	16651	1.75
苏里南	27.45	105	5	173	161	14867	0.09

续表

国别	FDI集聚度(%)	跨境贸易便利度	政治风险等级	产权登记排名	营利便利等级	与中国的地理距离(千米)	与中国的贸易结合度
指标序列	X_{18}	X_{19}	X_{20}	X_{21}	X_{22}	X_{23}	X_{24}
乌拉圭	36.24	90	3	167	88	19154	0.93
委内瑞拉	12.91	173	7	95	181	14413	1.52
白俄罗斯	24.71	149	6	3	63	6484	0.10
俄罗斯	25.73	157	4	17	92	5807	0.69
乌克兰	40.82	148	6	97	112	6467	0.26
印度尼西亚	23.41	54	4	101	120	5193	1.17
马来西亚	43.63	5	3	35	6	4335	1.29
澳大利亚	39.02	46	1	40	11	8979	3.01
加拿大	35.92	45	1	55	19	8800	0.43
巴布亚新几内亚	29.25	134	5	87	113	6321	0.50
美国	25.05	22	1	25	4	8710	0.73

2.指标数据的预处理

本书中的24个评价指标并不都是同向指标，其中16个是正向指标，8个是反向指标。这8个反向指标依次是：供电成本占比、总税率占比、开办企业流程成本占比、跨境贸易便利度、政治风险等级、产权登记排名、营利便利等级、与中国的地理距离。反向指标的值是越低越好，因此需要进行同向化处理。本书采用取倒数的方法，具体公式为：同向指标=1/反向指标。

由于指标数据存在着不同量纲和量纲单位，必须将各种指标量值转化为无量纲的相对量，使得各指标数据具有可比性。本书对数据无量纲化处理采用数据标准化的方法，主要运用SPSS 19.0软件，采用正态分布假设下的正态标准化处理方法，具体公式如下：

$$Z_{ij}=\frac{x_{ij}-\bar{x}_j}{S_j}$$

$$S_j=\sqrt{\sum_{i=1}^{n}(x_{ij}-\bar{x}_j)^2/(n-1)}\,(i=1,2,\cdots,n;j=1,2,\cdots,p)$$

式中：n 代表样本个数；p 代表指标变量个数；Z_{ij} 代表无量纲化后的样本值；$\bar{x}_j$ 代表 x_{xj} 的均值；S_j 代表 x_{xj} 的标准差。处理后的数据见表6.5至表6.8。

表 6.5　37 个目标国 24 个变量标准化指标值(一)

国别	人均耕地面积	人均淡水资源	潜在耕地面积	灌溉用地面积占比	农业机械设备投入强度
指标序号	X_1	X_2	X_3	X_4	X_5
安哥拉	−0.44866	−0.46374	0.06900	−0.56864	−0.51480
布基纳法索	−0.06819	−0.57616	−0.52405	−0.63737	−0.54346
喀麦隆	−0.22540	−0.36816	−0.43049	−0.63993	−0.58445
中非共和国	0.05450	−0.04422	−0.10422	−0.65797	−0.57989
乍得	0.05419	−0.56826	0.57871	−0.63361	−0.58605
刚果(布)	−0.65936	0.31191	−0.54759	−0.64290	−0.50183
刚果(金)	−0.68908	−0.34803	1.34170	−0.65332	−0.49132
埃塞俄比亚	−0.54859	−0.56615	−0.42344	−0.57330	−0.49598
加蓬	−0.44687	1.17572	−0.79808	−0.60656	−0.44712
肯尼亚	−0.62823	−0.58112	−0.43446	−0.57847	−0.40582
马达加斯加	−0.55227	−0.32285	0.72054	0.69693	−0.48538
马里	0.22873	−0.51816	−0.50468	−0.37363	−0.54145
莫桑比克	−0.42785	−0.51956	0.72173	−0.56113	−0.48410
南非	−0.36247	−0.57437	−0.53974	−0.07837	−0.23981
坦桑尼亚	−0.33173	−0.55848	−0.03281	−0.59101	−0.52940
赞比亚	−0.33388	−0.48864	0.40033	−0.45969	−0.50043
阿根廷	1.36694	−0.47330	−0.86353	−0.47069	−0.07895
玻利维亚	−0.03046	−0.08519	−0.06678	−0.46083	−0.52555
巴西	−0.04610	−0.11752	3.62350	−0.33199	0.03969
哥伦比亚	−0.84257	0.18016	−0.39910	1.60606	0.26799
厄瓜多尔	−0.76499	−0.10341	−0.82946	3.12471	0.02341
圭亚那	0.36570	4.63889	−0.87197	0.90191	−0.30518
墨西哥	−0.42284	−0.53078	−0.45979	0.45505	−0.26851
巴拉圭	0.52037	−0.34420	−0.17086	−0.58524	−0.41572
秘鲁	−0.64715	0.34670	−0.84357	0.77298	−0.40085
苏里南	−0.67665	2.26060	−0.89223	3.56576	0.03500
乌拉圭	0.37318	−0.29037	0.02778	−0.13265	−0.03576
委内瑞拉	−0.73436	−0.16941	−0.00232	1.11462	0.71195

续表

国别	人均耕地面积	人均淡水资源	潜在耕地面积	灌溉用地面积占比	农业机械设备投入强度
指标序号	X_1	X_2	X_3	X_4	X_5
白俄罗斯	0.49636	−0.52219	−0.52624	−0.56941	0.74961
俄罗斯	1.15758	−0.07192	2.92448	−0.50558	−0.21302
乌克兰	0.81274	−0.56964	−0.55097	−0.36790	0.11007
印度尼西亚	−0.71386	−0.44748	0.14865	0.59088	0.14492
马来西亚	−0.79781	−0.24353	−0.87436	0.22664	−0.07607
澳大利亚	4.35121	−0.21142	1.70610	−0.42643	0.35993
加拿大	2.14146	0.82850	−0.03033	−0.57335	2.17891
巴布亚新几内亚	−0.84701	1.37017	−0.51829	−0.44167	0.66641
美国	0.32340	−0.43439	−0.02317	0.06612	4.96298

表 6.6　37 个目标国 24 个变量标准化指标值(二)

国别	农村改善卫生设施占比	农村改善水源占比	农村人口占比	人类发展指数	交通通达性指数	通信便利指数
指标序号	X_6	X_7	X_8	X_9	X_{10}	X_{11}
安哥拉	−0.91342	−1.36495	−0.04830	−0.59799	−0.99045	−1.35627
布基纳法索	−1.30528	0.25847	1.27601	−1.49060	−0.84681	−1.15482
喀麦隆	−0.39703	−0.64801	0.23811	−0.66832	−0.51166	−0.87877
中非共和国	−0.65826	−0.68921	0.76503	−1.44191	−1.15324	−1.12498
乍得	−1.30831	−0.96527	1.46591	−1.50683	−1.19154	−1.51294
刚果(布)	−1.05315	−1.48032	−0.23119	−0.45734	−0.61699	−0.55049
刚果(金)	−0.54587	−1.60393	0.96069	−1.70158	−1.19154	−1.45326
埃塞俄比亚	−0.91342	−1.17541	1.66115	−1.20388	−0.12863	−0.99068
加蓬	−0.57928	−1.09300	−1.14420	0.34871	−0.77978	−0.15507
肯尼亚	−0.62789	−0.56972	1.37847	−0.53849	0.25441	−0.34905
马达加斯加	−1.16555	−1.40203	1.03011	−0.73324	−0.60742	−1.14736
马里	−1.06834	−0.62741	0.93444	−1.48519	−0.17651	−0.31174
莫桑比克	−1.22326	−1.42675	1.08501	−1.57716	−0.67445	−0.90861
南非	0.23176	0.47273	−0.16372	0.05658	1.20241	0.23290
坦桑尼亚	−1.27794	−0.97763	1.26654	−0.77111	−0.69360	−1.02799

续表

国别	农村改善卫生设施占比	农村改善水源占比	农村人口占比	人类发展指数	交通通达性指数	通信便利指数
指标序号	X_6	X_7	X_8	X_9	X_{10}	X_{11}
赞比亚	−0.49423	−0.73041	0.76240	−0.92258	−0.39675	−0.56541
阿根廷	1.47719	1.13610	−1.40176	1.04115	−0.24354	0.44180
玻利维亚	−0.78281	0.16782	−0.35950	0.30543	−0.50208	−0.16253
巴西	−0.03251	0.68698	−1.08151	0.60297	0.15865	0.88946
哥伦比亚	0.48389	0.19254	−0.70369	0.54346	−0.42548	0.56118
厄瓜多尔	1.11268	0.59222	−0.38433	0.57051	0.33101	0.43434
圭亚那	1.00028	1.04545	1.19927	0.09445	−0.27226	−0.44604
墨西哥	0.84840	0.88476	−0.81784	0.84640	1.08750	0.34481
巴拉圭	−0.25730	−0.07528	−0.16039	0.43526	−0.82766	−0.37889
秘鲁	−0.33627	−0.07116	−0.78287	0.66247	−0.15735	0.35974
苏里南	0.50819	0.54689	−0.47766	0.35412	−0.03287	0.53880
乌拉圭	1.46808	1.22675	−1.40376	0.93837	−0.19566	1.59824
委内瑞拉	0.22569	0.30791	−1.44275	0.70034	−0.92342	−0.37143
白俄罗斯	1.44985	1.30091	−0.69268	0.94378	0.80023	1.11328
俄罗斯	0.29859	1.00425	−0.64410	0.91673	0.84811	1.22520
乌克兰	1.21292	1.23087	−0.44361	0.65706	0.04374	1.04614
印度尼西亚	−0.18135	0.31615	0.29489	0.05658	1.07793	0.38958
马来西亚	1.37087	1.26383	−0.59782	0.81394	1.99721	1.19535
澳大利亚	1.53491	1.32564	−1.26772	1.72819	1.90145	1.87429
加拿大	1.50453	1.28443	−0.92157	1.58213	2.37067	1.81461
巴布亚新几内亚	−1.09872	−1.42263	1.84442	−0.82520	−0.93300	−0.96084
美国	1.49238	1.07842	−0.99146	1.72278	2.39939	1.74746

表 6.7　37 个目标国 24 个变量标准化指标值(三)

国别	供电成本占比	宏观经济稳定指数	农业产值占比	总税率占比	开办企业流程成本占比	农产品贸易依存度
指标序号	X_{12}	X_{13}	X_{14}	X_{15}	X_{16}	X_{17}
安哥拉	−0.38342	−0.83638	0.74741	−0.40540	−0.44631	−0.91593
布基纳法索	−0.44195	−0.18338	0.41701	−0.06118	−0.42580	0.10724

续表

国别	供电成本占比	宏观经济稳定指数	农业产值占比	总税率占比	开办企业流程成本占比	农产品贸易依存度
指标序号	X_{12}	X_{13}	X_{14}	X_{15}	X_{16}	X_{17}
喀麦隆	−0.42236	0.31036	1.09492	−0.28078	−0.41865	0.07320
中非共和国	−0.44219	−0.83638	1.70440	−1.15221	−0.44841	−0.74649
乍得	−0.44139	0.83595	0.63193	−0.94726	−0.44952	−1.09155
刚果(布)	−0.43663	−0.72489	−0.76131	−0.74335	−0.43035	−0.69619
刚果(金)	−0.44401	−0.99565	−0.58916	−1.43526	−0.45004	−0.06938
埃塞俄比亚	−0.42296	−1.07529	0.23470	0.62636	−0.44311	0.75596
加蓬	−0.30541	−0.42228	−0.73351	−0.04107	−0.34601	−0.83042
肯尼亚	−0.40638	−1.91942	0.47154	−0.07603	−0.42066	1.14557
马达加斯加	−0.44112	−0.42228	1.09011	0.43365	−0.34945	0.13546
马里	−0.43446	−0.00818	2.68759	−0.30861	−0.43889	−0.05834
莫桑比克	−0.43081	−1.48939	2.68010	0.31207	−0.38280	0.82232
南非	−0.41580	0.05553	−0.82440	0.94151	4.16630	−0.88575
坦桑尼亚	−0.42040	−0.75675	1.44243	−0.10989	−0.40690	0.18415
赞比亚	−0.40081	0.08738	−0.16146	4.11013	−0.40522	−0.40297
阿根廷	0.62320	−0.42228	−0.48117	−1.35758	−0.38727	0.44373
玻利维亚	−0.40064	0.67668	−0.24005	−1.09701	−0.43760	0.01058
巴西	0.80656	0.21480	−0.69395	−0.84250	−0.15545	−0.82527
哥伦比亚	−0.36633	1.18635	−0.69448	−0.98492	−0.27204	−0.84861
厄瓜多尔	−0.38231	1.12264	−0.45978	0.58396	−0.40215	0.19994
圭亚那	−0.35603	−0.91602	−0.97303	0.70596	−0.34511	3.19680
墨西哥	−0.32916	0.97929	−0.90299	−0.46031	−0.38656	−0.74554
巴拉圭	−0.23323	0.94744	0.68593	0.49495	−0.42559	1.87947
秘鲁	−0.32407	1.58452	−0.70999	0.38944	−0.31964	−0.59074
苏里南	−0.36473	−0.43821	−0.86236	1.19303	−0.44409	−0.03713
乌拉圭	2.16528	0.19887	−0.40632	0.04321	−0.39587	0.72660
委内瑞拉	−0.40788	−1.48939	−0.77254	−0.69213	−0.41801	−1.20483
白俄罗斯	−0.34608	0.32629	−0.19835	−0.47024	1.27676	0.55516
俄罗斯	−0.29924	1.91899	−0.85274	−0.35452	0.60994	−1.06218
乌克兰	−0.20384	−0.31079	0.09623	−0.49939	0.60994	0.66967

续表

国别	供电成本占比	宏观经济稳定指数	农业产值占比	总税率占比	开办企业流程成本占比	农产品贸易依存度
指标序号	X_{12}	X_{13}	X_{14}	X_{15}	X_{16}	X_{17}
印度尼西亚	−0.32963	1.72786	−0.34911	0.73349	−0.38931	−0.14836
马来西亚	0.43159	1.18635	−0.41862	0.39671	−0.27447	2.15096
澳大利亚	4.50632	1.55267	−0.93507	−0.20544	1.52443	−0.91379
加拿大	−0.11899	0.48556	−0.97998	1.70285	3.01048	−0.74759
巴布亚新几内亚	0.30341	−1.15492	1.01473	0.03232	−0.35028	0.98272
美国	2.31592	−0.99565	−0.99869	−0.17455	0.46769	−1.21848

表 6.8 37 个目标国 24 个变量标准化指标值(四)

国别	FDI集聚度	跨境贸易便利度	政治风险等级	产权登记排名	营利便利等级	与中国的地理距离	与中国的贸易结合度
指标序号	X_{18}	X_{19}	X_{20}	X_{21}	X_{22}	X_{23}	X_{24}
安哥拉	−1.15836	−0.29160	−0.36118	−0.26375	−0.40715	−0.33966	2.43294
布基纳法索	−1.06993	−0.29690	−0.36118	−0.25348	−0.38980	−0.27278	1.40965
喀麦隆	−0.51132	−0.28001	−0.36118	−0.28759	−0.40015	−0.19602	0.30159
中非共和国	−0.21598	−0.30754	−0.49238	−0.27271	−0.41227	−0.06137	−0.89331
乍得	0.13992	−0.30570	−0.58609	−0.27721	−0.41280	0.00109	0.28934
刚果(布)	4.64232	−0.30286	−0.49238	−0.29114	−0.41062	−0.24824	3.43298
刚果(金)	−0.33984	−0.29376	−0.58609	−0.26480	−0.40949	−0.24862	0.06557
埃塞俄比亚	−0.72110	−0.28827	−0.49238	−0.24015	−0.36099	0.51842	−0.04790
加蓬	−0.58407	−0.24519	−0.36118	−0.29250	−0.39666	−0.27841	1.59636
肯尼亚	−0.97080	−0.27624	−0.36118	−0.29045	−0.36573	0.23374	−0.93225
马达加斯加	0.81407	−0.20507	−0.36118	−0.28458	−0.38477	0.11273	−0.40168
马里	−0.24036	−0.28124	−0.49238	−0.21696	−0.39061	−0.35490	−0.16847
莫桑比克	1.74753	−0.23814	−0.16438	−0.28222	−0.37640	−0.25953	0.39639
南非	0.02892	−0.18207	−0.16438	−0.21696	−0.04748	−0.52985	0.03667
坦桑尼亚	0.11808	−0.25183	−0.36118	−0.27721	−0.38209	0.17938	−0.15344
赞比亚	0.86221	−0.28482	−0.16438	−0.22246	−0.28356	−0.18384	−0.37079
阿根廷	−0.40452	−0.23446	−0.49238	−0.26985	−0.36220	−1.14829	−0.45966
玻利维亚	−0.07887	−0.22871	−0.49238	−0.27545	−0.39594	−1.01049	−0.76889

续表

国别	FDI集聚度	跨境贸易便利度	政治风险等级	产权登记排名	营利便利等级	与中国的地理距离	与中国的贸易结合度
指标序号	X_{18}	X_{19}	X_{20}	X_{21}	X_{22}	X_{23}	X_{24}
巴西	−0.12658	−0.22472	−0.16438	−0.23095	−0.34912	−0.95053	0.52935
哥伦比亚	−0.14710	−0.14456	−0.16438	−0.05451	−0.06918	−0.78352	−0.51999
厄瓜多尔	−0.59311	−0.22061	−0.49238	−0.20050	−0.37232	−0.84263	−0.87789
圭亚那	1.67587	−0.03723	−0.36118	−0.23719	−0.34768	−0.76632	−0.89373
墨西哥	−0.27746	0.05199	2.78760	−0.28059	−0.15311	−0.39499	−0.88695
巴拉圭	−0.61043	−0.27365	−0.36118	−0.14315	−0.33853	−1.08101	−0.97545
秘鲁	−0.11885	0.09038	−0.16438	0.43812	2.21851	−0.94956	0.54789
苏里南	−0.25621	−0.17927	−0.36118	−0.29702	−0.39520	−0.77364	−0.94538
乌拉圭	0.05104	−0.12984	0.16362	−0.29317	−0.29665	−1.14114	−0.18799
委内瑞拉	−0.76442	−0.29586	−0.58609	−0.20908	−0.40833	−0.72192	0.33949
白俄罗斯	−0.35210	−0.26687	−0.49238	5.77233	−0.21040	1.34921	−0.94226
俄罗斯	−0.31640	−0.27752	−0.16438	0.68584	−0.30610	1.78812	−0.40896
乌克兰	0.21113	−0.26545	−0.49238	−0.21310	−0.34323	1.35910	−0.79067
印度尼西亚	−0.39735	0.10086	−0.16438	−0.22066	−0.35461	2.28515	0.02482
马来西亚	0.30928	5.75306	0.16362	0.12529	2.67393	3.21555	0.13020
澳大利亚	0.14832	0.20117	2.78760	0.05911	1.22487	0.30308	1.67958
加拿大	0.03991	0.21622	2.78760	−0.06723	0.49271	0.35838	−0.63811
巴布亚新几内亚	−0.19325	−0.24347	−0.36118	−0.19114	−0.34474	1.44629	−0.57646
美国	−0.34019	0.93978	2.78760	0.33705	4.26790	0.38704	−0.37260

二、评价方法的选择 ▶▶▶

在对目标国耕地投资环境进行综合评价时，由于指标较多，数据复杂，因此在选用评价方法上应该尽量使问题简单化。因子分析法恰好能够处理复杂多样的变量，在研究各变量间相互作用的基础上，提炼出相对较少的新组合变量来代替原有的众多变量。该方法的优点是能同时处理多变量并且能够显示它们之间的相互关系，可通过各变量的载荷归纳出公共因素指标以揭示深层的规律，方法简单，评价客观，并可借助计算机完成复杂计算。

1. 因子分析法的基本原理

20世纪初，Karl Pearson和Charles Spearmen提出了因子分析法，起初用于人类智力、心理检测信息的统计分析，而后扩展至地理学、管理学、资源学等学科领域。作为多元统计方法中的一种，因子分析法的主要功能在于降解数据。

该方法的基本原理是自然和社会环境中各变量之间具有相关性，因此在数据处理时，要将最初收集的原始变量分解为两种类型：一种类型为公共因素/因子，这类变量能够容纳所有原始变量共有的含义、功能，因此公共因子要比原始变量个数少；另一种类型为特殊因素/因子，反映原始变量的特殊性、独立性。用运算出来的公共因子来代表原始变量，一方面能尽可能地保持原有数据信息，另一方面能达到简化数据、简明体现变量间复杂关系的目的。假设有n个样品，每个样品观测p个指标，这p个指标之间有较强的相关性，为了便于研究，并消除由于观测量纲的差异及数据级不同所造成的影响，将样本观测值数据进行标准化处理，标准化处理后的变量均值为0，方差为1。用X表示原始变量及标准化量的向量，用$F_1, F_2, \cdots, F_m (m<p)$表示标准化的公共因子，则因子模型为：

$$\begin{cases} X_1 = a_{11}F_1 + a_{12}F_2 + \cdots + a_{1m}F_m + \varepsilon_1 \\ X_2 = a_{21}F_1 + a_{22}F_2 + \cdots + a_{2m}F_m + \varepsilon_2 \\ \quad \vdots \\ X_p = a_{P1}F_1 + a_{p2}F_2 + \cdots + a_{pm}F_m + \varepsilon_p \end{cases}$$

模型的矩阵形式为：

$$X = AF + \varepsilon$$

其中：

$$A = \begin{bmatrix} a_{11} & a_{12} & \cdots & a_{1m} \\ a_{21} & a_{22} & \cdots & a_{2m} \\ \vdots & \vdots & & \vdots \\ a_{p1} & a_{p2} & \cdots & a_{pm} \end{bmatrix}$$

模型中，$X_1, X_2, \cdots, X_P$为原始变量，$F_1, F_2, \cdots, F_m$为两两不相关且不可测的公共因子；$\varepsilon_1, \varepsilon_2, \cdots, \varepsilon_p$为特殊因子，是向量$X$的分量$X_i (i=1,2,\cdots,p)$所特有的因子，各特殊因子之间以及特殊因子与所有公共因子之间也是不相关的；矩阵A中的元素a_{ij}称为因子载荷，a_{ij}的绝对值越大，表明X_i与F_j的相关程度越大。

因子分析法中有许多确定因子变量的方法，最常用的有两种：一是基于主成分模型的主成分分析法这种方法将会重新构造原始变量的结构，按照事先确立的原则保留有效因子；二是基于因子分析模型的主轴因子法、极大似然法、最小二乘法等。这类方法通过原始变量的方差去构造因子，一般来说，起初因子的数量总是要少于变量的数量。因此对于一般因子分析而言，如何正确解释因子将会比主成分分析更困难。

2. 因子分析法的步骤

一是定义问题。明确因子分析的目的，判断与选择用于因子分析的变量。应当有一个合适的样本，通常样本数至少是变量数的 4.5 倍，对选取的变量进行同向化和标准化处理。

二是构造相关矩阵。相关矩阵是因子分析的基础，只有当变量之间相关时，才适合进行因子分析。可用正规的统计量检验因子分析是否合适，常用的方法是 KMO 和巴特利特球度检验。

KMO 抽样适度测度值是用于比较观测相关系数值和偏相关系数值的一个指标。当所有变量之间的偏相关系数之平方和与相关系数的平方和相比小时，KMO 值小表明对这些变量的因子分析的结果可能不大好，因为变量偶对之间的相关不能被其他变量解释。KMO 值如表 6.9 所示。

表 6.9　KMO 值

KMO 值	含义
0.90≤KMO<1	结果极好
0.80≤KMO<0.90	结果比较好
0.70≤KMO<0.80	结果还好
0.60≤KMO<0.70	结果中等
0.50≤KMO<0.60	结果糟糕
KMO<0.50	结果不可接受

巴特利特球体检验可用来检验变量之间彼此独立的假设，即总体相关矩阵是单位矩阵这一假设。单位矩阵中，斜对角线上的所有元素均为 1，而其他元素均为 0。球体检验统计量是根据相关矩阵行列式的卡方转换求得的。该统计量取值大时表示拒绝零假设。当不能拒绝原假设时，因子分析就不合适了。

三是确定因子分析方法。不同因子分析方法的差别在于其估算权重的方法不同。主成分分析和公因子分析是两种基本的因子分析方法。主成分分析考虑全部方差，将全部方差引入因子矩阵。如果主要目的是用最少的变量解释尽可能多的方差，则适合用主成分分析。公因子分析只根据公因子部分估计因子，其相关矩阵的斜对角线由公因子方差构成。当主要目的是识别有关公因子的主要维度时，则适合用公因子分析。结合本书的研究目的，这里选用主成分分析。

四是确定因子数。确定因子数方法有好几种，包括事先确定、根据特征值、解释方差百分比、复本信度、显著检验确定等。

五是因子旋转。最初未经旋转的因子矩阵可以表示因子与变量之间的关系,但它一般不能给出易于理解的因子,因为这些因子与很多变量相关,所以要进行因子旋转。若旋转时每个轴保持互相垂直,则称为正交旋转。正交旋转所产生的因子是相互独立的。最常用的旋转方法是变值尽简法,它使某一因子所含高负载的变量数最小,以便理解因子意义的正交旋转。若旋转时每个轴不保持相互垂直,则称为斜交旋转,这时因子之间是相关的。

六是解释因子。确认在某一因子上有高载荷的变量,可帮助理解因子的意义。

七是计算因子值。因子其实就是原始变量的线性组合,可以根据因子得分计算综合因子得分,这一步由 SPSS 19.0 软件自动分析而成。

三、目标国指标数据测度 ▸▸▸

1. 因子分析的适应性检验

本书采用检验变量间偏相关性的 KMO 统计量以及巴特利特球度检验对数据进行检验,利用 SPSS 19.0 软件分析得出的 KMO 检验和巴特利特球度检验结果见表 6.10,从表 6.10 可以看出,KMO 检验结果是 0.651,大于 0.5,说明该组数据可以运用因子分析法。巴特利特球度检验得出的相伴概率值为 0,小于显著性水平 0.05,应拒绝各变量独立的假设,即变量间具有较强相关性,可运用该方法进行分析。

表 6.10 KMO 检验和巴特利特球度检验

取样足够度的 KMO 度量		0.651
Bartlett 的球度检验	近似卡方	632.730
	df	276
	Sig.	0.000

2. 确定主因子数量

本书通过 SPSS 19.0 软件,主要是运用因子分析中的主成分分析方法来算出各公因子特征值、方差贡献率和累计方差贡献率,进而确定公因子的数量。为了保证所提取的公因子可以尽可能多地表达原始指标的信息,同时又有较好的降维作用,通常情况下,保留特征值大于 1 的公因子,并使累计贡献率达到 80% 左右。从表 6.11 中的数据结果可以看出,8 个公因子的特征值都大于 1,并且提取的 8 个公因子累计贡献率为 81.844%,大于 80%。说明 24 个指标可以提取 8 个丢失信息很少的、具有代表性的公因子,利用这些公因子进行目标国耕地投资环境分析是比较合适的。

表 6.11 解释的总方差

成分	初始特征值			提取平方和载入			旋转平方和载入		
	合计	方差贡献率（%）	累计贡献率（%）	合计	方差贡献率（%）	累计贡献率（%）	合计	方差贡献率（%）	累计贡献率（%）
1	8.029	33.454	33.454	8.029	33.454	33.454	6.036	25.150	25.150
2	2.596	10.818	44.272	2.596	10.818	44.272	2.625	10.935	36.086
3	2.147	8.944	53.216	2.147	8.944	53.216	2.285	9.520	45.606
4	1.689	7.036	60.251	1.689	7.036	60.251	2.224	9.267	54.873
5	1.462	6.090	66.342	1.462	6.090	66.342	1.932	8.049	62.922
6	1.348	5.616	71.957	1.348	5.616	71.957	1.589	6.623	69.544
7	1.260	5.252	77.210	1.260	5.252	77.210	1.504	6.266	75.810
8	1.112	4.634	81.844	1.112	4.634	81.844	1.448	6.033	81.844
9	0.785	3.269	85.113						
10	0.596	2.482	87.594						
11	0.534	2.227	89.822						
12	0.502	2.090	91.912						
13	0.393	1.638	93.550						
14	0.355	1.478	95.028						
15	0.274	1.142	96.169						
16	0.236	0.981	97.151						
17	0.169	0.704	97.855						
18	0.154	0.641	98.496						
19	0.110	0.458	98.954						
20	0.098	0.410	99.364						
21	0.061	0.253	99.617						
22	0.050	0.209	99.826						
23	0.028	0.118	99.944						
24	0.013	0.056	100.000						

提取方法：主成分分析法。

3. 公因子说明

由表 6.12 可以看出，第一个公因子在 X_6、X_7、X_9、X_{10}、X_{11}、X_{13} 上有较大载荷，主要表现人类发展指数、农村改善卫生设施占比、农村改善水源占比、通信便利指数、宏观经济稳定指数和交通通达性指数的综合影响，可以命名为耕地投资基础设施影响因子。第二个公因子在 X_5、X_{20}、X_{22} 上有较大载荷，主要表现农业机械设备投入强度、营利便利等级、政治风险等级的综合影响，可以命名为耕地投资运营稳定影响因子。第三个公因子在 X_1、X_3、X_{12} 上有较大载荷，主要表现人均耕地面积、潜在耕地面积、供电成本占比的综合影响，可以命名为耕地投资资源禀赋影响因子。第四个公因子在 X_{19}、X_{23} 上有较大载荷，主要表现跨境贸易便利度、与中国的地理距离的综合影响，可以命名为耕地投资贸易环境影响因子。第五个公因子在 X_{17}、X_2 上有较大载荷，主要表现农产品贸易依存度、人均淡水资源的综合影响，可以命名为耕地投资产业依赖影响因子。第六个公因子在 X_{18}、X_{24} 上有较大载荷，主要表现 FDI 集聚度、与中国的贸易结合度的综合影响，可以命名为耕地投资产业开放能力影响因子。第七个公因子在 X_{15}、X_{16} 上有较大载荷，主要表现总税率占比、开办企业流程成本占比的综合影响，可以命名为耕地投资经营成本影响因子。第八个公因子在 X_{21} 上有较大载荷，主要表现产权保护登记的影响，可以命名为耕地投资产权保护影响因子。

表 6.12　旋转成分矩阵

指标	成分							
	1	2	3	4	5	6	7	8
Z 人类发展指数(X_9)	0.899	0.280	0.125	0.064	0.020	−0.060	0.000	0.090
Z 农村人口占比(X_8)	−0.869	−0.139	−0.047	0.056	0.229	−0.071	0.210	−0.029
Z 农村改善卫生设施占比(X_6)	0.830	0.277	0.137	0.110	0.246	−0.175	0.030	0.161
Z 农村改善水源占比(X_7)	0.830	0.125	0.203	0.140	0.176	−0.266	0.062	0.155
Z 通信便利指数(X_{11})	0.828	0.277	0.250	0.203	0.000	−0.096	0.110	0.144
Z 农业产值占比(X_{14})	−0.796	−0.124	0.117	0.061	0.057	−0.209	−0.126	0.003
Z 宏观经济稳定指数(X_{13})	0.577	−0.386	0.179	0.348	−0.323	−0.126	0.206	−0.079
Z 交通通达性指数(X_{10})	0.553	0.454	0.224	0.421	−0.071	−0.083	0.370	0.170
Z 农业机械设备投入强度(X_5)	0.320	0.847	0.007	0.044	−0.047	−0.108	0.058	0.158

续表

指标	成分							
	1	2	3	4	5	6	7	8
Z营利便利等级(X_{22})	0.311	0.684	−0.019	0.509	−0.071	0.053	−0.019	−0.103
Z政治风险等级(X_{20})	0.378	0.637	0.387	0.093	−0.141	−0.013	0.256	−0.110
Z人均耕地面积(X_1)	0.362	0.157	0.832	−0.086	0.066	−0.008	0.065	0.122
Z供电成本占比(X_{12})	0.398	0.446	0.620	0.113	0.024	0.063	−0.167	−0.207
Z潜在耕地面积(X_3)	0.030	−0.164	0.586	−0.025	−0.400	0.042	−0.008	−0.090
Z灌溉用地面积占比(X_4)	0.474	−0.050	−0.569	−0.118	0.141	−0.181	0.190	−0.339
Z跨境贸易便利度(X_{19})	0.224	0.178	−0.107	0.867	0.151	0.068	−0.033	−0.118
Z与中国的地理距离(X_{23})	−0.069	0.047	0.076	0.779	−0.012	−0.024	0.145	0.348
Z农产品贸易依存度(X_{17})	−0.139	−0.188	−0.021	0.294	0.866	−0.137	−0.019	0.021
Z人均淡水资源(X_2)	0.217	−0.006	−0.188	−0.247	0.668	0.254	0.214	−0.142
Z FDI集聚度(X_{18})	−0.050	−0.063	0.031	0.020	0.263	0.801	0.151	0.017
Z与中国的贸易结合度(X_{24})	−0.106	0.001	0.097	0.025	−0.360	0.781	−0.217	−0.123
Z总税率占比(X_{15})	−0.017	0.046	−0.098	0.099	0.136	−0.005	0.846	−0.103
Z开办企业流程成本占比(X_{16})	0.305	0.262	0.281	−0.068	−0.167	0.046	0.495	0.486
Z产权登记排名(X_{21})	0.228	−0.017	−0.037	0.126	0.011	−0.092	−0.107	0.829

提取方法:主成分分析法。
旋转法:具有 Kaiser 标准化的正交旋转法。

4.因子得分分析

为了考察37个目标国的耕地投资环境状况,并对其进行分析和综合评价,采用回归方法求出因子得分函数,SPSS 19.0 软件输出的成分得分系数矩阵如表 6.13 所示。

表 6.13 成分得分系数矩阵

指标	成分							
	1	2	3	4	5	6	7	8
Z 人均耕地面积(X_1)	0.003	−0.045	0.428	−0.097	0.155	−0.014	0.021	0.007
Z 人均淡水资源(X_2)	0.077	0.003	−0.018	−0.150	0.351	0.196	0.100	−0.052
Z 潜在耕地面积(X_3)	0.004	−0.168	0.296	0.021	−0.147	−0.019	0.049	−0.124
Z 灌溉用地面积占比(X_4)	0.159	−0.040	−0.283	−0.054	−0.029	−0.096	0.110	−0.234
Z 农业机械设备投入强度(X_5)	−0.072	0.439	−0.123	−0.098	−0.022	−0.055	−0.030	0.096
Z 农村改善卫生设施占比(X_6)	0.136	0.008	0.018	−0.026	0.147	−0.052	−0.076	0.061
Z 农村改善水源占比(X_7)	0.148	−0.093	0.067	0.006	0.106	−0.115	−0.038	0.035
Z 农村人口占比(X_8)	−0.218	0.053	0.091	0.055	0.108	−0.089	0.192	−0.012
Z 人类发展指数(X_9)	0.169	0.000	−0.025	−0.035	0.022	0.014	−0.077	0.021
Z 交通通达性指数(X_{10})	0.009	0.085	0.019	0.122	−0.054	−0.016	0.197	0.038
Z 通信便利指数(X_{11})	0.128	−0.025	0.044	0.030	0.013	−0.013	0.004	0.033
Z 供电成本占比(X_{12})	0.002	0.129	0.294	0.014	0.119	0.005	−0.164	−0.226
Z 宏观经济稳定指数(X_{13})	0.174	−0.396	0.067	0.214	−0.209	−0.061	0.157	−0.146
Z 农业产值占比(X_{14})	−0.201	0.051	0.151	0.067	0.058	−0.190	−0.044	−0.010
Z 总税率占比(X_{15})	−0.058	−0.018	−0.019	0.015	−0.014	0.000	0.606	−0.107

续表

指标	成分							
	1	2	3	4	5	6	7	8
Z开办企业流程成本占比(X_{16})	−0.021	0.051	0.043	−0.130	−0.089	0.079	0.334	0.330
Z农产品贸易依存度(X_{17})	−0.029	−0.098	0.144	0.146	0.479	−0.060	−0.085	−0.009
ZFDI集聚度(X_{18})	0.031	−0.055	0.025	0.017	0.167	0.547	0.098	0.094
Z跨境贸易便利度(X_{19})	0.019	−0.016	−0.074	0.436	0.046	0.070	−0.095	−0.144
Z政治风险等级(X_{20})	−0.049	0.245	0.120	−0.036	−0.044	−0.032	0.145	−0.150
Z产权登记排名(X_{21})	0.038	−0.047	−0.113	0.000	0.007	0.047	−0.129	0.618
Z营利便利排名(X_{22})	−0.037	0.295	−0.112	0.193	−0.049	0.037	−0.084	−0.118
Z与中国的地理距离(X_{23})	−0.073	−0.065	0.002	0.371	−0.033	0.029	0.064	0.193
Z与中国的贸易结合度(X_{24})	0.033	−0.006	−0.021	0.062	−0.149	0.487	−0.112	−0.013

提取方法：主成分分析法。
旋转法：具有 Kaiser 标准化的正交旋转法。

通过系数矩阵，将上述因子模型得出的8个公因子表示为24个指标的线性函数：

则：第一个公因子的得分函数为：

$$F_1=0.003X_1+0.077X_2+0.004X_3+0.159X_4-0.072X_5+0.136X_6+0.148X_7-0.218X_8+0.169X_9+0.009X_{10}+0.128X_{11}+0.002X_{12}+0.174X_{13}-0.201X_{14}-0.058X_{15}-0.021X_{16}-0.029X_{17}+0.031X_{18}+0.019X_{19}-0.049X_{20}+0.038X_{21}-0.037X_{22}-0.073X_{23}+0.033X_{24}$$

按此公式依次可以列出 F_2 至 F_8 公因子的得分函数。

SPSS 19.0 软件自动生成8个公因子得分。虽然，这8个公因子从不同方面反映了目标国耕地投资环境的优劣，但单个公因子是不能对37个目标国耕地投资环境进行综合衡量的，因此还要以各公因子对应的方差贡献率为权数，按照下列公式计算综合得分：

$F=0.30729F_1+0.13360F_2+0.11632F_3+0.11323F_4+0.09835F_5+0.08092F_6+0.07656F_7+0.07371F_8$

通过计算可以得到 37 个目标国耕地投资环境的综合得分，如表 6.14 所示。

表 6.14　37 个目标国耕地投资环境排名

国别	F_1	F_2	F_3	F_4	F_5	F_6	F_7	F_8	综合得分	排名
澳大利亚	1.48	0.71	3.90	0.20	−0.28	0.90	0.07	−0.92	1.01	1
加拿大	0.88	1.64	1.03	−0.56	−0.09	−0.02	2.70	0.96	0.81	2
马来西亚	0.82	−0.02	−0.80	5.09	0.99	0.45	−0.43	−0.54	0.79	3
美国	0.49	4.88	−0.34	0.50	−0.55	−0.35	−0.57	−0.17	0.68	4
圭亚那	0.51	−0.35	−0.03	−0.90	4.31	1.05	0.82	−0.33	0.55	5
白俄罗斯	0.85	−0.37	−0.39	0.26	0.37	−0.53	−0.76	4.97	0.50	6
乌拉圭	1.18	−0.14	1.01	−0.45	0.85	−0.28	−0.99	−0.76	0.34	7
俄罗斯	1.02	−1.66	1.35	0.65	−1.27	−0.28	0.57	0.79	0.28	8
乌克兰	0.41	−0.26	0.50	0.21	0.75	−0.50	−0.34	1.02	0.25	9
刚果(布)	−0.12	−0.23	−0.68	−0.24	−0.14	4.79	−0.52	0.47	0.20	10
阿根廷	0.98	−0.06	0.63	−0.84	0.88	−0.56	−1.84	0.09	0.18	11
南非	0.24	0.20	−0.39	−0.70	−1.07	0.38	2.22	1.38	0.17	12
墨西哥	0.93	0.21	−0.28	−0.07	−0.73	−0.78	0.27	−0.69	0.11	13
苏里南	1.19	−0.10	−1.85	−1.10	0.97	−0.42	1.05	−1.10	0.07	14
巴西	0.85	−0.70	1.20	−0.50	−1.02	0.24	−0.75	−0.69	0.06	15
秘鲁	0.89	−0.11	−1.33	0.33	−0.82	0.48	−0.02	−0.60	0.05	16
印度尼西亚	0.25	−0.91	−0.41	1.46	−0.91	−0.43	1.07	−0.13	0.02	17
厄瓜多尔	1.26	−0.68	−1.51	−0.34	−0.03	−1.22	0.57	−0.94	−0.05	18
哥伦比亚	1.13	−0.40	−1.25	−0.47	−0.62	−0.37	−0.50	−0.46	−0.07	19
加蓬	0.24	−0.03	−0.80	−0.64	−0.45	1.21	−0.57	−0.09	−0.09	20
巴拉圭	−0.08	−0.87	0.70	−0.12	0.84	−1.13	−0.14	−0.42	−0.12	21
赞比亚	−0.78	−0.46	−0.03	0.01	−0.41	0.28	2.78	−0.56	−0.15	22
玻利维亚	0.29	−0.76	0.04	−0.40	−0.08	−0.38	−0.78	−0.23	−0.17	23
委内瑞拉	0.61	0.57	−1.39	−1.22	−0.69	−0.08	−1.22	−0.08	−0.21	24
巴布亚新几内亚	−1.59	0.78	−0.15	0.18	1.20	−0.21	0.10	0.17	−0.26	25
喀麦隆	−0.64	−0.40	0.07	0.06	−0.25	−0.32	−0.37	−0.14	−0.32	26

续表

国别	F_1	F_2	F_3	F_4	F_5	F_6	F_7	F_8	综合得分	排名
肯尼亚	−1.23	0.56	−0.08	0.01	0.71	−1.14	−0.19	0.24	−0.33	27
莫桑比克	−1.83	0.20	0.61	0.06	0.54	0.71	0.15	−0.05	−0.34	28
马达加斯加	−1.04	−0.29	−0.14	0.05	−0.12	0.04	0.62	−0.45	−0.36	29
埃塞俄比亚	−1.42	0.17	−0.16	0.27	0.17	−0.47	0.40	0.06	−0.39	30
布基纳法索	−0.99	−0.25	0.07	0.02	−0.39	−0.13	−0.26	−0.19	−0.41	31
坦桑尼亚	−1.37	0.01	0.19	0.10	0.02	−0.25	−0.07	−0.01	−0.41	32
马里	−1.27	−0.17	0.46	0.10	−0.05	−0.79	−0.12	−0.12	−0.44	33
安哥拉	−0.84	0.14	−0.34	−0.34	−1.22	0.66	−0.93	−0.22	−0.47	34
刚果(金)	−1.02	−0.15	0.01	−0.36	−0.41	0.10	−0.98	−0.09	−0.49	35
中非共和国	−1.22	0.05	0.25	−0.40	0.01	−0.71	−0.78	0.09	−0.49	36
乍得	−1.04	−0.75	0.34	0.08	−1.02	0.08	−0.25	−0.26	−0.50	37

四、评价结果分析 ▶▶▶

总体上看，综合得分中最高的为大洋洲的澳大利亚，为 1.01，最低的为非洲中部内陆国家乍得，只有−0.50。37 个目标国中有 17 个综合得分为正，其余 20 个综合得分为负，也即这 20 个国家综合得分处于总体平均值以下。综合得分为正的 17 个国家是澳大利亚、加拿大、马来西亚、美国、圭亚那、白俄罗斯、乌拉圭、俄罗斯、乌克兰、刚果(布)、阿根廷、南非、墨西哥、苏里南、巴西、秘鲁、印度尼西亚。这说明 37 个目标国之间投资环境水平存在较大差异。

澳大利亚、加拿大和美国等发达国家的投资环境较好，分别排名第 1、2、4 位。耕地资源丰富、基础设施完备、政治环境稳定、经济发达、法律法规等完备透明是发达国家耕地投资环境占优的主要原因。这三个国家也都有自己的不同优势。澳大利亚资源优势明显，加拿大企业运营成本较小，美国投资环境最为稳定。不过这些发达国家进入“门槛”较高，环保政策严苛，先住民对所属区域管理权大，工会组织实力强等，都值得投资者特别关注。这些问题很易成为影响投资项目成败的关键。另外，这三个国家在对待中国的投资问题上，一贯比较谨慎。

马来西亚在整体排名中位列第 3，除了其他各项指标均良好外，该国最大优势是与中国地理相近。另外，白俄罗斯、俄罗斯和乌克兰这三个主要资源国在投资环境评价中排名靠前，分列第 6、8、9 位。除耕地资源丰富、政治经济环境较稳定等因素外，俄罗斯与中国的地缘优势，以及长期以来两国友好的外交关系是影响投资环境的关键。当然，俄罗斯亦有其投资风险，主要表现在政治上可能会给投资政策及农业合作条款带来政府违约、汇兑风险。另外，俄罗斯社会腐败较为明显，容易增加交易成本。总体而言，中国周边耕地投资环境形势良好，有利于其在睦邻地区打造耕地生产基地。

拉美地区的主要资源国在投资环境综合评价中得分整体居中。圭亚那、乌拉圭是拉美地区投资环境较好的国家。其次有阿根廷、墨西哥、苏里南、巴西、秘鲁等，这些国家耕地资源丰富，政治环境相对较稳定。玻利维亚和委内瑞拉的投资环境得分在整个拉美地区较最低，主要原因是这些国家农业的运营环境不佳。另需注意的是拉美资源国普遍存在资源国有化现象，投资合作政策及财税条款也常因政府的需要而发生变化，进而影响投资者收益。中国投资者对其进行耕地投资时，要多采取合作经营的方式。

非洲国家，除了刚果（布）和南非外，其整体投资环境在各地区中较差。尽管有着丰富的耕地资源，但无论是该地区的基础设施建设、经济发展形势，还是国家风险程度，对投资主体而言都不容乐观。中国对该地区的耕地投资应保持资本长期投入且短期内不可能产生效益的心态。另外，鉴于该地区整体投资环境不稳定，对其投资应以战略要地建设为主，不宜全盘铺开。

第七章

目标国耕地资源国际供给潜力的比较分析

第一节　耕地资源需求量测算模型

“潜力”即潜在的能力，是指单位时间内，一定空间里的生产力和生产技术发展水平下，某效能指标可能达到的最大或最小临界值。耕地资源作为一种生产要素投入生产时，评价安全与否的主要标准是其对产出品的保障能力。粮食安全在任何国家都是贯穿国民经济的主动脉，粮食是关系国计民生的基础性、战略性产品，粮食也是耕地的主要作物。因此，结合中国投资海外耕地国别选择的互利共赢、可持续发展原则，本书将耕地资源国际供给潜力定义为：一个国家，结合本国耕地资源总量，于一定时期内，在充分保障本国粮食安全所需耕地资源数量的情形下，能够供给国际市场投资、开发的耕地资源数量。目标国耕地资源国际供给潜力的具体计算方法如下：

$$T=S-D=(E+A)-D$$

式中：T 为目标国耕地资源国际供给潜力，S 为目标国耕地资源总量，D 为目标国耕地资源需求量，E 为目标国已开发耕地数量，A 为目标国潜在耕地量。

由于已知 37 个目标国和中国的耕地资源总量，现在只需求得 37 个目标国和中国未来一定时期内的耕地资源需求量，即可得知目标国耕地资源国际供给潜力。

耕地资源需求量是指在既定生产技术水平条件下，为了满足人类和社会发展所需要的耕地面积，其反映的是耕地农产品供给能力与农产品消费需求量的一种平衡关系。一般来说，耕地供给能力取决于复种指数、单产水平、耕地面积等;农产品消费需求量主要由人口数量、人口消费水平、自给率决定。这里的耕地资源需求量指的是确保目标国自身粮食安全的耕地资源需求量,其测算模型如下:

$$D=L\cdot\frac{P\cdot Q}{F\cdot K\cdot M}$$

式中:D 为保障粮食安全前提下的目标国耕地需求量,L 为粮食自给率,P 为总人口,Q 为人均粮食消费量,F 为复种指数,K 为粮作比,M 为粮食单产。

第二节　目标国粮食需求的影响因素

一、人均粮食需求量预测 ▶▶▶

人均粮食需求量是科学测算国家粮食需求、制定保障粮食安全政策的基础性指标。有关人均粮食需求量的预测,现有文献一般都采取两种方法:早期的研究多数采用经验判断为主的定性方法,根据以往和当前粮食生产和经济发展判断未来粮食需求的发展趋势,同时根据以往数据的增长率定性地提出人均粮食需求量,再结合人口数量预测未来粮食需求量。当前关于人均粮食需求量的预测,多采用时间序列模型和人均粮食需求量与各种相关因素(如收入、价格等)数量关系的联系方程模型。鉴于目标国耕地资源国际供给潜力的概念与内涵,本书认为这两类定量模型均不适合预测目标国的人均粮食需求量。

1. 预测依据

人类的膳食结构和消费受到自然和社会两种类型因素的影响。自然资源是膳食结构和消费的基础,不同的人口与资源特征,决定了基本的食物消费结构取向。如中国、日本等亚洲国家以植物性蛋白质的直接粮食消费为主,而欧美国家则以动物性蛋白质的间接粮食消费为主。尽管自然资源在人类膳食结构上起基础作用,但社会经济发展水平主导着食物消费和膳食营养的发展变化。从世界粮食消费的经验来看,随着一国或地区经济发展水平的提高,居民膳食水平和消费结构也将提高和优化,在分配食物清单时,主食比例会减少,高耗粮食品如肉禽蛋奶类食物的比例将会增加,因此粮食等农产品消费水平会逐渐提高。从最新的粮食安全含义来看，粮食安全的标准不仅有宏观层面的粮食总体供求平衡，还有微观层面的居民膳食营养平衡。因此，FAO 提出随着居民收入增加和粮食贸易进一步发展，人均 400 千克可以作为国家调控粮食安全的基本参考线。这与我国以卢良恕院士为首的关于粮食安全的研究提出年人均粮食需求量不能少于 400 千克不谋而合。

尽管本书关于目标国粮食安全衡量标准采纳的是宏观的总体供求平衡，但在人均粮食需求方面，本书认为站在居民膳食营养平衡的角度进行分析更能体现粮食安全中的营养宗旨。另外，从 2013 年 FAO 发布的低收入缺粮国家名单来看，待选的 37 个目标国中就有 15 个列入其中：中非共和国、乍得、刚果（布）、刚果（金）、喀麦隆、坦桑尼亚、埃塞俄比亚、布基纳法索、肯尼亚、莫桑比克、赞比亚、马里、马达加斯加、印度尼西亚、巴布亚新几内亚。这些国家几乎都集中在非洲地区，农业基础设施较差，资本投入不足，且每年约有四分之一的人口面临食物不足，人均粮食产量不到 200 千克。单纯运用时间序列模型或联系方程模型的话，比如通过预测人均 GDP 发展水平再比对出相应的人均粮食需求量，则这些国家到 2025 年，将仍旧处于粮食不安全状态。这不符合本书设定的在满足他国粮食安全下进行耕地投资的国别选择原则。因此，结合上述分析，对 37＋1 个国家人均粮食需求量预测，本书采取两种方式：一是对上述低收入缺粮的 15 个国家，直接用 400 千克（温饱型）、420 千克（小康型）、450 千克（富裕型）的人均粮食需求量作为 2015 年、2020 年和 2025 年的数值；二是对于非低收入缺粮国家，结合 FAO 的食物平衡表，通过预测各国人均 GDP 在 2015 年、2020 年和 2025 年的发展水平，继而找出相对应的人均粮食需求量。

2. 预测过程

本书首先运用时间预测方法通过 ARIMA 自回归移动平均模型，预测 37＋1 国 2015 年、2020 年、2025 年的人均 GDP；然后，通过 FAO 的食物平衡数据库，比对相应人均 GDP 发展水平的标准型国家的人均粮食消耗量，继而得出观察国在 2015 年、2020 年、2025 年拟达到的人均粮食需求量。这就涉及标准型国家的选择问题。这里选择日本作为居民膳食营养的标准型国家。一方面是因为日本在 FAO 的食物平衡数据库中的数据比其他国家完整，更重要的原因是考虑到世界范围内四种膳食结构模式（发达国家的富裕型模式、发展中国家的温饱模式、地中海模式和日本模式）中，日本模式又称营养模式，其膳食模式既有以粮食为主的东方膳食传统特点，也吸取了欧美国家膳食长处，加之经济发达，人均年摄取粮食 110 千克，动物性食品 135 千克左右。因此日本不同年份的人均粮食消耗量可比对不同膳食结构模式的国家。

以中国为例，其 1993—2012 年人均 GDP 见表 7.1。

表 7.1　中国 1993—2012 年人均 GDP

单位:美元

年份	人均 GDP
1993	373.80
1994	469.21
1995	604.23
1996	703.12
1997	774.47
1998	820.86
1999	864.73
2000	949.18
2001	1041.64
2002	1135.45
2003	1273.64
2004	1490.38
2005	1731.13
2006	2069.34
2007	2651.26
2008	3413.59
2009	3749.27
2010	4447.76
2011	5441.76
2012	6188.19

数据来源:世界银行数据库

通过 SPSS 软件和 ARIMA 模型分析,预测结果显示,观测值和拟合值拟合程度较好,预测的 2015 年、2020 年、2025 年人均 GDP 分别为 8644.51 美元、13461.72 美元、19183.12 美元,相当于日本 1978 年、1985 年、1987 年人均 GDP 的发展水平。

按照上述方法,其余 37 个目标国未来人均 GDP 发展水平见表 7.2。

表 7.2　37+1 个目标国未来人均 GDP 预测值

单位:美元

国别	2015 年	2020 年	2025 年
安哥拉	6277.475	7598.540	8919.606
布基纳法索	695.931	798.613	901.296
喀麦隆	1170.902	1203.481	1236.059
中非共和国	481.688	496.706	511.724
乍得	989.552	1163.619	1337.686
刚果(布)	3534.187	4168.265	4802.343
刚果(金)	271.844	271.636	271.427
埃塞俄比亚	518.537	599.058	679.580
加蓬	12561.174	14445.640	16330.107
肯尼亚	1009.179	1252.270	1498.319
马达加斯加	475.991	523.579	571.168
马里	754.021	854.083	954.144
莫桑比克	648.692	765.180	881.668
南非	8143.636	9203.570	10263.504
坦桑尼亚	680.428	799.717	919.006
赞比亚	1639.724	1924.062	2208.400
阿根廷	12159.653	13338.860	14518.067
玻利维亚	3378.223	4715.789	6053.355
巴西	12689.206	14938.680	17188.154
哥伦比亚	8725.746	10349.193	11972.639
厄瓜多尔	6005.207	6972.829	7940.451
圭亚那	4053.399	4835.793	5618.188
墨西哥	10591.932	11999.391	13406.849
巴拉圭	4165.748	4752.875	5340.003
秘鲁	7366.805	8698.082	10029.359
苏里南	10104.044	12170.752	14237.460
乌拉圭	16622.131	20229.518	23819.821

续表

国别	2015 年	2020 年	2025 年
委内瑞拉	14304.936	16931.951	19558.966
白俄罗斯	7489.491	8830.277	10171.062
俄罗斯	15790.876	18713.960	21637.045
乌克兰	4278.949	4965.497	5652.046
印度尼西亚	3986.395	4701.400	5416.404
马来西亚	11483.453	13321.644	15159.835
澳大利亚	74828.890	87817.755	100806.619
加拿大	57377.411	65974.773	74572.136
巴布亚新几内亚	3544.921	6179.460	9272.262
美国	53855.566	60339.390	66823.215
中国	8644.506	13461.717	19183.125

由表 7.2 可知，2015 年中国人均 GDP 达 8644.506 美元，与 1978 年的日本人均 GDP 8535 美元相近。FAO 食物平衡表数据显示，1978 年日本人口 114058000 人，每年人均粮食消耗量 402 千克；相应的中国 2015 年人均粮食需求量预测值为 402 千克。以此方法比对中国 2020 年、2025 年以及其他 22 个目标国未来人均粮食需求量，再结合上文对定性决定的 15 个粮食不安全目标国 2015 年、2020 年、2025 年人均粮食需求量 400 千克（温饱型）、420 千克（小康型）、450 千克（富裕型），得出的结果如表 7.3 所示。

表 7.3 37+1 个目标国未来人均粮食需求量

单位：千克/人

国别	2015 年	2020 年	2025 年
安哥拉	400	402	414
布基纳法索	400	420	450
喀麦隆	400	420	450
中非共和国	400	420	450
乍得	400	420	450
刚果(布)	400	420	450
刚果(金)	400	420	450
埃塞俄比亚	400	420	450

续表

国别	2015 年	2020 年	2025 年
加蓬	439	440	441
肯尼亚	400	420	450
马达加斯加	400	420	450
马里	400	420	450
莫桑比克	400	420	450
南非	400	415	429
坦桑尼亚	400	420	450
赞比亚	400	420	450
阿根廷	421	427	436
玻利维亚	652	662	695
巴西	734	756	767
哥伦比亚	402	429	439
厄瓜多尔	694	711	724
圭亚那	672	684	694
墨西哥	681	704	725
巴拉圭	672	684	694
秘鲁	653	686	725
苏里南	681	714	721
乌拉圭	677	700	727
委内瑞拉	704	727	767
白俄罗斯	686	714	725
俄罗斯	704	721	736
乌克兰	799	802	815
印度尼西亚	400	420	450
马来西亚	439	440	441
澳大利亚	867	924	956
加拿大	1126	1247	1315
巴布亚新几内亚	400	420	450
美国	1362	1380	1417
中国	402	427	441

二、人口预测 ▶▶▶

人口变动是影响未来国家粮食需求的重要因素之一。人口预测即根据某国或某地区人口数量规模变化幅度，结合整个社会的经济、政治发展对人口数量变化的影响，分析其发展趋势，从而得出未来某个时期的人口增长与规模数量。现阶段学界关于人口预测常用的方法主要分为两类：数学预测，人口学预测。由于人口预测并非本研究的重点，本书并非仅针对中国进行研究，还包括 37 个目标国。基于数据可获性和结果精确性考虑及充分保障目标国粮食安全，这里人口预测直接引用 2012 年《世界人口预测报告》中人口预测结果的高位数，人口预测数据见表 7.4。

表 7.4　37+1 个目标国未来人口预测数据

单位：千人

国别	2015 年	2020 年	2025 年
安哥拉	22995.283	26980.041	31443.804
布基纳法索	18051.457	20932.291	24188.867
喀麦隆	23587.842	26955.700	30687.329
中非共和国	4842.533	5397.586	6007.558
乍得	13707.463	16027.565	18766.747
刚果(布)	4709.501	5374.499	6175.419
刚果(金)	71763.074	82728.293	95000.605
埃塞俄比亚	99736.376	113837.168	129090.957
加蓬	1766.461	1997.341	2245.926
肯尼亚	47157.950	54056.859	61592.978
马达加斯加	24444.712	28404.729	32930.234
马里	16372.948	19383.139	22951.660
莫桑比克	27339.269	31168.379	35661.831
南非	54039.825	56572.272	59223.511
坦桑尼亚	52720.457	61615.183	71733.239
赞比亚	15644.134	18611.493	22096.154
阿根廷	42548.087	44868.690	47259.732
玻利维亚	11125.265	12191.136	13319.370

续表

国别	2015 年	2020 年	2025 年
巴西	205686.583	216394.175	226855.694
哥伦比亚	50013.901	53667.007	57270.964
厄瓜多尔	16381.688	17836.387	19330.059
圭亚那	815.297	845.581	877.990
墨西哥	126498.758	135306.841	144219.867
巴拉圭	7100.393	7792.228	8505.988
秘鲁	31462.713	33887.456	36342.674
苏里南	553.608	583.166	612.747
乌拉圭	3459.724	3559.191	3673.382
委内瑞拉	31599.915	34237.458	36867.331
白俄罗斯	9345.689	9239.011	9121.761
俄罗斯	143463.029	143353.274	142434.879
乌克兰	45060.861	44173.200	43206.561
印度尼西亚	258143.643	275829.277	293569.116
马来西亚	30979.454	33758.731	36594.438
澳大利亚	24125.935	25980.645	27893.205
加拿大	36165.047	38390.680	40572.788
巴布亚新几内亚	7697.283	8604.403	9574.512
美国	327778.411	345000.065	363242.510
中国	1415310.550	1466679.191	1504715.580

三、粮食自给率确定 ▶▶▶

衡量一国粮食安全通常有三个标准:粮食自给率、人均粮食消费量、粮食库存量。联合国粮农组织认为,从宏观层面分析,一国粮食自给率越高,粮食安全越能得到保障。从微观层面看,个人在保证身体健康、营养均衡的情形下,其粮食消费至少要达到 400 千克。另外,一个国家的粮食储备合格标准是达到本年度粮食消耗的 18%,低于 18%为危险状态;14%为一国粮食安全警戒线,低于 14%为粮食安全紧急状态。本书采用最严格标准,在粮食自给率上用 100%标准。

第三节　目标国粮食供给的影响因素

一、粮食单产预测

有关粮食单产研究中，学者们运用的定量分析法主要包括回归法、人工神经网络两种。回归法是通过研究两个或两个以上因素之间的统计相关性来对未来进行预测，其要求变量分布具有线性特征。然而，农业生产是自然物质交换和社会物质交换的双向过程，收集的数据不一定具有线性特征。对于数值非线性分布，则只能依赖专家的经验，从众变量中找到对粮食单产有显著影响的变量，并对其数值进行合理变换（有时这些关键变量的数值还不宜进行变换）。而人工神经网络是应用类似于大脑神经突触联结的结构进行信息处理的数学模型，是一种可以大量处理单元互联组成的非线性、自适应信息处理系统。只不过当前对人工神经网络格局的确定，学界还未提出切实可行的原理，只凭实验数据判断。并且该模型对数据规模、质量要求很高，计算过程复杂，实践中很难收集满足模型要求的数据。本书认为，粮食生产受地理、土壤、气候、降雨、资本投入、技术发展水平、能源价格等诸因素的影响。这些因素并非独立发生作用，而是相互影响、相互抵消，在属性上应归于灰色信息一类。因此，本书采用灰色模型来对37个目标国和中国的粮食单产进行预测。

（一）模型检验

1. GM(1,1)预测模型

GM(1,1)预测模型的实质是对符合一定要求的序列，使用白化方程进行回归预测。以下是GM(1,1)预测模型的一些相关理论。

已知长度为 n 的序列为 $x^{(0)}=(x_1^{(0)},x_2^{(0)},\cdots,x_n^{(0)})$，求其级比序列 $\lambda(x^{(0)})=(0,\lambda_2,\cdots,\lambda_n)$。其中 $\lambda_k(x^{(0)})=\dfrac{x_{k-1}^{(0)}}{x_k^{(0)}}$，$(k=2,3,\cdots,n)$。

若所有级比都落在可容覆盖 $\Theta=(e^{-\frac{2}{n+1}},e^{\frac{2}{n+2}})$ 内，则序列 $x^{(0)}$ 可使用 $GM(1,1)$ 预测模型进行预测；否则，取适当常数 c，对序列进行平移变化，得到平移后序列 $y^{(0)}=(y_1^{(0)},y_2^{(0)},\cdots,y_n^{(0)})$，其中 $y_k^{(0)}=x_k^{(0)}+c$，$(k=1,2,\cdots,n)$，使其级比落入可容覆盖内。

然后，可以对序列 $y^{(0)}$，使用 $GM(1,1)$ 预测模型进行预测。

对序列 $y^{(0)}$ 做一次累加(AGO),生成序列 $y^{(1)}=(y_1^{(1)},y_2^{(1)},\cdots,y_n^{(1)})$,其中 $y_k^{(1)}=\sum_{i=1}^{k}y_i^{(0)}$。再求其均值序列 $z^{(1)}=(z_1^{(1)},z_2^{(1)},\cdots,z_n^{(1)})$,其中 $z_k^{(1)}=0.5y_k^{(1)}+0.5y_{k-1}^{(1)}$,$(k=2,\cdots,n)$。

对白化方程 $\frac{\mathrm{d}y^{(1)}}{\mathrm{d}t}+ay^{(1)}=b$ 离散化,得到相应的灰微分方程 $y_k^{(0)}+az_k^{(1)}=b$,$(k=2,3,\cdots n)$。

记 $u=(a,b)^T$,$Y=(y_2^{(0)},y_3^{(0)},\cdots,y_6^{(0)})^T$,$B=\begin{bmatrix}-z_2^{(1)} & 1\\ -z_3^{(1)} & 1\\ \vdots & \vdots\\ -z_6^{(1)} & 1\end{bmatrix}$。

则由最小二乘法可求得 $\hat{u}=(\hat{a},\hat{b})^T=(B^TB)^{-1}B^TY$。于是得到求解白化微分方程 $y_{k+1}^{(1)}=(y_1^{(0)}-\frac{\hat{b}}{\hat{a}})e^{-\hat{a}k}+\frac{\hat{b}}{\hat{a}}$。进而可使用该函数进行预测,并使用一次累减(IAGO),可得 $y^{(0)}$ 的预测值 $\tilde{y}^{(0)}=(\tilde{y}_1^{(0)},\tilde{y}_2^{(0)},\cdots,\tilde{y}_{n+1}^{(0)},\tilde{y}_{n+2}^{(0)},\cdots)$。再反演平移变换,得到原序列 $x^{(0)}$ 的预测值 $\tilde{x}^{(0)}=(\tilde{x}_1^{(0)},\tilde{x}_2^{(0)},\cdots,\tilde{x}_{n+1}^{(0)},\tilde{x}_{n+2}^{(0)},\cdots)$,其中 $\tilde{x}_k^{(0)}=\tilde{y}_k^{(0)}-c$,$(k=1,2\cdots,n+1,n+2,\cdots)$。

2. 模型检验

任何预测方法,都需要对预测结果进行检验,所以定义以下三个指标,对模型预测结果进行检验。

实际序列为

$x^{(0)}=(x_1^{(0)},x_2^{(0)},\cdots,x_n^{(0)})$

相应的预测模型模拟序列为

$\tilde{x}^{(0)}=(\tilde{x}_1^{(0)},\tilde{x}_2^{(0)},\cdots,\tilde{x}_n^{(0)})$

则计算残差为

$\varepsilon=(\varepsilon_1,\varepsilon_2,\cdots,\varepsilon_n)=(\hat{x}_1^{(0)}-x_1^{(0)},\hat{x}_2^{(0)}-x_2^{(0)},\cdots,\hat{x}_n^{(0)}-x_n^{(0)})$

进行平均相对精度检验。定义相对误差序列

$$\Delta=\left(\left|\frac{\varepsilon_1}{x_1^{(0)}}\right|,\left|\frac{\varepsilon_2}{x_2^{(0)}}\right|,\cdots,\left|\frac{\varepsilon_n}{x_n^{(0)}}\right|\right)=(\Delta_k)_{k=1}^{n}$$

称 Δ_k 为 k 点的预测误差,记 $\bar{\Delta}=\sum_{k=1}^{k}\Delta_k$ 为平均相对误差率,称 $P_1=1-\bar{\Delta}$ 为平均相对精度。对给定 $\alpha(0<\alpha<1)$,若平均相对精度 P_1 满足 $0<P_1<\alpha$,则称模型为平均相对精度合格模型。

进行均方差比值检验。计算实际序列 $x^{(0)}=(x_1^{(0)},x_2^{(0)},\cdots,x_n^{(0)})$ 和残差序列 $\varepsilon=(\varepsilon_1,\varepsilon_2,\cdots,\varepsilon_n)$ 的均值和方差,表达式如下:

$$\begin{cases} \bar{x}^{(0)} = \dfrac{1}{n}\sum_{k=1}^{n}\bar{x}_k^{(0)} \\ S_x^2 = \dfrac{1}{n}(\bar{x}^{(0)} - \bar{x}^{(0)})^2 \\ \varepsilon^{(0)} = \dfrac{1}{n}\sum_{k=1}^{n}\varepsilon_k^{(0)} \\ S_\varepsilon^2 = \dfrac{1}{n}(\varepsilon_k^{(0)} - \varepsilon^{(0)})^2 \end{cases}$$

记 $P_2 = \dfrac{S_\varepsilon}{S_x}$ 为均方差比值，给定 $\beta(0<\beta<1)$，若均方差比值 P_2 满足 $0<P_2<\beta$，则称模型为均方差比合格模型。

进行小误差概率检验。记 $P_3 = P(|\varepsilon_k - \bar{\varepsilon}| < 0.6745S_x)$ 为无小误差概率，给定 $\gamma(0<\gamma<1)$，若无小误差概率 P_2 满足 $0<P_2<\gamma$，则称模型为小误差概率合格模型。

(二)单产预测

1. 粮食单产预测

首先，根据GM(1,1)预测模型的特点，考察各国年度粮食单产情况，在假设没有革命性技术革新前提下，取2003—2012年的数据为预测样本，用于预测2015年、2020年、2025年粮食单产。包括中国在内的37+1个目标国2003—2012年粮食单产量如表7.5所示。

表7.5 37+1个目标国2002—2012年粮食单产量

单位：千克/公顷

国家	2003年	2004年	2005年	2006年	2007年	2008年	2009年	2010年	2011年	2012年
安哥拉	668	500	598	449	526	728	603	663	694	617
马达加斯加	2202	2354	2516	2444	2590	2766	2717	2698	2674	2663
马里	979	864	1090	1125	1101	1398	1597	1624	996	1667
布基纳法索	996	941	1127	1204	936	1040	1002	1063	995	1230
喀麦隆	1620	1563	1727	1810	1676	1678	1765	1669	1681	1720
中非共和国	1019	991	962	860	951	947	948	1447	1522	1684
肯尼亚	1594	1806	1646	1647	1773	1418	1243	1710	1515	1660
加蓬	1588	1321	1445	1663	1666	1660	1658	1687	1698	1685
南非	2537	2783	3314	3159	2793	4062	4413	4143	4024	3650
坦桑尼亚	860	1370	1100	1339	1449	1325	1110	1647	1379	1314

续表

国家	2003 年	2004 年	2005 年	2006 年	2007 年	2008 年	2009 年	2010 年	2011 年	2012 年
埃塞俄比亚	1123	1163	1361	1563	1439	1450	1653	1682	1833	1970
莫桑比克	818	774	529	782	885	758	884	945	1041	694
赞比亚	1703	1816	1902	1816	2255	2184	2070	2537	2731	2693
乍得	790	671	762	750	763	812	826	843	772	1282
刚果(布)	814	822	757	778	784	781	792	780	814	848
刚果(金)	772	772	772	772	772	772	772	771	771	799
巴西	3385	3131	2883	3211	3553	3831	3532	4041	4038	4599
阿根廷	3673	3668	4231	3702	4352	3907	3814	5042	4465	4769
哥伦比亚	3993	4005	3948	3780	3938	4154	3547	3448	3725	3749
厄瓜多尔	2617	2922	2842	2830	3144	2980	2966	3315	3282	3511
圭亚那	4156	4206	3862	4488	4223	4161	4366	4167	4428	4432
乌拉圭	3908	4300	4410	4457	4131	3958	4076	4267	4595	4252
委内瑞拉	3209	3329	3350	3414	3385	3612	3438	3391	3545	4074
玻利维亚	1963	1619	1927	2100	1763	2016	2346	2057	2365	2463
苏里南	3694	3559	3598	4129	4253	4189	4209	4232	4133	4000
秘鲁	3443	3278	3558	3520	3486	3832	3919	3898	3889	4136
墨西哥	2964	3079	3131	3214	3353	3453	3434	3501	3241	3392
巴拉圭	2323	2446	2115	2423	2334	2681	2357	3457	3480	3439
印度尼西亚	4248	4274	4311	4366	4465	4694	4813	4878	4886	5081
中国	4878	5190	5226	5313	5320	5548	5450	5527	5707	5837
马来西亚	3347	3315	3407	3384	3541	3599	3735	3660	3920	4017
俄罗斯	1784	1883	1860	1887	1990	2389	2282	1844	2261	1859
白俄罗斯	2427	2993	2855	2555	2888	3558	3376	2814	3248	3486
乌克兰	1849	2845	2623	2428	2207	3487	3004	2727	3754	3169
加拿大	2760	3142	3216	3046	2965	3387	3293	3481	3527	3540
美国	6024	6852	6451	6400	6704	6620	7236	6988	6818	5922
巴布亚新几内亚	3777	4086	4132	3997	4096	3986	4156	4279	4463	4486
澳大利亚	2089	1705	2087	1056	1231	1688	1691	1724	2097	2233

根据上述模型中的方法，使用 Matlab 软件对每个国家的粮食单产进行预测，以中国为例，得出预测结果(见表 7.6)。

表 7.6　中国未来粮食单产预测结果

单位：千克/公顷

年份	实际值	预测值	残差	相对误差
2003	4878	4992.77	−114.77	2.35%
2004	5190	5082.63	107.37	2.07%
2005	5226	5174.10	51.90	0.99%
2006	5313	5267.22	45.78	0.86%
2007	5320	5362.01	−42.01	0.79%
2008	5548	5458.51	89.49	1.61%
2009	5450	5556.75	−106.75	1.96%
2010	5527	5656.75	−129.75	2.35%
2011	5707	5758.56	−51.56	0.90%
2012	5837	5862.19	−25.19	0.43%
2013		5967.70		
2014		6075.10		
2015		6184.43		
2016		6295.73		
2017		6409.04		
2018		6524.38		
2019		6641.80		
2020		6761.33		
2021		6883.02		
2022		7006.89		
2023		7132.99		
2024		7261.37		
2025		7392.05		

其中 2015 年、2020 年、2025 年的粮食单产预测值分别为 6184.43 千克/公顷、6761.33 千克/公顷、7392.05 千克/公顷。

类似上文求解过程，得到 37+1 个目标国预测结果(见表 7.7)。

表 7.7 37+1 个目标国未来粮食单产

单位:千克/公顷

国家	2015 年	2020 年	2025 年
安哥拉	558.98	542.87	527.00
马达加斯加	3832.84	4845.16	6124.86
马里	2182.33	3005.33	4090.61
布基纳法索	1113.23	1163.32	1214.88
喀麦隆	1708.90	1722.92	1737.05
中非共和国	840.86	782.85	728.85
肯尼亚	1342.11	1231.80	1127.75
加蓬	3081.11	4154.73	5533.18
南非	5663.78	7280.97	9180.48
坦桑尼亚	642.99	322.83	320.84
埃塞俄比亚	2071.09	2522.91	3060.82
莫桑比克	933.95	990.04	1049.50
赞比亚	3057.99	3908.94	4969.30
乍得	1003.98	1162.35	1343.43
刚果(布)	781.20	778.31	775.44
刚果(金)	763.70	758.76	753.86
巴西	4219.40	4790.99	5440.02
阿根廷	4776.27	5393.60	6090.73
哥伦比亚	4399.10	4673.18	4964.34
厄瓜多尔	4026.40	4836.97	5780.91
圭亚那	3201.83	2841.78	2495.38
乌拉圭	4936.51	5495.19	6117.08
委内瑞拉	4245.80	4725.25	5258.84
玻利维亚	2287.57	2516.63	2765.96
苏里南	4713.09	5168.19	5667.23
秘鲁	4430.60	4964.31	5562.30
墨西哥	4065.84	4620.49	5250.81
巴拉圭	2787.07	3052.82	3343.91
印度尼西亚	5330.43	5886.90	6501.46

续表

国家	2015 年	2020 年	2025 年
中国	6184.43	6761.33	7392.05
马来西亚	4101.10	4505.76	4950.34
俄罗斯	2583.69	2931.01	3318.76
白俄罗斯	4699.45	6057.20	7769.49
乌克兰	3301.83	3647.06	4007.97
加拿大	4259.62	5121.81	6158.52
美国	8185.85	9257.06	10468.46
巴布亚新几内亚	4481.48	4719.02	4969.14
澳大利亚	1212.73	1004.89	803.79

2. 单产预测结果检验

根据求解的结果对模型进行检验。

取 $\alpha=0.9$，$\beta=0.75$，$\gamma=0.9$，对所有求解结果进行平均相对精度检验、均方差比值检验和小误差概率检验。若预测结果对三种检验均不通过，则认为结果不可信；反之，则可信。检验结果见表 7.8。

表 7.8　37+1 个目标国未来粮食单产预测结果检验

序号	国家	相对预测精度检验	均方差值检验	小误差概率检验	预测结果
1	安哥拉	/	/	通过	可信
2	马达加斯加	通过	通过	通过	可信
3	马里	通过	通过	通过	可信
4	布基纳法索	通过	/	通过	可信
5	喀麦隆	通过	/	通过	可信
6	中非共和国	通过	通过	通过	可信
7	肯尼亚	通过	/	通过	可信
8	加蓬	通过	通过	通过	可信
9	南非	通过	通过	通过	可信
10	坦桑尼亚	/	/	通过	可信
11	埃塞俄比亚	通过	通过	通过	可信
12	莫桑比克	通过	/	通过	可信
13	赞比亚	通过	通过	通过	可信

续表

序号	国家	相对预测精度检验	均方差值检验	小误差概率检验	预测结果
14	乍得	通过	通过	通过	可信
15	刚果(布)	通过	/	通过	可信
16	刚果(金)	通过	通过	通过	可信
17	巴西	通过	通过	通过	可信
18	阿根廷	通过	通过	通过	可信
19	哥伦比亚	通过	通过	通过	可信
20	厄瓜多尔	通过	通过	通过	可信
21	圭亚那	通过	/	/	可信
22	乌拉圭	通过	/	通过	可信
23	委内瑞拉	通过	通过	通过	可信
24	玻利维亚	通过	通过	通过	可信
25	苏里南	通过	通过	通过	可信
26	秘鲁	通过	通过	通过	可信
27	墨西哥	通过	通过	通过	可信
28	巴拉圭	通过	通过	通过	可信
29	印度尼西亚	通过	通过	通过	可信
30	中国	通过	通过	通过	可信
31	马来西亚	通过	通过	通过	可信
32	俄罗斯	通过	通过	通过	可信
33	白俄罗斯	通过	通过	通过	可信
34	乌克兰	/	/	通过	可信
35	加拿大	通过	通过	通过	可信
36	美国	通过	通过	通过	可信
37	巴布亚新几内亚	通过	/	通过	可信
38	澳大利亚	/	/	通过	可信

由表 7.8 可知,所有预测结果均可信。

二、复种指数确定 ▶▶▶

复种指数，也称种植指数，即耕地上全年农作物的播种面积与耕地面积之比，反映了农业生产在时间尺度上利用农业生产资源的程度。复种指数高低受当地热量、土壤等自然条件以及科学技术水平、种植制度安排等条件制约。一方面任何作物生长、成熟都需要一定的水、热条件，100～300 天的生产期、1000～3000 摄氏度的积温、300～800 毫米的降水量，否则无法完成生长过程。要想作物能够在某地域复种，则需当地的水、光、热等能量供给超过作物生长所需能量。因此，无霜期、总积温高、水分充足是提高复种指数的基础。另一方面，并非自然条件好、y 农业生产水平高的地区，其农作物的复种指数就一定高，其中还有一定的人为制度安排，如欧美国家复种指数平均水平只有 88%。这些发达国家一方面发展现代化农业，推行的是大规模农业机械化生产，同时施行严格的休耕制度，以保证土壤肥力，实现可持续发展。复种指数高，有利于提高土壤、光、热等自然资源和人力资源的利用率，增加粮食产量，在一定程度上缓解粮食与经济作物等争地的矛盾。但复种指数不可能无限提高，过高也不利于土壤肥力的恢复，加之不合理使用化肥农药等容易导致土壤的板结退化，质量下降，不利于农业的可持续发展。

本书收集了 37＋1 个目标国 2002—2011 年农作物播种面积和耕地面积，并计算出各目标国复种指数(见表 7.9)。

表 7.9　37＋1 个目标国 2002—2011 年历年复种指数

国别	2002 年	2003 年	2004 年	2005 年	2006 年	2007 年	2008 年	2009 年	2010 年	2011 年
安哥拉	151%	155%	185%	196%	193%	202%	162%	203%	202%	229%
布基纳法索	115%	119%	115%	122%	121%	107%	116%	108%	122%	107%
喀麦隆	57%	60%	61%	61%	64%	65%	66%	77%	79%	79%
中非共和国	44%	43%	44%	46%	48%	51%	51%	53%	49%	51%
乍得	91%	93%	90%	91%	88%	88%	89%	84%	84%	67%
刚果(布)	48%	50%	52%	54%	56%	57%	59%	60%	61%	66%
刚果(金)	85%	86%	87%	87%	88%	88%	87%	87%	87%	94%
埃塞俄比亚	100%	107%	111%	106%	92%	93%	93%	99%	98%	96%
加蓬	58%	61%	61%	63%	62%	62%	63%	67%	71%	75%
肯尼亚	83%	84%	74%	83%	91%	80%	76%	83%	84%	93%
马达加斯加	83%	84%	85%	88%	91%	90%	85%	87%	89%	89%

续表

国别	2002 年	2003 年	2004 年	2005 年	2006 年	2007 年	2008 年	2009 年	2010 年	2011 年
马里	174%	179%	175%	159%	152%	166%	141%	151%	149%	213%
莫桑比克	115%	112%	114%	134%	123%	130%	147%	134%	130%	139%
南非	46%	45%	43%	42%	35%	36%	41%	38%	40%	42%
坦桑尼亚	108%	125%	119%	120%	111%	111%	109%	110%	112%	119%
赞比亚	42%	48%	49%	48%	53%	45%	44%	59%	58%	64%
阿根廷	179%	179%	181%	165%	164%	169%	174%	164%	169%	180%
玻利维亚	72%	61%	64%	69%	75%	77%	74%	81%	77%	76%
巴西	75%	78%	81%	81%	79%	78%	78%	77%	76%	79%
哥伦比亚	229%	235%	248%	262%	279%	273%	300%	310%	295%	247%
厄瓜多尔	132%	135%	148%	138%	142%	152%	141%	157%	156%	156%
圭亚那	33%	38%	35%	35%	36%	35%	38%	40%	43%	42%
墨西哥	58%	61%	60%	54%	60%	60%	59%	52%	58%	50%
巴拉圭	96%	100%	120%	113%	132%	127%	119%	124%	124%	129%
秘鲁	65%	64%	64%	67%	69%	69%	71%	72%	71%	70%
苏里南	107%	106%	106%	108%	105%	107%	106%	106%	110%	107%
乌拉圭	54%	62%	79%	77%	81%	84%	89%	93%	102%	109%
委内瑞拉	50%	54%	60%	63%	64%	63%	66%	60%	66%	66%
白俄罗斯	61%	58%	61%	58%	59%	63%	65%	65%	63%	63%
俄罗斯	43%	40%	43%	44%	44%	43%	46%	44%	37%	46%
乌克兰	61%	55%	65%	66%	67%	64%	74%	73%	72%	75%
印度尼西亚	129%	118%	110%	126%	129%	136%	132%	133%	135%	136%
马来西亚	250%	244%	252%	263%	264%	268%	275%	283%	291%	300%
澳大利亚	93%	101%	102%	93%	94%	107%	113%	104%	112%	105%
加拿大	50%	59%	56%	57%	57%	61%	63%	61%	58%	59%
巴布亚新几内亚	319%	314%	306%	306%	299%	329%	272%	275%	278%	282%
美国	58%	60%	62%	63%	62%	64%	64%	63%	65%	62%
中国	133%	134%	131%	137%	136%	150%	153%	153%	153%	155%

数据来源:FAO 数据库

从表 7.9 中可看出,含中国在内的 38 个国家从北到南,横跨地球八个地带,地形、土壤、水、热条件各异,相应的各地区国家间复种指数差异较大。非洲地区国家因其农业经济技术水平落后，除安哥拉、布基纳法索、坦桑尼亚、马里、莫桑比克外，其他目标国的复种指数整体较低。拉美地区目标国复种指数整体高于非洲地区，其中哥伦比亚的复种指数较高，在200%以上。东南亚国家包括中国在内复种指数常年居于较高水平，特别是马来西亚，最高年份达到300%。北美地区国家及白俄罗斯和乌克兰的复种指数均维持在60%左右，这与其自然资源条件优厚、土地富裕、技术先进有关。这种水平的复种指数一方面能保证国内粮食供给，另一方面能让土壤肥力得到充分恢复。总之，上述国家复种指数近十年间，除少部分国家变化率超过10%以外，整体持稳，变化较小。

国外学界研究复种指数潜力的较少，大多是对整个粮食生产潜力的研究，并且主要采用AEZ模型。在国内，耕地复种指数潜力一直是研究的热点问题。不少学者根据各个地区的耕作制度和水热资源情况，对全国各省(区、市)的耕地复种指数及潜力进行了估算。但这些模型预测出的结果往往都是理论值，是在充分利用该地区光、热、水资源情形下所能达到的最大复种指数。受经济条件、人力、作物品种等因素的限制，一个地区实际复种指数一般情况下达不到其最高水平。

因此，综合考虑各个国家发展状况，农业可持续性，以及复种指数受作物生产周期影响而农业生产的整个生态环境不可能在短时间内发生剧烈变化的背景，以各目标国近十年来实际能够达到的平均复种指数和最大复种指数为界点，在平均值和最大值间定义2015年、2020年、2025年各目标国复种指数(见表7.10)。即2015年是复种指数平均值，2025年是复种指数最大值，2020年是2015年复种指数和2025年复种指数平均值。

表7.10　37+1个目标国2015年、2020年、2025年复种指数

国别	2015年	2020年	2025年
安哥拉	156%	193%	229%
布基纳法索	115%	119%	122%
喀麦隆	58%	69%	79%
中非共和国	44%	49%	53%
乍得	84%	90%	95%
刚果(布)	49%	58%	66%
刚果(金)	91%	99%	107%
埃塞俄比亚	96%	104%	111%
加蓬	59%	67%	75%
肯尼亚	81%	87%	93%

续表

国别	2015 年	2020 年	2025 年
马达加斯加	85%	88%	91%
马里	163%	188%	213%
莫桑比克	116%	132%	147%
南非	45%	51%	56%
坦桑尼亚	98%	112%	125%
赞比亚	48%	56%	64%
阿根廷	168%	177%	186%
玻利维亚	70%	76%	81%
巴西	77%	83%	88%
哥伦比亚	238%	274%	310%
厄瓜多尔	128%	143%	157%
圭亚那	36%	40%	43%
墨西哥	59%	63%	66%
巴拉圭	106%	119%	132%
秘鲁	62%	67%	72%
苏里南	112%	130%	147%
乌拉圭	70%	90%	109%
委内瑞拉	57%	62%	66%
白俄罗斯	62%	64%	65%
俄罗斯	45%	50%	54%
乌克兰	62%	69%	75%
印度尼西亚	132%	140%	148%
马来西亚	235%	268%	300%
澳大利亚	96%	105%	113%
加拿大	59%	61%	63%
巴布亚新几内亚	325%	343%	360%
美国	61%	63%	65%
中国	136%	146%	155%

三、粮作比确定 ▶▶▶

粮作比即粮食作物播种面积与所有农作物播种面积的比值，它是保障粮食供给的重要基础。保障粮食安全，首先必须保证粮食播种面积不减少。但粮食种植比较效益低下，纯粹市场行为难以保障国家的粮食安全。如果说复种指数是由自然资源、科学技术、耕作制度综合决定的话，那么粮作比更是一国粮食安全战略下的制度安排。

本书收集了37+1个目标国1992—2011年的粮食播种面积和农作物播种面积，并计算出各目标国历年粮作比。按照上文复种指数确定的方法，以20年内各国粮作比的平均值、最大值以及平均值与最大值的平均数来确定目标国2015年、2020年和2025年粮作比（见表7.11）。

表7.11　37+1个目标国2015年、2020年、2025年粮作比

国别	2015年	2020年	2025年
安哥拉	0.460	0.528	0.595
布基纳法索	0.628	0.665	0.702
喀麦隆	0.321	0.350	0.378
中非共和国	0.210	0.246	0.282
乍得	0.595	0.646	0.697
刚果（布）	0.089	0.103	0.117
刚果（金）	0.327	0.337	0.346
埃塞俄比亚	0.707	0.729	0.751
加蓬	0.104	0.117	0.129
肯尼亚	0.486	0.519	0.551
马达加斯加	0.579	0.597	0.614
马里	0.656	0.706	0.755
莫桑比克	0.400	0.431	0.461
南非	0.751	0.788	0.825
坦桑尼亚	0.405	0.437	0.468
赞比亚	0.556	0.597	0.637
阿根廷	0.388	0.439	0.490
玻利维亚	0.374	0.438	0.502

续表

国别	2015 年	2020 年	2025 年
巴西	0.396	0.424	0.451
哥伦比亚	0.425	0.455	0.485
厄瓜多尔	0.488	0.519	0.550
圭亚那	0.751	0.765	0.778
墨西哥	0.692	0.707	0.722
巴拉圭	0.243	0.275	0.306
秘鲁	0.463	0.476	0.489
苏里南	0.852	0.877	0.902
乌拉圭	0.666	0.728	0.790
委内瑞拉	0.622	0.661	0.699
白俄罗斯	0.666	0.684	0.702
俄罗斯	0.787	0.812	0.836
乌克兰	0.658	0.687	0.716
印度尼西亚	0.569	0.583	0.597
马来西亚	0.169	0.196	0.223
澳大利亚	0.803	0.823	0.842
加拿大	0.647	0.724	0.801
巴布亚新几内亚	0.004	0.005	0.005
美国	0.571	0.601	0.631
中国	0.544	0.577	0.609

数据来源:FAO 数据库

第四节　目标国耕地资源需求量测算

结合上述粮食需求和粮食供给各影响因素的测算,根据目标国耕地资源需求量测算公式(7.2),得出 37+1 个目标国 2015 年、2020 年、2025 年耕地资源需求量(见表 7.12)。

表 7.12 37+1 个目标国 2015 年、2020 年、2025 年耕地资源需求量

单位：公顷

国别	2015 年	2020 年	2025 年
安哥拉	22930844.58	19624248.88	18128937.78
布基纳法索	8981106.93	9549887.44	10461590.47
喀麦隆	29655040.78	27248244.12	26621982.43
中非共和国	24930840.24	24023656.97	24816889.68
乍得	10926869.60	9961044.72	9493581.59
刚果(布)	55295089.26	48547788.15	46408864.92
刚果(金)	126313302.30	137460735.29	153175147.80
埃塞俄比亚	28380755.78	24996013.33	22767095.43
加蓬	4101814.53	2709950.51	1850155.62
肯尼亚	35703065.66	40859390.55	47961894.91
马达加斯加	5183543.37	4690711.23	4330134.65
马里	2806564.37	2042332.12	1570044.58
莫桑比克	25235114.67	23268247.68	22563966.60
南非	11293150.06	8023541.11	5990238.01
坦桑尼亚	82633060.85	163968670.86	171984212.12
赞比亚	7667599.65	5986500.52	4908113.30
阿根廷	5753501.86	4571458.10	3711926.53
玻利维亚	12111945.99	9633743.82	8230644.74
巴西	117345222.76	97142793.94	80590776.07
哥伦比亚	4518424.83	3951756.70	3368480.70
厄瓜多尔	4520343.23	3532642.57	2803581.57
圭亚那	632913.57	665554.13	729901.57
墨西哥	51894936.29	46285442.06	41788392.05
巴拉圭	6646479.12	5344748.14	4370531.94
秘鲁	16153778.60	14683258.12	13454238.46
苏里南	83827.42	70665.76	58792.48
乌拉圭	1017742.32	691978.71	506993.92
委内瑞拉	14778617.21	12863128.88	11655368.08
白俄罗斯	3303866.49	2487801.39	1865407.48

续表

国别	2015 年	2020 年	2025 年
俄罗斯	110378631.37	86909460.13	69971032.27
乌克兰	26728462.21	20492006.92	16360951.65
印度尼西亚	25791285.20	24110510.31	22997251.64
马来西亚	8349939.97	6275955.69	4872956.40
澳大利亚	22374449.12	27661655.60	34867690.08
加拿大	25043802.75	21164128.67	17167663.13
巴布亚新几内亚	52848495.79	49614838.46	48169864.40
美国	156576913.42	135834523.40	119878418.37
中国	124348431.28	110047125.98	95099694.24

第五节　目标国耕地资源国际供给潜力

一、耕地资源国际供给潜力测算 ▶▶▶

表 7.13 是 37＋1 个目标国耕地资源概况，结合表 7.12，根据目标国耕地资源国际供给潜力公式(7.1)，即可得出 37＋1 个目标国 2015 年、2020 年、2025 年耕地资源国际供给潜力(见表 7.14)。

表 7.13　37＋1 个目标国耕地资源概况

单位：公顷

国别	潜在耕地面积	耕地资源面积	耕地资源总面积
安哥拉	9684000	4100000	13784000
布基纳法索	3713000	5700000	9413000
喀麦隆	4655000	6200000	10855000
中非共和国	7940000	1800000	9740000
乍得	14816000	4900000	19716000
刚果(布)	3476000	500000	3976000
刚果(金)	22498000	6800000	29298000

续表

国别	潜在耕地面积	耕地资源面积	耕地资源总面积
埃塞俄比亚	4726000	14565000	19291000
加蓬	954000	325000	1279000
肯尼亚	4615000	5500000	10115000
马达加斯加	16244000	3500000	19744000
马里	3908000	3600000	7508000
莫桑比克	16256000	5200000	21456000
南非	3555000	12033000	15588000
坦桑尼亚	8659000	11600000	20259000
赞比亚	13020000	3400000	16420000
阿根廷	295000	38048000	38343000
玻利维亚	8317000	3836000	12153000
巴西	45472000	71930000	117402000
哥伦比亚	4971000	2098000	7069000
厄瓜多尔	638000	1155700	1793700
圭亚那	210000	420000	630000
墨西哥	4360000	25491000	29851000
巴拉圭	7269000	3900000	11169000
秘鲁	496000	3650000	4146000
苏里南	6000	59000	65000
乌拉圭	9269000	1807000	11076000
委内瑞拉	8966000	2600000	11566000
白俄罗斯	3691000	5529000	9220000
俄罗斯	38434000	121500000	159934000
乌克兰	3442000	32499000	35941000
印度尼西亚	10486000	23500000	33986000
马来西亚	186000	1800000	1986000
澳大利亚	26167000	47678000	73845000
加拿大	8684000	42968000	51652000
巴布亚新几内亚	3771000	300000	4071000
美国	8756000	160162500	168918500
中国	2176000	111598500	113774500

表 7.14 37+1 个目标国 2015 年、2020 年、2025 年耕地资源国际供给潜力

单位:公顷

国别	2015 年	2020 年	2025 年
安哥拉	-9146844.58	-5840248.88	-4344937.78
布基纳法索	431893.07	-136887.44	-1048590.47
喀麦隆	-18800040.78	-16393244.12	-15766982.43
中非共和国	-15190840.24	-14283656.97	-15076889.68
乍得	8789130.40	9754955.28	10222418.41
刚果(布)	-51319089.26	-44571788.15	-42432864.92
刚果(金)	-97015302.30	-108162735.30	-123877147.80
埃塞俄比亚	-9089755.78	-5705013.33	-3476095.43
加蓬	-2822814.53	-1430950.51	-571155.62
肯尼亚	-25588065.66	-30744390.55	-37846894.91
马达加斯加	14560456.63	15053288.78	15413865.36
马里	4701435.63	5465667.89	5937955.42
莫桑比克	-3779114.67	-1812247.68	-1107966.60
南非	4294849.94	7564458.89	9597761.99
坦桑尼亚	-62374060.85	-143709670.90	-151725212.10
赞比亚	8752400.35	10433499.48	11511886.70
阿根廷	32589498.14	33771541.90	34631073.47
玻利维亚	41054.01	2519256.18	3922355.26
巴西	56777.20	20259206.06	36811223.93
哥伦比亚	2550575.17	3117243.30	3700519.30
厄瓜多尔	-2726643.23	-1738942.57	-1009881.57
圭亚那	-2913.57	-35554.13	-99901.57
墨西哥	-22043936.29	-16434442.06	-11937392.05
巴拉圭	4522520.88	5824251.86	6798468.06
秘鲁	-12007778.60	-10537258.12	-9308238.46
苏里南	-18827.42	-5665.75	6207.52
乌拉圭	10058257.68	10384021.29	10569006.08
委内瑞拉	-3212617.21	-1297128.88	-89368.08
白俄罗斯	5916133.51	6732198.61	7354592.52

续表

国别	2015 年	2020 年	2025 年
俄罗斯	49555368.60	73024539.87	89962967.73
乌克兰	9212537.79	15448993.08	19580048.35
印度尼西亚	8194714.80	9875489.69	10988748.36
马来西亚	－6363939.97	－4289955.69	－2886956.40
澳大利亚	51470550.88	46183344.40	38977309.92
加拿大	26608197.25	30487871.33	34484336.87
巴布亚新几内亚	－48777495.79	－45543838.46	－44098864.40
美国	12341586.60	33083976.60	49040081.60
中国	－10573931.30	3727374.00	18674805.76

对表 7.14 按地区进行整理，得到各地区耕地资源国际供给潜力(见表 7.15)。

表 7.15 各地区耕地资源国际供给潜力

单位：公顷

地区	2015 年	2020 年	2025 年
东欧、北亚地区	64684039.90	95205731.56	116897608.60
南美地区	49818683.08	75875521.00	96438853.62
北美地区	38949783.85	63571848.00	83524418.47
大洋洲(澳大利亚)地区	51470550.88	46183344.40	38977309.92
撒哈拉以南非洲地区	41530166.03	48271870.00	52683887.87
东南亚(印度尼西亚)地区	8194714.80	9875489.69	10988748.36

二、评价结果综合分析 ▶▶▶

(1)综合来看，如果目标国加大农业资本和农业科技投入，合理安排粮食播种面积，随着粮食单产和复种指数的提高，未来全球范围内耕地资源国际供给形势前景较好，耕地资源国际供给量将逐年提高，从 2015 年的 2.5 亿多公顷，增至 2025 年的近 4 亿公顷。从地区看(见图 7.1)，除大洋洲(主要是澳大利亚)外，其他各地区的耕地资源国际供给量逐年增加。其中，以俄罗斯为代表的东欧、北亚地区供给量最大，2015 年、2020 年、2025 年分别为 64684039.90 公顷、95205731.56 公顷、116897608.60 公顷；其次是以巴西和阿根廷为代表的南美地区，在 2015 年和 2025 年间该地区的耕地资源供给增量达近 5 千万公顷；美国和加拿大所在的北美地区向来以地多人少为特征，所以其耕地资源供给潜力一向乐观；另外，被国际投资主体看好的撒哈拉以南非洲地区的耕地资源供给优势与其他地区相比并不明显，尽管其耕地资源的供给也在逐年增加；以印度尼西亚为代表的东南亚地区耕地资源供给形势显示，尽管印度尼西亚耕地资源供给空间有限，但它已是东南亚地区资源禀赋较好的国家，而且印度尼西亚也是东南亚地区的农业生产大国，农业产值约占国内生产总值的 15%。

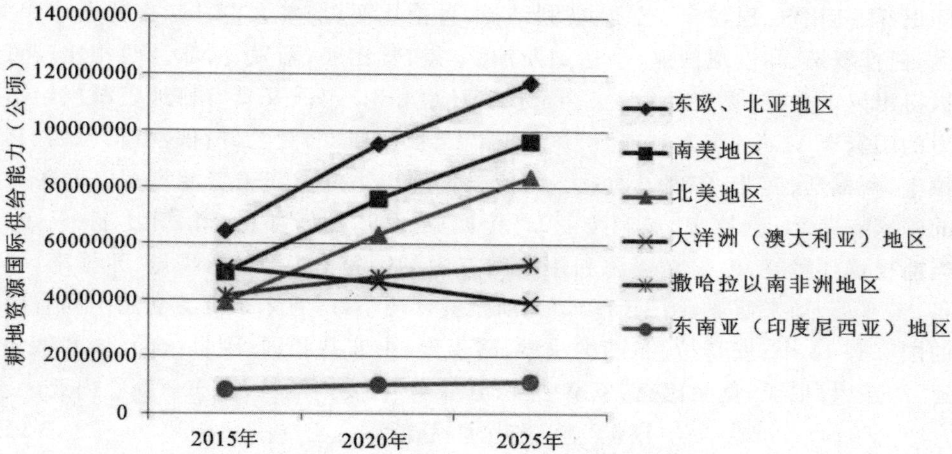

图 7.1　各地区耕地资源国际供给形势

(2)从国别看，37 个目标国未来耕地资源国际供给能力差异较大。考虑到短期、中期、长期形势，未来有供给能力的只有 18 个国家，分别是：大洋洲的澳大利亚；拉美地区的阿根廷、乌拉圭、巴拉圭、巴西、玻利维亚、哥伦比亚；北美地区的加拿大、美国；东欧、北亚地区的俄罗斯、乌克兰、白俄罗斯；东南亚地区的印度尼西亚；撒哈拉以南非洲地区的马达加斯加、乍得、赞比亚、马里、南非。这 18 个国家中俄罗斯的耕地资源供给形势最好，供给空间最大，其耕地资源的国际供给量在 2025 年将达到近 9 千万公顷。另外的 19 个国家(主要集中在撒哈拉以南非洲地区)，如果不加大资本投入，提高科技利用水平和粮食单产的话，未来随着人口增加，耕地资源将入不敷出。

(3)具有千万公顷耕地资源供给量的国家随着时间的推移有所增加。2015 年时，具有千万公顷供给能力的国家只有 7 个：澳大利、俄罗斯、阿根廷、加拿大、马达加斯加、美国、乌拉圭。到 2020 年有 10 个：俄罗斯、澳大利亚、阿根廷、美国、加拿大、巴西、乌克兰、马达加斯加、赞比亚、乌拉圭。至 2025 年增加到 12 个：俄罗斯、美国、澳大利亚、巴西、阿根廷、加拿大、乌克兰、马达加斯加、赞比亚、印度尼西亚、乌拉圭、乍得。国家数量之所以会有增加，主要在于粮食单产的增加提升了本国粮食供给能力和粮食安全水平，本国的耕地需求量减少，因此可以挤出更多土地供给国际市场。

(4)37 个目标国资源供给潜力与耕地投资环境并不完全匹配。耕地投资环境中综合得分为正的 17 个国家为澳大利亚、加拿大、马来西亚、美国、圭亚那、白俄罗斯、乌拉圭、俄罗斯、乌克兰、刚果(布)、阿根廷、南非、墨西哥、苏里南、巴西、秘鲁、印度尼西亚。未来具有耕地资源国际供给潜力的 18 个国家为澳大利亚、阿根廷、乌拉圭、巴拉圭、巴西、玻利维亚、哥伦比亚、加拿大、美国、俄罗斯、乌克兰、白俄罗斯、印度尼西亚、马达加斯加、乍得、赞比亚、马里、南非。两相比较可以得出以下分类(见表 7.16)。当前投资环境相对较好，又具有耕地资源供给潜力的国家有 11 个：澳大利亚、美国、加拿大、俄罗斯、乌克兰、白俄罗斯、巴西、乌拉圭、阿根廷、南非、印度尼西亚。当前投资环境不好但未来资源利用空间较大的国家有 7 个：巴拉圭、玻利维亚、哥伦比亚、马达加斯加、乍得、赞比亚、马里。当前投资环境好，但未来资源利用空间有限的国家有 6 个：墨西哥、苏里南、秘鲁、圭亚那、马来西亚、刚果(布)。当前投资环境不好，且未来资源利用空间有限的国家有 13 个：安哥拉、布基纳法索、喀麦隆、中非共和国、刚果(金)、埃塞俄比亚、加蓬、肯尼亚、莫桑比克、坦桑尼亚、厄瓜多尔、委内瑞拉、巴布亚新几内亚。

表 7.16　37 个目标国分类

项目	投资环境好	投资环境差
耕地供给潜力大	澳大利亚、美国、加拿大、俄罗斯、乌克兰、白俄罗斯、巴西、乌拉圭、阿根廷、南非、印度尼西亚	巴拉圭、玻利维亚、哥伦比亚、马达加斯加、乍得、赞比亚、马里
耕地供给潜力小	墨西哥、苏里南、秘鲁、圭亚那、马来西亚、刚果(布)	安哥拉、布基纳法索、喀麦隆、中非共和国、刚果(金)、埃塞俄比亚、加蓬、肯尼亚、莫桑比克、坦桑尼亚、厄瓜多尔、委内瑞拉、巴布亚新几内亚

(5)非洲耕地资源开发利用空间有限。很多研究机构包括 FAO 都认为非洲的耕地资源丰厚，是各国国际农业开发合作不可或缺的重要地区。笔者经过测算发现，如果考虑生态因素，以绿色和平发展理念作为海外耕地投资的指导思想的话，非洲的耕地资源优势在现有的技术水平下，远不如文献研究中所显示的那么明显。37 个目标国中的 16 个非洲国家，就有 11 个国家耕地资源的供给满足不了未来粮食需求，这 11 个国家是加蓬、布基纳法索、莫桑比克、埃塞俄比亚、安哥拉、中非共和国、喀麦隆、肯尼亚、刚果(布)、刚果(金)、坦桑尼亚。不仅如此，

这 11 个国家中除布基纳法索和中非共和国以外，其他 9 个国家全是本轮海外耕地投资中各类型投资主体竞相追逐的对象。当然，这 11 个国家的粮食单产水平整体较低、投资环境较差。未来要想使非洲地区耕地资源国际供给量有较大提升，就必须加强对该地区的农业科技投入。

(6)未来中国耕地资源形势会有所改善。测算结果显示，2015 年中国耕地资源缺口达 10573931.3 公顷；至 2020 年，随着粮食单产的提升，中国的耕地资源相对于需求而言会有 3727374 公顷结余，这种资源结余的好形势会在 2025 年更为明显，达到 18674805.76 公顷。不过，如果对中国耕地资源未来会有所改善的好形势进行深入分析的话，不难得出这种好形势只是表面的，中国耕地资源形势仍旧不容乐观。首先，本书关于中国耕地资源的测算只是从数量上衡量，并没有考虑当前国内耕地资源质量状况。如果考虑到中国现有耕地质量状况以及农业农村部、生态环境部估算的急需进入“休养生息”环节改种退耕的近 700 万公顷耕地的话，在中国人口增长出现拐点之前，中国耕地资源很难做到有效供给。其次，本书对中国耕地资源未来需求量的测算是在对粮食供给给予乐观估计的基础上进行的，即保持中国具有世界领先水平的高产量、高粮作比和高复种率。结合未来中国的城市化、现代化建设和人们在食物链上向高端攀升，这种耕作方式是不可持续的。因此，本章对中国的测算结果正好印证了绪论部分所提出的中国投资海外耕地的必要性。

第八章

中国投资海外耕地国别选择的实施路径

第一节　构建中国投资海外耕地的“双圈一多点”地缘空间

结合上文的相关内容，这里首先将37个国家中投资环境好且耕地资源国际供给潜力大的11个国家设为中国投资海外耕地的战略支点国，也是战略核心国；其次，耕地资源是固定的，区位条件是可以改变的，所以这里将当前投资环境不好但耕地资源利用空间较大的7个国家设为中国投资海外耕地的战略备选国。至于当前投资环境尚佳但未来耕地资源供给有限的6个国家，则可以成为中国投资海外耕地的战略合作国。其余投资环境和耕地资源条件都不好的国家，可将其作为中国投资海外耕地的战略通道国，也即战略援助国。据此，这37个目标国空间分布格局见表8.1(表中“4”代表战略支点国，“3”代表战略备选国，“2”代表战略合作国，“1”代表战略通道国)。

表8.1　37个目标国空间分布格局

洲际	国别	数字表征	国别分类	海陆分布
大洋洲	澳大利亚	4	战略核心国	沿海国
北美洲	美国	4	战略核心国	沿海国
	加拿大	4	战略核心国	沿海国
拉丁美洲	巴西	4	战略核心国	沿海国
	阿根廷	4	战略核心国	沿海国
	乌拉圭	4	战略核心国	沿海国

续表

洲际	国别	数字表征	国别分类	海陆分布
欧洲	俄罗斯	4	战略核心国	沿海国
欧洲	乌克兰	4	战略核心国	沿海国
欧洲	白俄罗斯	4	战略核心国	内陆国
非洲	南非	4	战略核心国	沿海国
亚洲	印度尼西亚	4	战略核心国	岛国
拉丁美洲	巴拉圭	3	战略备选国	内陆国
拉丁美洲	玻利维亚	3	战略备选国	内陆国
拉丁美洲	哥伦比亚	3	战略备选国	沿海国
非洲	马达加斯加	3	战略备选国	岛国
非洲	乍得	3	战略备选国	内陆国
非洲	赞比亚	3	战略备选国	内陆国
非洲	马里	3	战略备选国	内陆国
拉丁美洲	墨西哥	2	战略合作国	沿海国
拉丁美洲	苏里南	2	战略合作国	沿海国
拉丁美洲	秘鲁	2	战略合作国	沿海国
拉丁美洲	圭亚那	2	战略合作国	沿海国
亚洲	马来西亚	2	战略合作国	沿海国
非洲	刚果(布)	2	战略合作国	沿海国
非洲	安哥拉	1	战略援助国	沿海国
非洲	布基纳法索	1	战略援助国	沿海国
非洲	喀麦隆	1	战略援助国	沿海国
非洲	中非共和国	1	战略援助国	内陆国
非洲	刚果(金)	1	战略援助国	内陆国
非洲	埃塞俄比亚	1	战略援助国	内陆国
非洲	加蓬	1	战略援助国	沿海国
非洲	肯尼亚	1	战略援助国	沿海国
非洲	莫桑比克	1	战略援助国	沿海国
非洲	坦桑尼亚	1	战略援助国	沿海国
拉丁美洲	厄瓜多尔	1	战略援助国	沿海国
拉丁美洲	委内瑞拉	1	战略援助国	沿海国
大洋洲	巴布亚新几内亚	1	战略援助国	岛国

前文已论述过中国海外耕地投资国别选择的目标，即中国要充分发挥地缘政治优势，建立安全、稳定、持续的双层全球耕地资源供应体系。第一层是打造周边耕地资源协作开发圈，建立一批稳定的耕地生产供应和储备基地，在国家需要时能保证这些耕地产品安全地供应国内，从而改变目前我国粮食进口基本上只从国际市场上购买的局面。第二层是将资源外交、农业援助、南南合作与资本跨国经营紧密结合，稳步推进非洲、南美洲、澳大利亚外新月形地带的粮食生产基地建设，做好从田间地头到生产加工的全产业链规划，形成中国投资主体从“农民”到“粮商”的角色转换，提升国际粮食市场的话语权，为国家长期、稳定、合理利用国际市场提供保障。结合 37 个具有不同战略属性的目标国空间分布格局，中国投资海外耕地国别选择双层目标下的“双圈—多点”地缘空间包括：以俄罗斯、白俄罗斯、乌克兰 3 个“心脏地带”国家及印度尼西亚、马来西亚 2 个边缘地带国家构成的内圈地缘空间，这里的战略支点国就有 4 个；位于外新月形地带并分布在美洲、撒哈拉以南非洲、大洋洲的 32 个目标国构成的外圈地缘空间，这里的战略支点国有 7 个。

第二节 着力打造内圈、外圈耕地投资的两个地缘战略平台

一、以俄罗斯为支点，搭建北方三国耕地投资地缘战略平台 ▶▶▶

可以说，中国周边地区耕地投资的地缘空间优势还是比较明显的，11 个战略支点国中就有 4 个分布在附近。从地理位置看，位于中国北面的以俄罗斯为代表的东欧、北亚三国是世界耕地资源较富集地带，历史上整体投资环境也相对稳定。因此，内圈方面，中国投资海外耕地的地缘重点在北面。

从地理位置看，俄罗斯与中国“头、尾”接壤，俄罗斯“腹地”与中国“背脊”包纳几乎整个蒙古。俄罗斯的西伯利亚和远东地区与中国东北地区的黑龙江有 3000 多千米的边境线，两国隔江相望，共同拥有多个对应口岸和一个临时过货通道，这种毗邻的地缘优势决定了两国政治交往、经贸合作和区域一体化发展的历史和现实必然性和可行性。

从地缘政治看，叶利钦执政时期，俄罗斯曾奉行“一边倒”的外交政策，但西

方国家并没有给予俄罗斯地缘利益，反而通过北约东扩、“颜色革命”等不断压缩俄罗斯西边的地缘空间，增加不安全因素。俄罗斯根据自身实力、经济发展水平和国际环境形势，以资源国家主义为出发点，逐步形成新的地缘战略思想，表现在外交政策方面，即从“一边倒”外交政策转向全方位外交政策，再到近年来的实用主义外交政策。这也为中俄深化发展资源共享、相互依存的全面战略协作伙伴关系奠定了现实的政治基础。

从地缘经济看，经济全球化的今天，世界是平的，利用国家的某一方面优势与世界接轨成为一种潮流。在亚当·斯密的分工理论下，中俄的发展也适用这一原则，在两国力求达成东北亚区域一体化的进程中，发挥各自优势，挖潜各自潜能，相互合作，从而促进本国经济的稳定快速发展。当前，“中俄关系处在历史最高水平”。双边经贸合作快速稳定发展，合作领域从农业、能源、科技到通信、金融、交通等不断扩大，并取得丰硕成果。中国自 2009 年以来，一直是俄罗斯最大的贸易合作伙伴；2014 年上半年，中俄贸易额达 450 亿美元，同比增长 3.3%。2014 年，中俄还签署了《中华人民共和国与俄罗斯联邦关于全面战略协作伙伴关系新阶段的联合声明》，向世界表明，中俄将会继续深化双边各领域合作关系，以经济合作为优先发展方向，推动双边贸易额达到新的高度。在农业领域，中俄两国于 20 世纪 50 年代就展开合作。中俄农业生产条件具有互补性。一方面，俄罗斯幅员辽阔，人均耕地面积 0.85 公顷，可耕地利用率不高，多数地区土壤肥沃。另一方面，俄罗斯国内市场农产品供给不足，合作空间巨大。俄罗斯肉类、蔬菜、水果等供需矛盾突出，需从国外大量进口。巨大的市场缺口为中俄农业合作提供了机遇。2014 年，中俄签署了《中俄农业合作备忘录》，双方将在境外农业种植、农产品销售、大型农机具通关、粮食返销等多个方面放宽政策限制，共同推进农业领域的务实合作。

事实上，对于与俄罗斯接壤的乌克兰，中国并非“毫无作为”。2013 年 12 月乌克兰总统亚努科维奇访华时，两国确定将在一系列领域优先开展和加强合作，其中就包括农业。此前在官方层面的合作还有，2012 年 5 月 25 日中乌合作委员会农业合作分委会第二次会议期间，中国进出口银行、中国成套工程有限公司与乌克兰财政部、乌克兰国家食品粮食集团共同签署金额达 30 亿美元的《中乌农业领域合作框架协议》。当下，尽管乌克兰地区局势不稳，但其作为欧洲“粮仓”，未来中国势必不能予以放弃。

中国与白俄罗斯的农业领域合作，主要集中在农药、化肥贸易这块，但两国均有加深合作的愿望，2012 年，中国农业部副部长应白俄罗斯农业部邀请对白俄罗斯进行了友好访问，并签署关于加强中白两国农业合作的谅解备忘录。

鉴于上述地缘格局，未来，中国的海外耕地投资地缘重点在俄罗斯，并以俄罗斯为支点，借助乌克兰、白俄罗斯与俄罗斯毗邻地理优势，构建东欧、北亚地区海外耕地投资地缘战略平台。

二、以阿根廷为支点，搭建南美五国耕地投资地缘战略平台 ▶▶▶

南美地区海外耕地投资的战略支点国有三个：巴西、乌拉圭和阿根廷。战略备选国有三个：巴拉圭、玻利维亚和哥伦比亚。南美的战略支点国和战略备选国在各个地区中是最多的，其耕地资源的国际供给潜力仅次于东欧、北亚地区。值得注意的是，南美地区耕地地缘分布的最大特点是战略支点国沿海岸分布，具有交通便利优势；同时，这三个国家又与战略备选国聚集在一起，除哥伦比亚外，这五国接壤毗邻，形成了耕地投资地缘战略平台建设的天然地理优势。

阿根廷位于南美洲东南部，全国地势西高东低，中东部地区有着世界著名的农牧区——潘帕斯草原。受益于丰富的自然资源及具有较高文化素养的民众，阿根廷有适应出口的农业领域和多样化的工业基础。特别是其巨大的农业能量，使阿根廷的作物产品在世界上久负盛名。20 世纪大部分时间内，粮食生产和养牛业对阿根廷经济发展做出了较大贡献。近年来，虽然矿业和制造业已成为国家收入的重要来源，但农业在国家经济和传统文化中仍是主角，且阿根廷还是拉美地区唯一的谷物净出口国。

巴西经济在世界排名中居于第 10 位左右，胜过南美其他国家，拥有大规模且相当发达的农业、采矿业、制造业和服务业。巴西正在扩展其在世界市场上的地位。与阿根廷相似，巴西也有着丰富的自然资源，西部地区的“稀树草原”占国土面积的二成之多，耕地面积近 3 亿公顷，人均耕地面积 0.37 公顷。目前巴西的咖啡、蔗糖等经济作物的产量和出口量均排名世界第一；此外，猪肉、水产品、棉花、生物燃油、玉米、稻米、水果、干果等都具有广阔的发展前景。

当前，中国与阿根廷、巴西积极开展农业领域的国际合作。中国与阿根廷的农业合作开展较早，中国也是阿根廷最主要的农产品出口国。1988 年 5 月 16 日，中国和阿根廷签署《中华人民共和国政府和阿根廷共和国政府关于中国农业科学院和阿根廷全国农牧技术研究所合作计划的协定》。在此框架下，两国农业科研机构开展了一系列农业技术交流与合作。1988 年 5 月 16 日，中国和阿根廷签署《中华人民共和国政府和阿根廷共和国政府关于动物检疫及卫生合作的协定》，在此框架下，成功推动了阿根廷牛肉、禽肉输华质检协议的签署。21 世纪以来，中国加快了阿根廷农产品进口速度，放宽了产品检疫，于 2002 年、2003

年分别签署了3份农牧产品检验检疫议定书和质检协议。近年来，双边高层更是加强互访，阿根廷还在北京和上海设置了农业参赞处。

2004年，中国和巴西签署中巴农业合作谅解备忘录，成立农业联合委员会，两国之间建立了正式、固定的经贸交流机制，并在大豆生产、棉花种植和植物资源保护领域展开广泛的技术交流和合作。根据中国农业部提供的数据，2008年，中巴农产品贸易总额达90.6亿美元，同比增长83.4%。其中，中国向巴西出口农产品2.68亿美元，同比增长125.2%，主要出口产品为蔬菜、水产品和畜产品等。中国从巴西进口87.92亿美元，同比增长82.4%，主要进口产品为植物油、水果和棉花等。2009年，中国成为进口巴西农产品最多的国家，进口额约占巴西农产品出口额的13.8%；其次是荷兰，约占7.7%；第三位是美国，约占7%。可以说，过去几年，中巴两国在农业领域已经建立了良好的商贸联系和互信基础，未来中巴之间在农业政策、良种选育应用、科技研发以及农业投资领域合作潜力巨大。

南美地区第三个战略支点国——乌拉圭位于南美洲东南部乌拉圭河东岸，东北与巴西接壤，西南与阿根廷为邻，东南濒临大西洋，是南美洲最小的国家。乌拉圭地处温带，全境地势比较平坦，气候温和，雨量充沛。乌拉圭南部为平原，北部和东部为丘陵，西南部地区土地肥沃，是主要农牧业产区，东南部为潘帕草原的延伸，是畜牧业主产区。乌拉圭经济主要是以出口农业为主。2012年乌拉圭主要出口目的地为巴西、中国、阿根廷和委内瑞拉；主要进口来源地为中国、阿根廷、巴西和美国。主要出口产品为大豆、肉类、大米、小麦和奶制品；主要进口产品为汽车、汽车配件和电话等。可以说，中国和乌拉圭之间的贸易产品互补性较强。近年来中国也加大了对乌拉圭农业机械方面的援助。

事实上，基于国家发展等因素，中国与南美诸国都保持着较好的地缘关系，南美诸国作为我国的传统朋友，在革命时期、国家建设时期，都曾经互相合作、互相支援。近年来，中国与南美各国的经济、政治、文化交往也不断加深。考虑到中国对南美地区投资的地缘形势，中国与阿根廷农业合作较其他国家更为紧密，以及远洋运输距离等因素，本书认为中国对南美地区的耕地投资应以阿根廷为地缘重点，并依托乌拉圭、巴西、玻利维亚和巴拉圭地理毗邻优势，以及巴西、乌拉圭、阿根廷交通便利优势，深化对这五国的农业投资合作，形成中国投资南美东海岸地区耕地地缘战略平台。

第三节 战略备选国和战略通道国协同路径

撒哈拉以南非洲地区只有南非一个战略支点国，却占据13个战略通道国中的10个。当前投资环境差，但未来耕地资源开发利用空间大的4个战略备选国，除马达加斯加以外，全部位于非洲内陆地带（西非内陆的马里，中非内陆的乍得，非洲中南部的赞比亚）。这种目标国地缘分布格局，一方面决定了当前对撒哈拉以南非洲地区耕地投资存在着较大不确定性和风险性；另一方面反映了未来对非洲战略备选国的耕地投资，必须首先加强对毗邻的战略通道国的对外援助，重点在改善战略通道国的交通设施方面。

前文总结的全球范围内海外耕地投资国别选择地缘特征中有一条是，以欧美发达国家为主的投资主体对非洲地区耕地投资，资本主要流入该地区的海岸线国家。形成这种地缘特征的主要原因是非洲国家整体基础设施较差，交通运力不足。投资于这些内陆国家不仅要支付农业建设、生产成本，还面临着较高的交通运输成本；甚至在建设农业生产项目前，首先要改善当地交通环境。尽管非洲被称为“充满希望的大陆”，但至今其经济增长的潜力难以转换为实力，造成这种情况的重要原因之一是该地区的交通基础设施普遍落后，发展也不平衡，现有建设以公路为主，缺少装载容量大、运力足的铁路。以中非经济货币共同体（几内亚、刚果（布）、加蓬、喀麦隆、乍得、中非共和国）为例，其六国土地总面积有3200000平方千米，但公路总里程至2009年也只有8182千米；非洲现有铁路里程7.8万千米，南非就占了一半；殖民时期为了方便西方列强从内陆运输原材料而分别修建的铁路也是相互独立，并不贯通，甚至铁轨尺度标准不一。再加上经济落后、战乱等原因，非洲的交通基础设施缺乏必要的维护修缮，路况较差，日常通行为保证安全还必须使用越野车，直接导致运输成本较高。这些都极大地制约了非洲地区经济发展和一体化进程。所以非洲联盟在2008年举办的第一次交通部长会议结束后，就发表一项声明说，非洲国家决定共同努力建设一个安全可靠和可持续发展的交通运输系统，以服务于非洲经济社会发展和非洲一体化建设。

非洲整体交通运输系统的改善是长期任务。当下对中国而言是要确定需要重点援助的战略通道国。本书认为，中国应该重点援助的战略通道国是，与战略备选国赞比亚和战略支点国南非均接壤的莫桑比克和只与赞比亚接壤的安哥拉,以及与战略备选国乍得接壤的战略通道国喀麦隆。

第四节　研究结论和研究展望

一、研究结论

通过前文所述的研究,可以得出以下结论。

(1)通过对FDI区位文献中的理论梳理和海外耕地投资概念的界定,本书认为,如垄断优势理论、边际产业理论,甚至邓宁的国际生产折中理论等,这些常在对外直接投资区位选择研究中经常运用的理论,只是针对主要以市场为导向的一般性对外直接投资,甚至这些理论本身还有不足之处,实证结果还会出现矛盾之处。因此并不适用于以资源寻求为目的且标的为战略性资源的对外直接投资。结合本书的国家研究视角和研究标的的特殊性,本书认为,以国家为单元,考证区域与区域、国与国之间如何发展政治、经济关系的地缘学理论及地缘分析框架,较其他理论更能支撑本文的研究选题。

(2)通过对海外耕地投资国别选择现状论述,得出海外耕地投资的国别分布基本覆盖了全球范围内的耕地禀赋分布,投资主体倾向于将资本投入到更能生产作物的地域内,整个投资具有明显的资源寻求动机。且基于这个动机,在受资国的空间分布上,资本的"海岸线情结"尤为清晰,投资主体更倾向于进入交通便利的沿岸国家。另外,尽管海外耕地投资是一个全球现象,但就洲际和国别分析,耕地资本主要流向几个少数国家,投资具有明显的空间集聚效应,并且与国际舆论和国际学界一贯表述内容不同,当前海外耕地投资中仍旧是以英美这些发达国家占据主导地位。这些国家无论是在投资规模、投资次数及进入的受资国数量上,都超过国际舆论一贯宣扬的以韩国及海湾国家为代表的亚洲地区投资主体。

(3)典型国家在进行海外耕地投资国别选择时,会根据本国的地理位置、地缘环境特征和国家发展的地缘战略需求,采取不同的国别选择模式,如美国的全网式、日本的平台式、韩国的FTA式。在具体操作中,这些国家积累了重要的地缘经验,包括:根据自身地缘环境特征制定清晰的产业地缘战略;在构建多元化投资渠道的同时,加强对地理枢纽的控制;发挥地缘经济优势,与目标国建立良好合作关系;"与强者为伍",联手开发海外耕地。

(4)通过对中国地缘环境特征、海外耕地投资国别选择地缘优、劣势分析,结合国际上海外耕地投资国别选择的特征和经验,本书认为,中国在海外耕地投资的国别选择上应该走一条"合理投资""和谐共处"之路。鉴于海外耕地投资的农业生产特性,选择在有着自然水域系统的雨养条件下,适宜大宗农产品作物种植的国家投资;鉴于海外耕地投资的可持续性,选择在保障受资国自身粮食安全的前提下仍有耕地供给潜力的国家进行投资;鉴于海外耕地投资的风险性,选择在投资环境好的国家进行投资。另外,中国海外耕地投资的步伐需急中有缓。反映在国别选择目标任务上,一方面,中国必须将建立海外耕地资源供应基地作为当前及今后一个相当长时期内农业"走出去"策略之一,超前规划、循序实施,否则将贻误时机。另一方面,中国要充分发挥地缘政治优势,建立安全、稳定、持续的双层全球耕地资源供应体系。第一层是打造周边耕地资源协作开发圈,建立一批稳定的周边耕地生产供应和储备基地,在国家需要时能保证这些耕地的产品安全地供应国内,从而改变目前我国粮食进口基本上单一从国际市场上购买的局面。第二层是将资源外交、农业援助、南南合作与资本跨国经营紧密结合,稳步推进非洲、南美、澳大利亚外新月形地带的粮食生产基地建设,做好从田间地头到生产加工的全产业链规划,形成中国投资主体从"农民"到"粮商"的角色转换,提升国际粮食市场的话语权,为国家长期、稳定、合理利用国际市场提供保障。

(5)通过对 37 个目标国的耕地投资环境和未来耕地资源国际供给潜力的测评,对 37 个目标国进行地缘属性分类。根据地缘属性分类和目标国空间分布格局,结合投资目标、原则,构建中国投资海外耕地的"双圈—多点"地缘空间,提出中国海外耕地投资国别选择的路径建议:着力打造内圈、外圈耕地投资两个战略平台(即以俄罗斯为支点,搭建北方三国耕地投资地缘战略平台,以阿根廷为支点,搭建南美五国耕地投资地缘战略平台),并以战略备选国为坐标,加强对毗邻战略通道国的援助。

二、研究的创新之处 ▶▶▶

1. 研究视角的创新

面向全球范围,从投资者角度,以国别选择为对象,研究海外耕地投资行为,是本书的核心创新点。这样就将 FDI 区位研究引入到当前国际上热门的跨国土地交易领域中,并将区位决策具体到国家层面,更符合海外耕地资源投资主体所面临的各国耕地资源禀赋、投资环境及竞争格局差异的特点。这一创新点的核心是构建符合中国国情的国别选择战略,并在此基础上划定目标国进行综合测评。本书还对现有的综合型投资环境评价模型做出了产业适宜性和地缘性方面的改进，以求评价结果更加客观。

2. 研究理论的创新

现有的 FDI 区位选择文献中，学者一般多用邓宁的国际生产折中理论、波特的钻石理论等传统理论作为选题的理论支撑。本书在分析了传统的 FDI 区位理论不适宜用于海外耕地投资国别选择研究的基础上，突破传统视域，首次将地缘理论引入 FDI 区位选择研究领域，这在国内外学界还从未有过。通过对地缘理论发展脉络和内容的梳理，总结归纳出地缘理论的研究范式，并以这种研究范式建构整个文章的结构框架和每个章节的研究内容。这种将“地缘”“投资”“区位”“土地”联系在一起的研究，不仅是区位理论的创新，在研究方法上也是一次大胆的尝试。

3. 研究内容的创新

目前国内外还未有系统研究海外耕地投资国别选择问题的著述，因此本书的研究内容在国内外类似的研究领域具有创新性和唯一型。具体内容而言，其创新之处包括以下几点。

(1)从广义和狭义的角度对海外耕地投资概念进行了界定，明确本书是站在广义角度进行研究。

(2)从地缘角度分析耕地资源的全球战略地位及其地缘分布的特征和影响。

(3)对 GRAIN 发布的近年来海外耕地投资的 400 余个案例进行整理，将归纳出的数据资料和拟分析国家海外耕地投资历史结合起来，归纳出这些国家国别选择的不同模式，并分析不同模式产生的地缘原因，目的是论证一个国家采取某种国别选择模式是由其地缘环境特征和地缘战略的实施决定的，这在以战略资源为投资标的的跨国经营中尤为明显。

(4)构建了中国投资海外耕地国别选择的战略，提出中国要建立安全、稳定、持续的双层全球耕地资源供应体系的国别选择目标，并根据这个目标结合后续研究结果构建中国投资海外耕地国别选择的“双圈—多点”地缘空间。

(5)与其他文献研究不同，本书结合可持续发展原则和农业生态适宜性原理，首次将“潜在耕地”定义为没有被森林覆盖，没有被设为保护区，且人口密度每平方千米少于 25 人的适合五种基本农作物种植的土地。基于该定义内涵，初步筛选出 37 个具有“潜在耕地”的投资目标国。

(6)构建了符合海外耕地投资产业特征的投资环境评价模型，并在评价结果的基础上对 37 个目标国进行地缘属性分类。

三、研究展望 ▶▶▶

本书的选题本身具有前沿性，选取的理论和研究方法是首次尝试，因此得出的结论是否能够对政府和投资者起到提示、参考作用，还需要时间和实践的检验。本书关于目标国投资环境的评价以静态评价为主，由此得出的评价结果不能作为长远指导。因此，对于37个目标国的投资环境的阶段性状况和发展趋势的预测还需不断深入。另外，目标国耕地投资环境的评价模型设计本身还有不足之处。一方面在于笔者学术水平和实践经验有限，可能在采选指标时遗漏与耕地投资环境相关的指标。另一方面在于本书的研究是面向全球范围对37个目标国的投资环境进行评价，样本国家多造成并非所考虑的变量数据都能收集齐全，因此在研究中会出现明知某个指标可能对投资环境产生一定影响，但基于这个指标数据并非37个目标国都有而将其删掉的情形。

投资环境评价是一个长期任务，因此在后续研究中，耕地投资环境的评价模型还需要进一步完善。投资环境是不断发展变化的，所以对耕地投资环境的评价要分阶段进行，才能为投资者提供有效信息。另外，本书基于比较严苛的条件只选了37个国家，这并不是说其他国家就没进行耕地投资的可能。因此，将视野进一步扩大，找寻其他国家进行耕地资源的有效利用，也是下一阶段研究领域的重要任务。

参考文献

[1] 莱斯特·R.布朗.饥饿的地球村:新食物短缺地缘政治学[M].林自新,胡晓梅,李康民,译.上海:上海科技教育出版社,2012.

[2] 王正友,赵伟. 联合国粮农组织:2011 年全球粮食展望[J]. 中国粮食经济,2011(8):38-40.

[3]邱林.日企在中国屯田有何目的?[EB/OL].http://www.leadge.com/news_list/90312.html.

[4]贾式科,侯军伟. 西方区位理论综述[J]. 合作经济与科技,2008(22):28-29.

[5] 宋刚. 知识经济时代国际直接投资的区位选择[J]. 经济体制改革,2002(3):158-159.

[6] 姜国杰.世界外国直接投资的特点及区位因素分析[J].国际贸易问题,2002(7):48-52.

[7] 王雪芳,高亚峰.中国企业对外直接投资区位选择研究[J].中国商贸,2011(12):222-223.

[8] 罗伟,葛顺奇.中国对外直接投资区位分布及其决定因素——基于水平型投资的研究[J].经济学(季刊),2013(4):1443-1464.

[9] 金虹.中国企业海外投资的环境评估与区域选择[J].改革,2003(1):44-47.

[10] 陈晓玲.用户满意理论在投资环境评价中的应用[J].财贸研究,2003(5):12-16.

[11] 邓田生,刘慷豪.中部主要城市投资环境评价[J].统计与决策,2006(16):46-48.

[12] 杨炘,王鸿冰,邢云,等.中国国际石油投资模糊数学综合评价方法[J].清华大学学报(自然科学版),2006,46(6):855-857.

[13] 刘莎,王高尚,陈晨,等.基于层次分析法的全球矿业投资环境分析[J].资源与产业,2010(2):116-122.

[14] 李林梅.西部投资环境监测评价指标体系的构建及实证[J].统计与决策,

2006(19):80-82.

[15] 范德成，王晓辉. 区域产业投资环境评价指标体系与评价方法研究[J]. 科技进步与对策，2009，26(14):118-120.

[16] 张新杰. 模糊数学在 FDI 环境评价中的应用——以长三角四城市为例[J]. 上海经济研究，2009(1):54-59.

[17]唐大千，靳茂勤. 对澳大利亚矿业投资:机会与策略[J]. 国际经济合作，2009(6):80-84.

[18] 喻婷. 中部地区主要城市投资环境评价与分析[J]. 工业技术经济，2010(3):42-44.

[19] 季明川，宋瑜，邱剑峰，等. WTO 架构下农业国际化与我国可持续发展[J]. 中国农业科技导报，2003，5(3):33-37.

[20] 黄善林，卢新海. 当前国际上海外耕地投资状况及其评析[J]. 中国土地科学，2010(7):71-76.

[21] 李睿璞. 海外耕地投资的利益分配研究[D]. 武汉:华中科技大学，2011.

[22] 喻燕. 中国企业海外耕地投资战略风险研究[D]. 武汉:华中科技大学，2011.

[23]邹文涛，吴乐，刘玲. 中国利用境外农业资源问题研究[J]. 世界农业，2012(7):101-104.

[24] 陈丽芳. 基于历史视角的海外耕地投资研究[D]. 武汉:华中科技大学，2013.

[25] 郭艳艳. 中国粮食生产外向型资源配置机理研究[D]. 郑州:河南工业大学，2013.

[26] 安春英. 对合作开发非洲土地资源的思考[J]. 西亚非洲，1999(5):61-65.

[27] 俞毅. 论我国对非洲跨国农业投资的战略构建[J]. 农业经济问题，2009(11):33-39.

[28] 王永春，王秀东. 世界粮食安全及中国形势分析[J]. 经济研究导刊，2013(31):39-40.

[29] 白石，梁书民. 世界粮食供求形势分析与中国的国际农业战略[J]. 中国粮食经济，2007(10):25-28.

[30] 张新颖，李淑霞. 中国与俄罗斯农业合作的三大趋势[J]. 中国农村经济，2012(5):85-92.

[31] 曹小娉. 基于粮食安全的耕地丰沛国耕地保障评价[D]. 武汉:华中科技大学，2014.

[32] Cotula L, Vermeulen S, Leonard R, et al. Land grab or development opportunity? agricultural investment and international land deals in Africa [R]. IIED,FAO and IFAD, London,2009.

[33] Lipton M. Land reform in developing countries: Property rights and property wrongs[M]. New York: Routledge, 2009.

[34] Lian P K, Wilcove D S. Is oil palm agriculture really destroying tropical biodiversity? [J]. Conservation Letters, 2010, 1(2):60-64.

[35] Hertel T W, Tyner W E, Birur D K. The global impacts of biofuel mandates[J]. Energy Journal, 2010, 31(1):75-100.

[36] Filer C . New land grab in Papua New Guinea[J]. Pacific Studies, 2011, 34:269-294.

[37] Cotula L. The international political economy of the global land rush: A critical appraisal of trends, scale, geography and drivers[J]. Journal of Peasant Studies, 2012, 39:649-680.

[38]Borras S M , Franco J C . Global land grabbing and political reactions 'From Below'[J]. Third World Quarterly, 2013, 34(9):1723-1747.

[39] Braunerhjelm P, Lipsey R E. The geographical specialization of US and Swedish FDI Activity[M]. New York: Springer US, 1998.

[40] Dunning J H . Location and the multinational enterprise: A neglected factor? [M]. London: Palgrave Macmillan UK,2014.

[41] Buckley P J , Clegg J L , Cross A R , et al. What can emerging markets learn from the outward direct investment policies of advanced countries? [M]. New York: Palgrave Macmillan US, 2010.

[42] Brenton P , Mauro F D , Lücke M. Economic Integration and FDI: An empirical analysis of foreign investment in the EU and in Central and Eastern Europe[J]. Empirica, 1999, 26(2):95-121.

[43] Jonathan J, Wren C. Foreign direct investment and the regional economy [J]. Journal of Regional Science, 2006, 47(4):845-847.

[44] Gross D M , Ryan M . FDI location and size: Does employment protection legislation matter? [J]. Regional Science & Urban Economics, 2008, 38(6):590-605.

[45] Hart J A. Multinational Firms in the World Economy[J]. Comparative Economic Studies, 2004, 49(3):487-489.

[46] Wheeler D, Mody A. International investment location decisions: the case of U. S. firms[J]. Journal of International Economics, 1992, 33(1-2):57-76.

[47] Hines J R. Altered States: taxes and the location of foreign direct investment in America[J]. American Economic Review, 1996, 86(5): 1076-1094.

[48] Sender J, Johnston D. Searching for a weapon of mass production in rural Africa: unconvincing arguments for land reform[J]. Journal of Agrarian Change, 2010, 4:142-164.

[49] Jorgenson A K, Christopher D, Mahutga M C. Foreign investment dependence and the environment: An ecostructural approach[J]. Social Problems, 2007(3):371-394.

[50] Colen L, Maertens M, Swinnen J. Foreign Direct Investment as an engine for economic growth and human development: A review of the arguments and empirical evidence[J]. New Phytologist, 2009, 173(1): 91-99.

[51] Binswanger D H. The evolution of the World Bank's land policy: Principles, experience, and future challenges[J]. World Bank Research Observer, 1999, 14(2):247-276.

[52] Rajan R S. Politics and foreign direct investment[J]. Journal of Economic Literature, 2014, 52(1):226-227.

[53] Saturnino J R, Franco J C. Global land grabbing and trajectories of agrarian change: A preliminary analysis[J]. Journal of Agrarian Change, 2012, 12(1):34-59.

[54] Gustavo O D. Land Regularization in Brazil and the global land grab[J]. Development & Change, 2013, 44(2):261-283.

[55] Wisborg P. Human rights against land grabbing? a reflection on norms, policies, and power [J]. Journal of Agricultural and Environmental Ethics, 2013, 26(6):1199-1222.

[56] Gardner B. Tourism and the politics of the global land grab in Tanzania: Markets, appropriation and recognition[J]. Journal of Peasant Studies, 2012, 39(2):377-402.

[57] Chen Y, Li X, Wang L, et al. Is China different from other investors in

global land acquisition? Some observations from existing deals in China's Going Global Strategy[J]. Land Use Policy,2017,60:362-372.

[58] Schutter O D. How not to think of land-grabbing:three critiques of large-scale investments in farmland[J]. Journal of Peasant Studies,2011,38(2):249-279.

后记

如果不考虑新冠肺炎疫情对跨境交流的阻碍，在当代的“海外耕地投资热”中，中国到底应该占据一个什么样的位置，令人困惑。一方面，跨国土地交易的敏感性和涉农属性使得这种类型投资的舆论风险、商业风险、政治风险和自然风险极大；另一方面，尽管有着诸多风险约束，但有关跨国土地交易的案例仍旧层出不穷。我国在粮食生产和安全方面成绩傲人，近年来的年年丰产和粮价稳定使得国人很难相信粮食危机在21世纪的第二个十年会出现。然而，突发的新冠肺炎疫情将粮食问题“抛于”世人面前。自2020年1月以来，全球食品价格上涨了38%。与2020年1月相比，玉米价格上涨66%，小麦价格上涨23%。尽管全球主要粮食生产前景依然良好，但价格飙升反映出需求强劲，加上天气不确定性、宏观经济状况和新冠肺炎疫情的影响，相关供应中断，意味着越来越多的家庭将不得不减少食品消费的数量和质量。食品价格上涨对中低收入国家民众的影响更大，因为他们在食品上的支出占收入的比例高于高收入国家的民众。截至2021年4月，世界粮食计划署估计，在其工作的35个国家中，有2.96亿人没有足够的食物，比2020年4月增加了1.11亿人。这场正在形成的粮食危机到目前为止并未殃及我国，但危机本身无疑会再次敲响国人粮食供给的忧患意识：粮食生产并非高枕无忧，还有土壤、水资源、人口、城市化等问题，粮食供应链系统还需夯实，适当利用他国资源不仅出于对自身粮食安全保障的考量，还有大国责任的担当。毕竟增进世界整体粮食的产量，也有利于国际粮食的供给和粮价的稳定。

写至此处，再回顾本书提出的结论，其无疑是契合当前时代的发展趋势的。最后要特别感谢华中科技大学出版社领导和编辑的指点及同行的帮助，感谢我所在的工作单位给予的支持，以及家人无私的包容和鼓励。

作　者

2021年6月

图书在版编目(CIP)数据

中国投资海外耕地的国别选择研究:以粮食安全治理为分析视角/王蕾著.—武汉:华中科技大学出版社,2021.12

(现代经济学研究丛书)

ISBN 978-7-5680-7744-6

Ⅰ.①中… Ⅱ.①王… Ⅲ.①耕地-海外投资-研究-中国 Ⅳ.①F323.9

中国版本图书馆 CIP 数据核字(2021)第 251272 号

中国投资海外耕地的国别选择研究
——以粮食安全治理为分析视角

王 蕾 著

Zhongguo Touzi Haiwai Gengdi de Guobie Xuanze Yanjiu
—yi Liangshi Anquan Zhili wei Fenxi Shijiao

策划编辑:周清涛
责任编辑:苏克超
封面设计:原色设计
责任校对:张汇娟
责任监印:周治超
出版发行:华中科技大学出版社(中国·武汉) 电话:(027)81321913
武汉市东湖新技术开发区华工科技园 邮编:430223
录 排:武汉楚海文化传播有限公司
印 刷:湖北恒泰印务有限公司
开 本:710mm×1000mm 1/16
印 张:12.5 插页:2
字 数:240 千字
版 次:2021 年 12 月第 1 版第 1 次印刷
定 价:58.00 元